ŒUVRES COMPLÈTES

IV

ÉLÉMENTS D'IDÉOLOGIE

DEUXIÈME PARTIE

GRAMMAIRE

DU MÊME AUTEUR

À LA MÊME LIBRAIRIE

De l'amour, texte original en langue française, introduction, édition et notes par Claude Jolly, préface de Jean Tulard, « Bibliothèque des Textes Philosophiques – Poche », 128 pages, 2006.

Œuvres complètes, éditées par Claude Jolly, « Bibliothèque des Textes Philosophiques », 8 volumes :

I. *Premiers écrits. Sur l'éducation et l'instruction publique*, 256 pages, 2011.

II. *Essais philosophiques.*

III. *Éléments d'idéologie*, 1, *Idéologie proprement dite*, 308 pages, 2012.

IV. *Éléments d'idéologie*, 2, *Grammaire.*

V. *Éléments d'idéologie*, 3, *Logique.*

VI. *Éléments d'idéologie*, 4-5, *Économie, Morale (Traité de la volonté et de ses effets).*

VII. *Commentaire sur* L'Esprit des lois *de Montesquieu.*

VIII. *Correspondance.*

BIBLIOTHÈQUE DES TEXTES PHILOSOPHIQUES

Fondateur : HENRI GOUHIER Directeur : JEAN-FRANÇOIS COURTINE

DESTUTT DE TRACY

ŒUVRES COMPLÈTES
IV

ÉLÉMENTS D'IDÉOLOGIE

DEUXIÈME PARTIE

GRAMMAIRE

Introduction, édition et notes par

Claude JOLLY

PARIS

LIBRAIRIE PHILOSOPHIQUE J. VRIN

6, place de la Sorbonne, V[e]

2013

Imprimé en France

ISSN 0249-7972
ISBN 978-2-7116-2136-1

www.vrin.fr

INTRODUCTION

LA GRAMMAIRE OU LA SCIENCE DU LANGAGE

Lorsqu'il publie en fructidor an 9 (septembre 1801) le premier volume des *Éléments d'idéologie*[1], Destutt de Tracy ne nourrit plus guère d'illusions sur le Consulat dont il avait pourtant salué l'avènement deux ans plus tôt en brumaire an 8 (novembre 1799). Le Concordat (23 fructidor an 9 ou 10 septembre 1801), l'élimination des Idéologues qui siégeaient au Tribunat (ventôse an 10 ou mars 1802), la fermeture des écoles centrales des départements et leur remplacement par les lycées (floréal an 10 ou mai 1802), le Consulat à vie (thermidor an 10 ou août 1802), enfin la suppression de la classe des sciences morales et politiques de l'Institut (pluviôse an 11 ou janvier 1803), voilà autant d'initiatives qui achèvent de le convaincre que le nouveau pouvoir préside désormais au recul de la raison et de la liberté. Sénateur, il considère que la haute assemblée, qui avait précisément pour fonction de veiller à la conservation de la Constitution de l'an 8 (d'où son nom de Sénat conservateur), a perdu son honneur en donnant son aval à celle de l'an 10 et il manifeste sa désapprobation en s'abstenant d'assister aux fêtes et cérémonies qui célèbrent le Consulat à vie[2]. Après avoir au début de l'an 11 (fin 1802) caressé l'idée que le général Moreau, héros de la

1. Intitulé *Projet d'éléments d'idéologie à l'usage des écoles centrales de la République française* lors de la première édition en l'an 9, ce premier volume prend le titre d'*Idéologie proprement dite* à compter de la seconde, publiée en l'an 13 (1804).

2. « Le Sénat n'a conservé que lui ; l'honneur ne revient pas. [...] Je fuis les fêtes et les cérémonies et suis résolu à ne pas aller à celle du 27 [thermidor] », écrit-il dans une lettre à Cabanis datée des premiers jours d'août 1802, lettre citée par Antoine Guillois dans *Le Salon de Madame Helvétius, Cabanis et les Idéologues*, Paris, Calmann-Lévy, 1894, p. 145-146.

bataille de Hohenlinden et rival républicain de Bonaparte, pourrait renverser un Consul oublieux de ses devoirs[1], ses amis et lui ont la sagesse de ne pas y donner suite et bientôt Tracy n'a plus guère d'autre ressource que celle de s'installer dans la position d'un opposant silencieux : il fait partie de ceux que le chef de l'État appelle bientôt les « boudeurs d'Auteuil ».

Par là même, Destutt de Tracy n'en est que plus déterminé à poursuivre son œuvre philosophique. En effet, au-delà la rétrogradation que le régime fait à ses yeux subir, pour une durée indéterminée, à la société, il observe que trois ingrédients essentiels sont désormais réunis pour faire advenir une nouvelle époque :

– le niveau des connaissances auquel l'humanité est parvenue ;

– les armes intellectuelles dont celle-ci s'est dotée et dont l'*Idéologie* est l'expression la plus aboutie ;

– enfin, l'expérience irremplaçable de la liberté, même si cette dernière est momentanément bridée.

Ces éléments ouvrent ce qu'il appelle l'*Ère française* et lui font

> prévoir un développement de raison et un accroissement de bonheur dont on chercherait en vain à juger par l'exemple des siècles passés : car aucun ne ressemble à celui qui commence[2].

Aussi, après avoir bataillé contre la philosophie kantienne et l'idée qu'on puisse fonder la connaissance sur autre chose que la seule sensation[3], s'engage-t-il pleinement dans la rédaction de la deuxième

1. Il y avait « l'ombre d'un complot, d'une complicité entre Moreau et les gens d'Auteuil. Moreau voyait alors surtout, semble-t-il, Daunou et le chef du bureau des sciences au ministère de l'intérieur, Jacquemont, qui était membre de l'Institut. [...] Comme participants, on a surtout cité Ginguené, Garat, Volney, Destutt, Chénier, Cabanis. [...] Les réunions avaient lieu chez Daunou et aux dîners du tridi. Jusqu'au moment où Fouché fit dire aux conjurés qu'il était au courant de tout et qu'ils feraient mieux d'en rester là. Les dîners du tridi cessèrent et c'est à Auteuil chez Destutt que se retrouvèrent, plus ou moins régulièrement, les Idéologues, et aussi chez Mme de Condorcet, chez Mme de Staël. A vrai dire, selon Fauriel, ami de leur groupe, "les hommes avec lesquels Moreau sympathisait par ses sentiments politiques se réduisaient à cinq ou six hommes qui faisaient partie de la minorité du Sénat. Ni Moreau, ni ces hommes n'avaient de plan arrêté pour s'opposer à tout ce que préparait Bonaparte". » (Louis de Villefosse et Janine Bouissounouse, *L'Opposition à Napoléon*, Paris, Flammarion, 1969, p. 231).

2. *Éléments, II, Grammaire*, introduction, p. 43.

3. « De la métaphysique de Kant, ou Observations sur un ouvrage intitulé : *Essai d'une exposition succincte de la* Critique de la raison pure, *par J. Kinker, traduit du hollandais par J. le F. en 1 vol. in-8°, à Amsterdam, 1801*, [mémoire] par le citoyen Destutt-Tracy, lu

partie des *Éléments d'idéologie*, relative à l'expression des idées, la *Grammaire*.

Considérant, d'une part, qu'il a élucidé le processus de la formation des idées, d'autre part, que

> [les] idées ne nous apparaissent jamais que revêtues de signes [1],

il se convainc au départ, ainsi qu'il l'écrit dans la *Récapitulation* qui conclut le *Projet d'éléments d'idéologie* [2], que la tâche sera facile. En effet, dès lors que les mécanismes de l'expression des idées sont étroitement assujettis à ceux de leur production, le fait d'avoir découvert les seconds devrait aisément livrer les clés permettant de mettre en lumière les premiers. En réalité, le travail se révèle beaucoup plus ardu que prévu, comme Tracy le concède lui-même :

> J'ai eu [...] tort de dire qu'il me serait aisé [de tracer les règles de la science du langage]. [...] Sans doute, c'est un grand point de s'être rendu compte de ses facultés intellectuelles et de leurs résultats ; et la conviction intime de n'y plus rien voir d'obscur ni d'embarrassant donne une ferme confiance que l'on réussira à démêler le fil du discours et du raisonnement. [...] Mais, quelque grand que soit cet avantage, quand on met la main à l'œuvre, on s'aperçoit bien vite de tous les obstacles qui restent à vaincre [3].

Pour lui, deux raisons rendent compte de cette difficulté. La première tient au fait que si l'on veut mettre en correspondance nos opérations intellectuelles, d'une part, et nos langages dans leur état actuel, d'autre part, l'extrême complexité qui caractérise ces derniers rend l'exercice particulièrement périlleux. En effet :

> Nos langages articulés ont été si travaillés, si tourmentés, si sophistiqués ; ils ont revêtu des formes si variées, si syncopées, si détournées, que l'on a peine à reconnaître, à travers tant de déguisements, en quoi consiste la véritable expression de la pensée [4].

Et voudrions-nous, face à ce constat, nous reporter à ce que l'on supposerait avoir été le langage humain originaire, antérieur à celui qui a

le 7 floréal an 10 (27 avril 1802) », publié dans les *Mémoires de l'Institut national, classe des sciences morales et politiques*, t. IV, vendémiaire an 12 (octobre 1802), p. 544-606.

1. *Éléments, II, Grammaire*, avertissement, p. 34.

2. *Projet d'éléments d'idéologie*..., p. 354. Cette *Récapitulation* est supprimée dans les éditions suivantes et remplacée par un *Extrait raisonné servant de table analytique*.

3. *Éléments, II, Grammaire*, introduction, p. 44.

4. *Ibid.*, chapitre II, p. 57.

connu ces multiples travestissements, la trop longue durée qui nous en sépare rendrait l'opération encore plus improbable.

Dans ces conditions, l'élaboration de la *Grammaire* constitue pour Destutt de Tracy une tâche beaucoup plus lourde que ce qu'il avait initialement envisagé. Étant, comme il le reconnaît lui-même, « peu versé dans les détails de la science et de l'érudition grammaticale » [1], il est conduit tout d'abord à lire ou à relire de façon approfondie les ouvrages de tous ceux qui, au sein de l'espace théorique ouvert par la *Grammaire* [2] et la *Logique* [3] de Port-Royal, ont pu être qualifiés de grammairiens philosophes. Outre bien sûr Condillac, qu'il tient comme on sait pour le fondateur de l'Idéologie et dont la *Grammaire* forme le premier volume du *Cours d'étude pour l'instruction du Prince de Parme* paru en 1775 [4], il étudie l'œuvre des deux plus grands grammairiens du siècle des Lumières, Du Marsais [5] et Beauzée [6], le second succédant au premier comme auteur des articles de l'*Encyclopédie* pour tout ce qui touche au langage. Il se penche aussi sur la plupart des ouvrages de grammaire du XVIIIe siècle, notamment ceux du P. Buffier [7], de Restaut [8], de l'abbé

1. *Éléments, III, Logique*, chapitre IX, p. 353 de l'édition de 1825.

2. Arnauld (Antoine) et Lancelot (Claude), *Grammaire générale et raisonnée*, Paris, P. Le Petit, 1660.

3. Arnauld (Antoine) et Nicole (Pierre), *La Logique ou l'Art de penser*, Paris, Charles Savreux, 1662.

4. Sous le Directoire, la *Grammaire* de Condillac est rééditée sous le titre : *Principes généraux de grammaire pour toutes les langues, avec leur application particulière à la langue française, par Condillac, pour servir aux écoles centrales*, Paris, A.J. Ducour, an 6 – 1798. La *Grammaire* constitue également le volume 5 des *Œuvres* de Condillac en 23 volumes, parues chez Houel la même année.

5. Outre ses articles de l'*Encyclopédie*, César Chesneau Du Marsais (1676-1756) a publié *Exposition d'une méthode raisonnée pour apprendre la langue latine*, Paris, Ganeau, 1722, *Des Tropes ou des différents sens dans lesquels on peut prendre un même mot dans une même langue*, Paris, Vve Broca, 1730, ainsi qu'à titre posthume *Logique et principes de grammaire*, Paris, Briasson, Le Breton et Hérissant fils, 1769, ouvrage réédité en 1792.

6. Nicolas Beauzée (1717-1789) collabore à l'*Encyclopédie* à compter du tome VII (1757) puis est le principal contributeur des trois volumes de *l'Encyclopédie méthodique* de Panckoucke intitulés *Grammaire et littérature* (1782-1786). Il a publié une *Grammaire générale, ou Exposition raisonnée des éléments nécessaires du langage, pour servir à l'usage de toutes les langues*, Paris, Barbou, 1767. Sur cet auteur qui est cité plus d'une vingtaine de fois, souvent de façon positive, par Destutt de Tracy, on peut consulter l'ouvrage de Michel Le Guern, *Nicolas Beauzée, grammairien philosophe*, Paris, Champion, 2009.

7. Buffier (Claude), *Grammaire française sur un plan nouveau*, Paris, N. Le Clerc, 1709.

8. Restaut (Pierre), *Principes généraux et raisonnés de la grammaire française*, Paris, Desaint, 1730.

Girard[1], de Duclos[2], de l'abbé d'Olivet[3] et de Domergue[4]. Il connaît aussi, bien entendu, les contributions plus récentes de Thurot[5], Silvestre de Sacy[6], Degérando[7], l'abbé Sicard[8], Thiébault[9] et Maine de Biran[10] sur l'articulation de la pensée et des signes. Il a lu avec attention les écrits de Volney[11] sur les langues orientales et leur écriture. C'est à tout cela qu'il fait allusion dans une lettre à l'Idéologue Joseph Droz du 27 fructidor an 10 (14 septembre 1802) :

> J'étudie plus que je n'écris : et bien des choses m'ont dérangé. Cependant je ne perds pas de vue mon ouvrage. Je voudrais du moins qu'il se soutînt par son ensemble, étant complet[12].

Une large part de son travail consiste dès lors à confronter les processus de la pensée tels qu'ils ont été mis à jour dans le premier volume des *Éléments d'idéologie* aux principales catégories constitutives du corpus de la grammaire générale et à rectifier ce qui, de son point de vue, mérite de l'être.

1. Girard (Gabriel), *Les vrais principes de la langue française, ou La Parole réduite en méthode conformément aux lois de l'usage*, Paris, Le Breton, 1747.

2. Duclos (Charles Pinot), *Remarques sur la Grammaire générale et raisonnée de Port-Royal*, Paris, Hardy, 1756.

3. Olivet (Pierre-Joseph Thoulier d'), *Remarques sur la langue française*, Paris, Barbou, 1767.

4. Domergue (Urbain), *Grammaire française simplifiée*, Lyon et Paris, 1778, *La Prononciation française déterminée par des signes invariables*, Paris, an 5 (1797) et *Grammaire générale analytique*, Paris, C. Houel, an 7 (1799).

5. François Thurot (1768-1832) a traduit et commenté de façon critique l'*Hermès* (1751) de James Harris : *Hermès ou Recherches philosophiques sur la grammaire universelle, ouvrage traduit de l'anglais, avec des remarques et des annotations par François Thurot*, Paris, Impr. de la République, an 4.

6. Sylvestre de Sacy (Isaac), *Principes de grammaire générale*, Paris, Fuchs, an 7 (1799).

7. Degérando (Joseph Marie), *Des signes et de l'art de penser considérés dans leurs rapports mutuels*, Paris, Goujon fils, Fuchs, Henrichs, an 8 (1800).

8. Sicard (Roch Ambroise Cucurron), *Éléments de grammaire générale appliqués à la langue française*, Paris, Déterville, an 10 (1801).

9. Thiébault (Dieudonné), *Grammaire philosophique*, 1802.

10. Maine de Biran (Marie François Pierre), *Influence de l'habitude sur la faculté de penser*, Paris, Henrichs, an 11-1802. Destutt de Tracy est l'auteur du rapport de la commission de l'Institut proposant de couronner le mémoire de Maine de Biran le 17 messidor an 10 (6 juillet 1802).

11. Volney (Constantin Chassebœuf, dit), *Simplification des langues orientales, ou Méthode nouvelle et facile d'apprendre les langues arabe, persane et turque avec des caractères européens*, Paris, Imprimerie de la République, an 3 (1795).

12. B.M. de Besançon, Ms 1441, fol. 302. Lettre publiée dans *Corpus, revue de philosophie*, n°26-27, 1994, « A.L.C. Destutt de Tracy et l'Idéologie », p. 202-204.

La dernière des grammaires générales

Publiée en thermidor an 11 (août 1803), la *Grammaire* de Destutt de Tracy s'inscrit explicitement[1] dans la lignée des grammaires générales, constitutives de l'approche linguistique classique qui s'étend du milieu du milieu du XVIIe siècle au début du XIXe. Parfois aussi qualifiées de « raisonnées », « analytiques », « universelles » ou « philosophiques », celles-ci se caractérisent par deux traits principaux :

1. Elles posent que les règles qui régissent le langage sont directement déterminées par la nature des opérations de l'esprit. C'est en ce sens que Tracy reprend expressément la formule d'Arnauld et Lancelot selon laquelle

> la connaissance de ce qui se passe dans notre esprit est nécessaire pour comprendre les fondements de la grammaire[2].

Cette idée est reprise par Du Marsais pour qui

> la grammaire a une liaison nécessaire avec la science des idées et du raisonnement,

ce qui le conduit à considérer que

> les grammairiens qui ne sont pas philosophes ne sont même pas grammairiens[3].

2. Parce qu'elles définissent les principes communs à tous les langages, les grammaires générales ont une portée universelle qui les situe en amont de toutes les langues particulières. Comme le dit Beauzée,

> la science grammaticale est antérieure à toutes les langues, parce que ses principes sont d'une vérité éternelle et qu'ils ne supposent que la possibilité des langues[4].

1. *Éléments, II, Grammaire*, chapitre IV, p. 154.

2. *Ibid.*, introduction, p. 41. La citation est reprise du titre du chapitre premier de la seconde partie de la *Grammaire générale et raisonnée* d'Arnauld et Nicole. Après avoir défini les trois opérations de l'esprit (*concevoir, juger, raisonner*) auxquelles ils en ajouteront une quatrième (*ordonner*) dans *La Logique*, les Messieurs rattachent les deux termes de la proposition (le *sujet* et l'*attribut*) à l'opération de concevoir et la *liaison* entre ces deux termes à celle de juger, c'est-à-dire « d'affirmer qu'une chose que nous concevons est telle, ou n'est pas telle ».

3. Cité par André Joly dans son introduction à *Hermès* de James Harris, Genève, Droz, 1972, p. 26 et 28.

4. Article « Grammaire » de l'*Encyclopédie méthodique*, t. 2, p. 190.

S'il définit clairement sa *Grammaire* comme générale et philosophique, Destutt de Tracy en vient toutefois à contredire ses devanciers sur de très nombreux points. Il n'y a rien d'étonnant à cela : dès lors qu'il a profondément renouvelé l'analyse de la formation des idées, il est logique qu'il livre une analyse elle-même renouvelée de leur expression. Pour réussir dans son entreprise,

> il fallait auparavant avoir pleinement éclairci la génération des idées et celle de leurs signes ; et c'est ce qu'on n'avait pas encore fait complètement, quoique dès longtemps on ait senti que c'était la seule manière d'arriver à la vérité [1].

Ainsi, l'originalité de sa *Grammaire* tient pour lui à ce qu'il a su « remonter jusqu'aux premiers principes » et « commencer par le commencement » en faisant de la science des signes « la continuation de la science des idées » [2]. C'est pourquoi la première édition de l'ouvrage est précédée d'un *Avis au lecteur* qui précise :

> L'auteur prévient que [la première partie de ces *Éléments d'idéologie* qui traite de la formation des idées] est absolument nécessaire pour la pleine intelligence de cette seconde partie et demande instamment qu'on veuille bien ne point lire l'une sans l'autre.

Or, ce premier volume des *Éléments* a délivré deux enseignements essentiels à la fondation de la *Grammaire*.

Le premier a trait à la nature de nos connaissances. Si la faculté de sentir ou de penser est composée de quatre facultés élémentaires (la sensibilité, la mémoire, le jugement, la volonté) et si toutes les quatre concourent à la formation des idées composées, c'est plus particulièrement par l'exercice de l'une d'entre elles, la faculté de juger, que notre connaissance doit de progresser en percevant le rapport qu'entretiennent deux idées, ou pour être plus précis, en constatant

> qu'une idée est comprise dans une autre [3].

C'est cette faculté qui ouvre la voie au raisonnement qui n'est pas autre chose qu'un enchaînement de jugements et rend possible une connaissance de plus en plus étendue.

1. *Éléments, II, Grammaire*, chapitre IV, p. 152.
2. *Ibid.*, introduction, p. 43.
3. *Éléments, I, Idéologie proprement dite*, chapitre IV, p. 109.

Le second concerne les signes et le langage, entendu comme « système de signes » [1], objets des deux derniers chapitres de l'*Idéologie proprement dite*. En effet, nos idées, qui sont les produits de la faculté de penser, s'incarnent dans des signes sans lesquels elles n'existeraient que de façon évanescente : sans eux,

> nous ne penserions presque pas [2],

car notre pensée serait réduite à nos sensations les plus immédiates et les plus simples, aussitôt disparues que perçues. A l'inverse, les signes constituent les soutiens, les « fixateurs » de nos idées et c'est bien pourquoi le langage a, comme l'avait déjà compris Condillac, pour fonction première de nous permettre de penser, avant même de nous permettre de communiquer. Ainsi, connaissance et langage marchent-ils

> toujours de front et dans cette marche progressive le niveau se rétablit à chaque instant entre l'idée et le signe [3].

Fort d'avoir élucidé l'opération du jugement [4] et d'avoir identifié les fonctions des signes, fort aussi de la lecture des grammairiens qui l'ont précédé, Destutt de Tracy se considère désormais armé pour établir non plus un *art* de la grammaire, mais la *science* de l'expression des idées ou la « *grammaire vraiment générale* » [5]. Celle-ci ne saurait en effet consister dans une classification, souvent factice, des différents types de mots ni dans l'identification, souvent approximative, des règles de leur agencement. C'est pourtant

> ce qu'ont toujours fait jusqu'à présent les grammairiens, même ceux qui sont le plus justement estimés et à qui nous devons les lumières les plus précieuses sur beaucoup de choses de détail. Quand ils ont voulu nous expliquer la théorie générale du langage, ils se sont arrêtés aux mots qu'ils ont trouvés en usage dans les langues orales déjà perfectionnées. Ils ont déployé tous leurs efforts à les classer et à les dénommer méthodiquement. N'étant guidés que par des principes qu'ils s'étaient faits arbitrairement, ils ont tous été d'avis différents. Les formes de ces éléments du discours leur

1. *Éléments, I, Idéologie proprement dite*, chapitre XVI, p. 230.
2. *Ibid.*, chapitre XVII, p. 252.
3. *Ibid.*, p. 254.
4. « J'ose affirmer ici qu'aucun grammairien jusqu'à présent n'a connu en quoi consiste précisément l'opération de juger, et que c'est là la principale cause pour laquelle les meilleurs esprits et les têtes les plus fortes ne nous ont encore donné que de mauvaises théories du langage. » (*Éléments, II, Grammaire*, chapitre premier, p. 49).
5. *Éléments, II, Grammaire*, chapitre IV, p. 154.

faisant illusion, ils n'ont pu en démêler complètement la nature et les fonctions[1].

Il faut prendre au contraire le parti strictement inverse et partir de la pensée en acte, autrement dit du jugement et de son énonciation, c'est-à-dire de la *proposition* qui n'est rien d'autre qu'un « *énoncé de jugement* »[2]. Ainsi, ce ne sont ni le matériel des mots ni les règles gouvernant leur emploi qui rendent compte de la proposition, mais c'est bien cette dernière qui dévoile la nature et le mode d'articulation des différents éléments qui la constituent, en faisant ressortir les fonctions qu'ils remplissent.

Dans la mesure où l'exercice de la faculté de juger consiste à mettre en relation deux idées, et seulement deux, la seconde étant perçue comme renfermée dans la première, la proposition n'a besoin de comporter que deux éléments et seulement deux : le *sujet* et l'*attribut*. Le sujet exprime une idée qui existe par elle-même dans notre pensée de façon absolue (fusse de façon fictive); l'attribut est en revanche une idée relative au sujet et présentée comme existant dans celui-ci. Le premier prend la forme du *nom*; le second prend la forme, non pas de l'adjectif comme on pourrait le penser en première analyse (car l'adjectif indique seulement qu'une qualité, une circonstance ou une propriété est *potentiellement* incluse dans un sujet et non pas qu'elle y est *effectivement* contenue), mais du *verbe* qui, lorsqu'il est au mode défini, exprime à la fois qu'une idée est comprise dans le sujet et qu'elle y existe réellement : c'est ce qui fait dire à notre philosophe que l'adjectif est un verbe mutilé (car il est amputé du verbe *être* qui constitue l'affirmation de l'existence) et que le verbe est un adjectif complet. Par là même, Tracy se démarque de la conception la plus généralement admise de la proposition qui, de Port-Royal à Condillac en passant par Hobbes, se définit par son caractère « tripartite », fondé sur le schéma sujet/copule/prédicat. Il se fait au contraire l'avocat d'une conception « bipartite » dans laquelle la fonction de l'attribut est assurée par le verbe qui exprime à la fois qu'une idée est relative au sujet et qu'elle existe réellement en lui. Il n'y a là rien que de très logique, car comme l'a écrit R. Goetz :

> Il serait contradictoire que [les] deux éléments de l'acte de juger devinssent trois dans la proposition qui en est l'expression[3].

1. *Éléments, II, Grammaire*, chapitre v, p. 188.
2. *Ibid.*, chapitre premier, p. 54.
3. R. Goetz, *Destutt de Tracy, philosophie du langage et sciences de l'homme*, Genève, Droz, 1993, p. 179.

C'est cette parfaite correspondance entre l'exercice du jugement, d'une part, et son énoncé dans la proposition, d'autre part, qui est au fondement de la *Grammaire* de Destutt de Tracy et en constitue en quelque sorte le centre de gravité[1]. C'est sur cette base qu'il décline chacune des thèses qu'il développe tout au long de son ouvrage :

– son approche de l'interjection, conçue comme la forme primitive de la proposition, avec ses deux éléments (le sujet et le verbe/attribut) présents, mais de façon implicite et par conséquent longtemps inaperçue ;

– la différence opérée entre le langage humain et le langage animal ; si l'un comme l'autre sont bien composés d'énoncés de jugements et donc de propositions, le langage des animaux manifeste en revanche l'incapacité de ces derniers à décomposer la proposition en ses différents éléments, soit une incapacité à abstraire ou à analyser ;

– la distinction entre les mots qui sont absolument nécessaires (les noms, les pronoms et les verbes) et par conséquent apparus les premiers et ceux qui sont seulement utiles (les adjectifs, les articles, les prépositions, les adverbes, les conjonctions et les adjectifs conjonctifs) ;

– la théorie du temps des verbes, qui fait l'objet d'un long développement au chapitre IV et reprend la question de fond en comble ;

– l'ordre syntaxique, qui conduit à distinguer entre la construction directe, la construction naturelle et la construction inverse.

Ainsi, quels que puissent être par ailleurs les mérites qu'il reconnaît à ses prédécesseurs[2], Destutt de Tracy, parce qu'il considère qu'il est le

1. A la fin du chapitre II, consacré au jugement et à son énoncé dans la proposition, Tracy le dit explicitement : « ce peu de pages renferme toutes les bases de la théorie du discours et la solution positive ou implicite d'une foule de questions qui ont partagé les grammairiens et qui ne les ont tous embarrassés que parce qu'ils n'avaient pas parfaitement démêlé ce que c'est que l'acte intellectuel appelé *jugement*. Dans notre manière de le considérer, tout s'explique de soi-même et sans embarras, et cela prouve, je crois, que nous avons atteint la vérité sur ce point capital. » (*Éléments, II, Grammaire*, chapitre II, p. 68.).

2. Dans le *Discours préliminaire* de la *Logique*, troisième volume des *Éléments d'idéologie*, Tracy souligne en particulier l'identité de ses vues avec celles développées par le P. Buffier au début du XVIIIe siècle : « Je regrette beaucoup que Condillac, dans ses profondes et sagaces méditations sur l'intelligence humaine, n'ait pas fait plus d'attention aux idées du P. Buffier. Il y aurait rencontré deux ou trois aperçus peut-être mal démêlés, mais qui lui auraient été très utiles ; [...] : il aurait trouvé dans sa *Grammaire* que le *nom* ou ce qui en tient lieu, est toujours le *sujet* de la proposition ; que *le verbe en est l'attribut* ; et que les autres éléments de la proposition (ou comme on dit, les autres parties d'oraison), ne sont que des modifications de ceux-là, ce qui jette un grand jour sur l'acte de juger. Il aurait vu dans la *Logique* que c'est le sujet d'une proposition qui en contient l'attribut ; que l'idée attribuée n'est jamais qu'une circonstance de l'idée à laquelle on l'attribue ; et qu'une série de propo-

premier à avoir mis au jour la nature de la faculté de juger, se tient aussi pour le premier à avoir conçu la « grammaire vraiment générale », cette grammaire qui n'enseigne pas comment l'on s'exprime dans telle ou telle langue particulière mais comment l'on *devrait* s'exprimer dans quelque langue que ce soit[1]. Deux ans plus tard, dans sa *Logique*, il souligne sa supériorité sur les grammairiens professionnels :

> Quoique peu versé dans les détails de la science et de l'érudition grammaticale, je me suis trouvé tout de suite porté fort loin au-delà du commencement de toutes les grammaires, en avant de toutes les questions qui divisent leurs auteurs, et muni de la plupart des éléments de leurs solutions[2].

Ce qu'en revanche il ne peut pas savoir ni même soupçonner, c'est que son ouvrage constitue en réalité la dernière grammaire de ce genre et qu'elle clôt une séquence d'un siècle et demi dans l'histoire des idées linguistiques : de ce point de vue, M. Foucault a pu à juste raison qualifier l'Idéologie de « dernière des philosophies classiques »[3]. En effet, c'est bien autour de la fin du XVIIIe et du début du XIXe siècle que la science du langage va progressivement cesser de se définir comme une stricte déclinaison d'une théorie de la connaissance pour s'affirmer comme une discipline autonome, fondée sur une approche à la fois historique et comparatiste des langues. C'est dans les années qui suivent la publication des *Éléments d'idéologie* que les ouvrages de F. Schlegel[4], de F. Bopp[5] et de J. Grimm[6] posent les bases de ce qui commence à s'appeler la linguistique.

sitions n'est légitime et ne mène à une conclusion vraie, qu'autant que tous les attributs renferment successivement l'attribut qui les suit, et que, par conséquent, le dernier attribut, celui de la dernière proposition, est renfermé dans le sujet de la première. Il est vrai qu'il aurait trouvé cette vérité exprimée d'une manière vacillante et embrouillée. » (*Éléments, III, Logique*, Discours préliminaire, p. 167-168 de l'édition de 1825).

1. *Éléments, II, Grammaire*, chapitre IV, note de la p. 125.

2. *Éléments, III, Logique*, chapitre IX, p. 353 de l'édition de 1825.

3. M. Foucault, *Les Mots et les choses, une archéologie des sciences humaines*, Paris, Gallimard, 1966, p. 255. Voir aussi Élisabeth Schwartz, *L'Idéologie et le fin des grammaires générales raisonnées*, Thèse Université Aix-Marseille I, 1981, Lille, A.N.R.T., 1984, 16 microfiches.

4. Schlegel (Friedriech von), *Über die Sprache und Weisheit der Indier*, Heidelberg, Mohr & Zimmer, 1808.

5. Bopp (Franz), *Über das Conjugationsystem der Sanskritsprache in Vergleichungumit jenem der griechischen, lateinichen, persischen und germanischen Sprache*, Frankfurt/Main, Andreäische Buchhandlung, 1816.

6. Grimm (Jacob), *Deutsche Grammatik*, 1819.

DU PERFECTIONNEMENT DES LANGUES À L'IMPOSSIBILITÉ DE LA LANGUE PARFAITE

Ayant d'une part mis au jour les processus de la formation et de l'expression de nos idées, ayant d'autre part fait le constat des progrès du langage humain depuis les premiers cris des sauvages jusqu'aux discours les plus élaborés et riches en nuances des modernes, Destutt de Tracy est naturellement conduit à soulever la question du perfectionnement continu des langues et à s'interroger *in fine* sur ce que serait une langue qui calquerait très exactement, et sans aucune scorie ni sophistication, l'expression des idées vraies sur leur génération, ce qui revient à s'interroger sur la perspective d'une langue parfaite. Ainsi qu'il l'écrit à la fin du chapitre IV, cela l'amène à traiter de sujets qui se situent au-delà du strict champ de la grammaire générale, c'est-à-dire au-delà de ce qui est commun à toutes les langues, mais il ne faut pas oublier que son projet, dans ce qui constitue la première section des *Éléments d'idéologie*, est d'écrire une *histoire de nos moyens de connaître*. Dès lors que

> toute l'histoire de l'homme est celle des signes de ses idées, [1]

il devient essentiel de s'interroger sur les progrès du langage et par là-même sur les progrès de la capacité des hommes à penser. L'enjeu est d'autant plus important que ces progrès décident pour une large part de la destinée des peuples.

Le perfectionnement des langues et le destin des nations

À la fin du premier volume des *Éléments*, Tracy avait montré que de tous les systèmes de signes (qu'ils s'adressent au sens du toucher comme les attouchements, à la vue comme les gestes ou à l'ouïe comme les sons), c'est le langage oral qui se révèle, en raison notamment de la parfaite correspondance que l'on observe entre l'organe de la voix et l'organe auditif, le plus facile à utiliser et à recevoir, le plus performant et le plus susceptible de développement : aussi la *Grammaire* privilégie-t-elle le langage parlé dans ses analyses.

Destutt de Tracy s'attache alors à montrer que l'expression des idées s'est déployée dans le temps selon trois grandes étapes qui sont, chacune à son tour, porteuses de progrès décisifs dans l'exercice de la pensée.

1. *Éléments, II, Grammaire*, chapitre V, p. 207.

La première étape est celle des signes *naturels*, prenant la forme de ce que l'auteur appelle, après Condillac et d'autres, le langage d'action, langage qui émet, notamment sous la forme d'interjections, des signes initialement involontaires mais devenus volontaires au fil du temps :

> Tous les êtres animés parlent naturellement le langage d'action : ou plutôt leurs actions parlent pour eux sans qu'ils le veuillent et manifestent leurs pensées à tous les êtres organisés à peu près de même qui, voyant que quand ils ressentent certaines affections ils font certaines actions, éprouvent les mêmes affections. De cette observation, que chacun fait de son côté, il résulte bientôt que tous les individus, surtout dans la race humaine, font ces mêmes actions, non plus seulement pour les faire et pour l'effet immédiat qui en résulte, mais pour manifester ce qu'ils pensent. Alors ces actions, de signes naturels involontaires, deviennent signes volontaires institués [1].

La deuxième étape voit apparaître les signes *artificiels*, ceux-là même qui permettent de fixer ou de soutenir les idées composées ou complexes, de les rappeler aisément à la mémoire et de les combiner entre elles. Avec eux, la pensée échappe à l'état d'immédiateté qui la confinait dans une sorte de léthargie. Si cette capacité à passer du langage « naturel et nécessaire » au langage « artificiel et volontaire » [2] est essentielle au développement de la pensée, il reste que ces signes artificiels souffrent encore d'être fugitifs et transitoires. En effet, ils

> disparaissent aussitôt qu'ils sont perçus, [...] se succèdent et se remplacent avec rapidité, [...] s'effacent les uns les autres, et [...] ne produisent que des impressions momentanées, toujours très difficiles, souvent impossibles à rappeler avec exactitude [3].

L'invention de l'écriture a constitué la troisième étape, celle qui rend les signes artificiels (et donc les idées) à la fois *permanents* et *transportables*, qui assure leur transmission aussi bien dans le temps que dans l'espace et permet ainsi à la pensée de prendre un nouvel envol en rendant possibles des combinaisons intellectuelles d'une grande complexité. Pour illustrer son propos, Tracy avait déjà pris, dans l'*Idéologie proprement dite*, l'exemple des idées de quantité, montrant en particulier tout ce qui sépare les nombres (qui relèvent de la deuxième étape) des chiffres (qui

1. *Éléments, II, Grammaire*, chapitre V, p. 158.
2. *Éléments, I, Idéologie proprement dite*, chapitre XVI, p. 234.
3. *Éléments, II, Grammaire*, chapitre V, p. 159.

relèvent de la troisième) et soulignant « la prodigieuse supériorité de ceux-ci sur les premiers »[1] : si l'usage des nombres constituent assurément un progrès considérable en permettant de procéder mentalement à des calculs relativement simples, seul l'usage des chiffres permet d'opérer des calculs longs et complexes.

Si ces trois étapes sont caractéristiques du développement de nos facultés intellectuelles et ont, selon Destutt de Tracy, valeur universelle, l'humanité peut en revanche emprunter deux chemins radicalement différents pour satisfaire son besoin de rendre les signes durables et permanents. Ces deux voies sont si hétérogènes qu'aucun peuple ne saurait passer de l'une à l'autre de façon naturelle. La première est celle de l'écriture *hiéroglyphique* ou *symbolique*. Elle trouve son origine dans l'art du dessin : il s'agit en effet de représenter chacune des idées par une figure qui lui correspond. Dans ce cas, la langue écrite est une seconde langue qui constitue une traduction de la langue orale. La seconde voie est celle de l'écriture *syllabique* ou *alphabétique*. Elle trouve son origine dans la musique : il ne s'agit plus de représenter des idées mais simplement de copier des sons. Dans ce cas, la langue écrite n'est pas une seconde langue mais une représentation directe de la langue parlée elle-même dont les sons sont figurés à l'aide d'un nombre limité de caractères.

Or Destutt de Tracy met en évidence que les peuples qui, sans qu'ils aient d'ailleurs été en situation d'opérer un choix réfléchi et conscient des enjeux, ont pris la première option ont, par ce fait même, renoncé aux lumières et au progrès. Le poids de l'investissement que représente l'apprentissage de l'écriture hiéroglyphique ou symbolique, les défauts de clarté et de précision qui lui sont inhérents ainsi que la césure opérée entre la langue savante et la langue usuelle constituent autant d'obstacles au développement des connaissances :

> De là, il résulte abrutissement de la masse du peuple, peu de progrès parmi les lettrés, point de communication entre eux ni avec les étrangers, perte prompte des connaissances acquises ou reçues, respect superstitieux pour l'antiquité, etc.[2].

1. *Éléments, I, Idéologie proprement dite*, chapitre XVI, p. 240.
2. *Éléments, II, Grammaire*, Extrait raisonné, p. 238.

Inversement, l'écriture syllabique ou, mieux, alphabétique se caractérise à la fois par sa facilité d'apprentissage[1] et sa capacité à restituer la pensée de façon directe et exacte. A ce titre, elle est un instrument d'émancipation pour la société tout entière, favorise le progrès des connaissances ainsi que les échanges entre les élites savantes des différents pays.

Le mode d'écriture décide donc largement du destin des nations en ce qu'il surdétermine le rapport d'un peuple aux connaissances et au progrès. En effet,

> le sort des peuples dépend uniquement de l'état de leurs lumières ; et celui-ci tient essentiellement au degré de perfection et de commodité des signes permanents qu'ils ont su se procurer[2].

Ainsi, c'est bien parce que

> notre écriture européenne, dérivée des alphabets grec et romain, est [...] ce que les hommes ont imaginé de mieux en ce genre[3]

que les « modernes Occidentaux »[4] et les nations européennes sont pour l'auteur à la pointe du progrès et de la civilisation. Pour autant, cette écriture est encore loin d'être parfaite : de son analyse des principales qualités des sons émis par notre organe vocal (voix, articulation, ton et durée), Tracy conclut à la défaillance de nos alphabets (sans même parler de celle de nos orthographes) :

> [Nos alphabets] n'ont point été composés d'après une analyse réfléchie de la parole [...]. Leurs premiers éléments sont dus à des observations grossières et imparfaites. On y a ensuite ajouté d'autres, à mesure qu'on en a senti le besoin. Souvent même on en a emprunté à des alphabets différents. [...] Ces alphabets sont devenus un assemblage fortuit de pièces de rapport prises çà et là, et réunies sans plan, sans vues et sans système[5].

De nombreuses améliorations devraient donc y être apportées pour parvenir à une écriture qu'on pourrait qualifier de « philosophique »[6].

1. « C'est là un petit talent très facile à acquérir, [...] tellement facile qu'avec une bonne organisation sociale, au bout de très peu d'années, il n'y aurait presque pas un individu, dans une nation policé, qui fût privé de cet avantage. » (*Éléments, II, Grammaire*, chapitre V, p. 164).

2. *Ibid.*, p. 177.

3. *Ibid.*, p. 178.

4. *Ibid.*, p. 177.

5. *Ibid.*, p. 201.

6. *Ibid.*, p. 206.

L'impossibilité de la langue parfaite et universelle

Pour avoir fait le constat des défauts qui caractérisent les langues existantes ou ayant existé et pour avoir défini les conditions de leur réforme, Tracy en vient à

> concevoir le désir de voir naître une langue parfaite qui devienne universelle, [1]

et à poser le problème de la faisabilité de l'entreprise. La question lui paraît d'autant plus fondée qu'elle traverse toute l'histoire [2] et que maints auteurs des XVIIe et XVIIIe siècles ont voulu créer des langues philosophiques *a priori* dont U. Eco s'est fait l'historien [3] et qui

> devaient servir à exprimer parfaitement les idées et à découvrir éventuellement de nouveaux liens entre les aspects de la réalité [4].

A cela s'ajoute le fait que la Révolution y a vu un enjeu de rapprochement et de fraternité entre les peuples, ainsi que le souligne J. Delormel, auteur en l'an 3 (1794) d'un *Projet d'une langue universelle présenté à la Convention nationale* :

> Dans ce moment de Révolution, où l'esprit humain se régénère chez les Français, et s'élance avec tant d'énergie, ne peut-on pas espérer rendre publique une langue nouvelle qui facilite les découvertes en rapprochant les savants de différentes nations, et même un terme commun entre toutes les langues, facile à saisir par les hommes les moins susceptibles d'instruction, et qui ne fasse bientôt de tous les peuples qu'une grande famille [5].

La décennie révolutionnaire voit ainsi fleurir des projets de langues et/ou d'écritures dont l'ambition est d'être à la fois parfaites et universelles,

1. *Éléments, II, Grammaire*, chapitre VI, p. 209.

2. « Ce projet a exercé de grands esprits et de beaux génies » (*Ibid.*, p. 214).

3. U. Eco, *La recherche de la langue parfaite dans la culture européenne*, Paris, Seuil, 1997.

4. *Ibid.*, p. 15.

5. Delormel (Jean), *Projet d'une langue universelle présenté à la Convention nationale, Paris*, l'auteur, an 3 (1794). Cette espérance était au même moment jugée irréaliste par l'abbé Grégoire qui dans son *Rapport sur la nécessité et les moyens d'anéantir les patois et d'universaliser l'usage de la langue française* présenté devant la Convention le (4 juin 1794) écrit : « L'état politique du globe bannit l'espérance de ramener les peuples à une langue commune. Cette conception, formée par quelques écrivains, est également hardie et chimérique. Une langue universelle est, dans son genre, ce que la pierre philosophale est en chimie ».

comme ceux de J. de Maimieux[1] et de Z. Hourwitz[2]. L'Institut se saisit bien entendu du sujet et c'est dans ce contexte que Degérando puis Destutt de Tracy lisent en l'an 8 (1800) des mémoires critiques sur la pasigraphie devant la classe des sciences morales et politiques[3].

Or, à quoi ressemblerait une langue parfaite ?

> J'appelle une langue parfaite, *nous dit Tracy*, celle qui serait tellement commode, précise et exacte, qu'elle représentât les idées de façon qu'il fût totalement impossible de s'y méprendre, et que par conséquent elle portât dans la déduction des idées de tout genre la même certitude qui existe dans celle des idées de quantité[4].

Malheureusement, cette perfection tant désirée dans l'expression *(Grammaire)* comme dans la déduction *(Logique)* des idées est une chimère. En effet, au-delà du fait que la réforme de nos langues usuelles ou savantes bouleverserait des habitudes beaucoup trop ancrées pour pouvoir être changées, au-delà du fait qu'aucune autorité ne serait assez puissante pour imposer la nouvelle langue, une raison beaucoup plus radicale entrave toute possibilité de langue parfaite. Comme l'avait déjà démontré *l'Idéologie proprement dite*, deux hommes ne mettent jamais exactement le même contenu sous un même signe et c'est aussi le cas pour un même homme à deux époques différentes de sa vie. Les signes que nous utilisons sont donc congénitalement marqués d'un indice d'incertitude qui ne tient pas à leur nature propre, mais plus fondamentalement à la nature même de nos facultés intellectuelles :

> Cette triste vérité est ce qui constitue essentiellement le vice radical de l'esprit de l'homme, ce qui le condamne à ne jamais arriver complètement à l'exactitude[5].

Le degré d'incertitude qui s'attache aux signes est en effet porteur de l'incertitude de nos jugements et de nos raisonnements et explique à lui

1. Maimieux (Joseph de), *Pasigraphie, ou Premiers éléments du nouvel art-science d'écrire et d'imprimer en une langue, de manière à être lu et entendu dans toutes les autres langues sans traduction*, Paris, au bureau de la Pasigraphie, 1797.

2. Hourwitz (Zalkind Hurwicz, dit), *Polygraphie, ou L'Art de correspondre, à l'aide d'un dictionnaire, dans toutes les langues, même celles dont on ne possède pas les lettres alphabétiques*, Paris, l'auteur, an 9 (1800).

3. Destutt de Tracy, « Réflexions sur les projets de pasigraphie, lues le 27 floréal an 8 (15 mai 1800) », dans *Mémoires de l'Institut national, sciences morales et politiques*, t. III, prairial an 9 (mai-juin 1801). La pasigraphie est un système d'écriture universelle.

4. *Éléments, II, Grammaire*, Extrait raisonné, p. 244.

5. *Ibid.*, chapitre VI, p. 213.

seul la diversité des opinions, cette diversité que l'auteur a si fortement vue à l'œuvre et déplorée durant la dernière décennie du XVIIIe siècle et qui a conduit les partisans de la Révolution à se déchirer mutuellement. Ces questions de la certitude et de l'incertitude, de la vérité et de l'erreur, constitueront précisément la matière de troisième volume des *Éléments d'idéologie*, consacré à la *Logique*.

Si l'impossibilité de l'instauration de la langue parfaite (qui est aussi, on le devine, l'impossibilité de l'instauration du savoir absolu[1]) est avérée, cela n'interdit pas bien entendu de s'engager dans la voie de l'amélioration de nos langues, qu'elles soient usuelles ou savantes. Les améliorer, c'est les rendre aussi claires et exactes que possible, en mettant en œuvre les principes et les règles énoncés dans la *Grammaire*, comme nous le faisons quand nous créons ou développons une science. En effet :

> Bien faire la langue d'une science, c'est créer cette science; et [...] créer une science n'est autre chose qu'en bien faire la langue[2].

Cette approche des langues soulève néanmoins une dernière question : si leur amélioration a pour objet principal et même unique de permettre de juger et raisonner avec justesse, doit-on également se soucier de les rendre belles, harmonieuses et éloquentes? Ou, pour dire les choses autrement, la rhétorique participe-t-elle de l'amélioration des langues ou doit-elle être répudiée, en tant qu'elle serait un art destiné à travestir la réalité? A cette interrogation, Destutt de Tracy répond en trois points :

– tout d'abord, il assume et même revendique le fait que les « abus de mots »[3] ainsi que les irrégularités des langues[4] doivent être combattus;

1. « Pour qu'une langue fût parfaite [...], il faudrait que nos connaissances fussent complètes dans tous les genres » (*Éléments, II, Grammaire*, chapitre VI, p. 216).

2. *Ibid.*, p. 217.

3. *Ibid.*, p. 219.

4. « On en bannirait avec scrupule les hyperboles, les allusions, les demi-réticences, les fausses délicatesses, les tropes, les divers emplois d'un même mot » (*Ibid.*, p. 218). Dans la biographie intellectuelle qu'il a consacrée à Destutt de Tracy, Emmet Kennedy écrit : « Tracys'grammar is one of cold judgment, rather than of imagination, a faculty he never recognized. His ideas on language were a function of his obsession for intellectual clarity and his horror of "obscurity", the "ambiguous" *(louche)*, anything "vague", "perplexity" *(embarras)*, "confusion" *(embrouiller)*, key words of high frequency in all his works. The language he sought would avoid such snares and "serve logic" rather than belles-lettres. It epitomizes the revolutionary *idéologue's* quest for order, clarity, and unity. » (*A Philosoph in the Age of the Revolution, Destutt de Tracy and the Origins of "Ideology"*, Philadelphia, The American Philosophical Society, 1978, p. 129-130). Dans l'*Idéologie proprement dite*, p. 225, Tracy souligne que « le traitement que [l'aliéniste] Pinel emploie pour guérir les esprits

– ensuite, il conteste l'idée que des langues qui seraient améliorées par le respect des règles d'une grammaire « vraiment philosophique » soient condamnées à ne pas être belles et propres à l'éloquence ;

– enfin, il concède qu'il ne s'était pas donné pour objet de traiter des langues sous cet angle, ajoutant :

> je ne m'étais engagé qu'à les considérer sous le point de vue logique. Ce n'est effectivement que pour arriver à la meilleure déduction possible des idées que j'ai composé ce traité de leur expression [1].

Ainsi la *Grammaire* trouve-t-elle son prolongement nécessaire dans la *Logique*, tout comme elle était elle-même la suite naturelle de l'*Idéologie proprement dite.*

LA RÉCEPTION PAR LES CONTEMPORAINS

Dès sa parution, l'ouvrage est évidemment bien reçu dans le milieu des Idéologues, ainsi qu'en témoigne cette lettre de Cabanis à Maine de Biran :

> Mon bon voisin Tracy vient de publier sa *Grammaire*, j'en trouve l'analyse plus profonde et la marche plus ferme que celles de son *Idéologie* : cela fait un bel ensemble ; et quand il aura fait sa *Logique*, ce sera un tout excellent ; il fera époque dans l'histoire de la science de l'entendement [2].

Dans une lettre à l'auteur (aujourd'hui détruite dans l'incendie qui ravagea les archives du château de Paray-le-Frésil en mai 1968, mais qu'Emmet Kennedy a pu consulter en son temps), l'ancien Directeur La Revellière-Lépeaux, théophilanthrope et authentique républicain qui, selon le mot de Napoléon, était sorti du Directoire aussi pauvre qu'il y était entré et qui toujours refusa de se rallier à l'Empire, salue un travail

> utile au progrès des lumières [...] au moment où les partisans de la saine philosophie et de la raison sont la cible de la dérision de tous les gens à la mode et de la coterie des écrivaillons [3].

égarés est, avec raison, précisément l'inverse des procédés que l'art oratoire emploie pour ébranler l'imagination et entraîner l'assentiment des hommes ».

1. *Éléments, II, Grammaire*, chapitre VI, p. 219.

2. Lettre du 19 thermidor an 11 (8 août 1803), dans *Œuvres* de Maine de Biran, sous la direction de François Azouvi, XIII-2 et XIII-3, *Correspondance philosophique, 1766-1824*, éditée par André Robinet et Nelly Bruyère, Paris, Vrin, 1996, p. 235.

3. Lettre du 24 thermidor an 11 (13 août 1803) citée dans Kennedy (Emmet), *op. cit.*, p. 109.

Proche des Idéologues, *La Décade philosophique, littéraire et politique* consacre, en trois livraisons, pas moins d'une quarantaine de pages à l'ouvrage[1]. Son compte-rendu, qui consiste en un long résumé, s'inscrit dans le combat intellectuel de l'époque en soulignant d'emblée que

> les ennemis de cette science [l'Idéologie] sont et doivent être en effet les mêmes que ceux de la philosophie[2].

Il se conclut par un jugement évidemment élogieux :

> Plus on méditera les résultats divers des recherches du C[itoyen] Tracy, plus on sera disposé à reconnaître qu'il vient de faire faire à la grammaire, considérée comme branche de la science des idées, un des pas les plus grands et les plus sûrs qu'elle ait fait; [...]. Toutes ses idées ne sont pas neuves; mais celles qu'il a adoptées de ses prédécesseurs reçoivent de celles qui lui appartiennent en propre, tantôt plus de certitude et de clarté, tantôt plus d'importance et d'étendue. [...]La finesse, la sagacité, la pénétration paraissent être les qualités dominantes de son auteur; et quand elles sont accompagnées d'un jugement sain, dirigées par une méthode sûre et appliquées à des vues sérieuses, ces qualités forment un genre de talent très original et très utile[3].

Comme elle l'avait fait pour le premier volume des *Éléments d'idéologie*, *La Gazette nationale ou Moniteur universel* s'attache à rendre compte du suivant de façon équilibrée. Dans un premier article, le journal présente la *Grammaire* sous un jour favorable :

> M. de Tracy soutient, avec raison, que la grammaire doit être précédée de connaissances idéologiques très approfondies; car, comment analysera-t-on les signes destinés à représenter les idées, si l'on ne connaît déjà la génération et la composition de ces idées. [...]M. de Tracy qui a mesuré toute l'étendue de son sujet, n'a pas dédaigné d'entrer dans des détails minutieux mille fois rebattus par les grammairiens de tous les degrés; mais il a su y porter ce coup d'œil éminemment philosophique, et cette judicieuse perspicacité qui le caractérisent[4].

1. *La Décade philosophique, littéraire et politique*, 20 frimaire an 12 (12 décembre 1803), p. 468-482, 10 nivôse an 12 (1er janvier 1804), p. 16-27, et 20 nivôse an 12 (11 janvier 1804), p. 84-95.

2. *Ibid.*, 20 frimaire an 12, p. 469.

3. *Ibid.*, 20 nivôse an 12, p. 93-94.

4. *La Gazette nationale ou Moniteur universel*, 11 thermidor an 12 (30 juillet 1804), p. 1385-1386.

Un second article est sensiblement plus critique. Pour son auteur, Destutt de Tracy, en rapportant tous les verbes au verbe *être*, n'aurait traité que des « verbes de situation » et aurait méconnu les « verbes de mouvement ». Ainsi,

> M. Destutt Tracy a supérieurement analysé les opérations intellectuelles et abstraites, le jugement, ou la proposition, considérée comme étant l'expression d'un jugement ; à cet égard, nous croyons qu'il ne manque rien à son travail.

En revanche, cette approche serait incomplète, puisque

> [l'homme] existe encore plus par ses actions, par ses peines, par ses plaisirs, par son cœur en un mot, qui, toujours en mouvement, embrasse, repousse, aime, hait, communique de la manière la plus active avec tout ce qui l'environne, et en reçoit à son tour les impressions [1].

Inutile de dire que Destutt de Tracy, pour qui tout verbe exprime l'idée d'existence et, le cas échéant, l'idée d'un certain type d'existence, ne peut que récuser une pareille objection ainsi que la distinction, pour lui parfaitement artificielle, et illustrative des vices des anciennes grammaires, entre les verbes de situation et les verbes de mouvement.

Foncièrement hostile aux Idéologues, *Le Mercure de France, littéraire et politique*[2], la revue de Fontanes et Chateaubriand, commence sans surprise par s'en prendre à la méthode analytique elle-même :

> Comment [l'auteur] ne reconnaît-il pas d'ailleurs que cette méthode analytique qui s'étend sur les *choses* et sur les *mots*, ne peut qu'égarer le plus grand nombre des hommes par des résultats spécieux ? Leur entendement est trop faible pour un tel examen, ils se laisseront entraîner à de fausses lueurs; plus ils parcourront les routes tortueuses de la métaphysique, plus ils adopteront d'absurdités [...]. La raison humaine n'a pas besoin de tant d'apprêt; et la providence en nous donnant une perception rapide qui nous trompe rarement, ne nous a pas destinés à ces vaines et lentes spéculations auxquelles nous ne nous livrons le plus souvent que par orgueil. Cette prétention à tout définir que les philosophes affectent, ne sert ordinairement qu'à jeter de la confusion dans les matières qu'ils veulent éclaircir [3].

1. *Ibid.*, 20 fructidor an 12 (7 septembre 1804), p. 1527-29.
2. *Le Mercure de France, littéraire et politique*, pluviôse an 12 (février 1804), p. 399-408.
3. *Ibid.*, p. 401-402.

Dans ces conditions, *l'ère française* célébrée par Destutt de Tracy au début de la *Grammaire* doit être tenue pour une malédiction :

> M. de Tracy, convaincu de l'extrême utilité de la *philosophie rationnelle*, pense que l'époque à laquelle elle a pris naissance, sera célébrée par ces heureux résultats. [...] On se demande quel *accroissement de bonheur* l'Idéologie peut promettre à la France. Les maximes de ses sectateurs ont été autrefois mises en usage dans l'administration, et l'on ne s'est pas aperçu que leur application ait contribué à la félicité du peuple. Nous sommes d'autant plus portés à persister dans notre opinion, que le gouvernement qui, en si peu d'années, a fait oublier les malheurs de la révolution, et porté la gloire nationale à un degré auquel la France n'avait jamais osé prétendre, a cru devoir bannir l'enseignement de l'Idéologie des écoles qu'il a établies[1].

S'agissant de la *Grammaire* elle-même, *Le Mercure* considère que la sagesse eût été de s'en tenir aux « préceptes lumineux » des Messieurs de Port-Royal que les grammairiens n'ont fait qu'obscurcir et de ne pas vouloir perfectionner une langue, la langue française, qui a rendu possible l'écriture des plus grands chefs d'œuvre :

> On découvre, au travers de la modestie de l'auteur, l'espoir de faire adopter des changements importants. On ne peut s'empêcher de blâmer une telle prétention, surtout quand on réfléchit que les chefs d'œuvre qui ont fait la gloire de la France sont écrits dans cette langue, et que, si l'on parvenait à la dénaturer, ces productions sublimes ne seraient plus entendues. C'est cette perfection à laquelle nos grands poètes et nos grands orateurs ont porté une langue dont on n'a relevé les irrégularités qu'à une époque où l'on était hors d'état d'imiter les modèles, c'est cette perfection *désespérante* pour les grammairiens novateurs, qui empêchera toujours leur doctrine de se propager[2].

Et de conclure par cette appréciation qui, pour être bienveillante, n'en marque pas moins que les deux partis sont décidément irréconciliables :

> On doit regretter que l'auteur, dont le style a de l'élégance et de la pureté, qui paraît fort instruit, et qui surtout ne s'éloigne jamais du ton de la réserve et de la modération, n'ait pas employé les talents que nous aimons à lui reconnaître, à un ouvrage plus utile qu'un traité d'Idéologie[3].

1. *Le Mercure de France, littéraire et politique*, pluviôse an 12 (février 1804), p. 402.
2. *Ibid.*, p. 404.
3. *Ibid.*, p. 407-408.

NOTE SUR LA PRÉSENTE ÉDITION

Le texte de la présente édition est en règle générale celui de l'édition des *Éléments d'idéologie* publiée à Paris chez Lévi en 1824-1826, la dernière parue du vivant de l'auteur. Dans les quelques cas où celui d'une édition antérieure a été retenu, l'explication en est donnée dans une note appelée par un astérisque.

Figurent en notes appelées par un astérisque les variantes des éditions antérieures, sauf lorsqu'elles ne présentent guère d'intérêt philosophique.

L'orthographe et les tournures ont été modernisées : *momens* est écrit *moments*, *appercevoir* est écrit *apercevoir*, *jusques à* est écrit *jusqu'à*, etc.

Au bas de chaque page, les notes sont présentées dans l'ordre suivant :
– les notes de Destutt de Tracy, appelées alphabétiquement ;
– les notes de variantes, appelées par un astérisque ;
– les notes de l'éditeur, appelées numériquement.

DESTUTT DE TRACY

ÉLÉMENTS D'IDÉOLOGIE

AVERTISSEMENT
DE L'ÉDITION DE 1803

Lorsque je publiai, il y a environ deux ans[a], la première partie de mon travail, celle qui traite de l'origine et de la formation de nos idées, et qu'on peut appeler l'Idéologie proprement dite, je crus devoir donner à l'ensemble de l'ouvrage le titre de *Projet d'éléments d'idéologie à l'usage des écoles centrales de la République française*. C'est bien réellement la dénomination qui lui convenait, puisqu'elle exprime le but que je me proposais en le composant et le genre d'utilité dont j'espérais qu'il pourrait être. Cependant, ce mot de *projet* ayant déplu à quelques personnes, je me suis déterminé à le retrancher et à me borner au titre, peut-être trop ambitieux, d'*Éléments d'idéologie*. Au reste, ce changement est fort peu important et je n'en préviens ici le lecteur qu'afin qu'il ne soit pas induit à erreur par cette double dénomination et qu'il ne croie pas qu'il s'agisse de deux ouvrages différents.

J'ai bien plus de regret de ne pouvoir plus dire que ces *Éléments* sont destinés *à l'usage des écoles centrales*. La science dont ils traitent n'est autre chose que la saine logique; et j'avoue sincèrement que je suis très fâché qu'elle ne fasse plus partie de l'instruction publique en France[1]. Il me semble bien malheureux que cette logique qui a été si exagérément enseignée dans les écoles tant qu'elle n'a été propre qu'à fausser le jugement, en soit entièrement bannie depuis qu'elle est réellement devenue l'art de conduire son esprit dans la recherche de la vérité et qu'elle peut porter la lumière dans toutes les autres sciences en montrant à ceux qui les cultivent la génération des idées qui les occupent, la valeur des signes à l'aide desquels ils combinent ces idées et la manière de s'assurer de la justesse des unes et des autres.

J'ai encore une autre raison de m'affliger de cette innovation. A peine mon premier volume avait paru, que déjà plusieurs professeurs célèbres lui faisaient l'honneur de le prendre pour texte de leurs leçons. Un grand

a. À la fin de l'an 9, chez Pierre et Firmin Didot, un vol. in-8°. [*Note de l'édition de 1803*]

1. Le 11 floréal an 10 (1er mai 1802), la loi Fourcroy a supprimé les écoles centrales, emblèmes du combat des Idéologues, et leur a substitué les lycées. Cette substitution met fin aux enseignements de grammaire générale et de législation; elle remet les humanités au premier rang et consacre le retour à l'enseignement de l'ancienne logique et de la vieille morale.

nombre de jeunes gens pleins de sagacité en faisaient le sujet de leurs études. Je recevais de toutes parts des observations intéressantes, et toutes me prouvaient que les questions que j'avais traitées étaient l'objet de discussions approfondies et que les solutions que j'en avais données allaient incessamment être adoptées ou modifiées par une opinion éclairée et presque unanime. La théorie des signes que je soumets aujourd'hui au jugement du public aurait joui du même avantage; les principes en auraient été examinés, éclaircis, reconnus en très peu de temps, et ma troisième partie se serait trouvée toute faite et établie sur des bases inébranlables; je n'aurais eu, pour la rédiger, qu'à me faire le secrétaire de tous les hommes éclairés de ce temps-ci, si même je n'avais pas eu le bonheur d'être prévenu dans ce travail, aussi facile qu'agréable, par quelque main plus habile qui lui aurait donné tout de suite un plus haut degré de perfection, ce qui aurait été l'accomplissement de tous mes vœux.

Je suis privé de cette espérance, et j'y renonce avec peine. Cependant, je me flatte que, quoique dénuées du secours de l'enseignement public, ces utiles spéculations ne seront point abandonnées. Toutes les sciences en ce moment font de rapides progrès; en général, elles sont cultivées avec la raison la plus saine; elles sont portées à un si haut degré d'avancement que tout le monde s'occupe de les réunir par leurs sommités. Tous les regards se portent vers la méthode des méthodes. On possède tant de vérités, on en découvre tous les jours un si grand nombre que, l'ambition croissant avec le succès (c'est une règle générale), l'on veut aujourd'hui trouver le moyen que la vérité ne puisse ni échapper, ni être méconnue, ni rester douteuse. Dans un tel état des esprits, il est impossible que la science des sciences, celle qui les embrasse toutes [1], soit négligée. Toutes nos connaissances sont des idées; ces idées ne nous apparaissent jamais que revêtues de signes. On veut, on doit savoir ce que sont ces idées, ce que sont ces signes. On est porté invinciblement à cette recherche. Nous ne sommes plus dans un temps où l'on puisse se contenter de se servir tant bien que mal d'un instrument, sans en étudier la nature, sans en calculer les forces, sans en connaître les avantages et les inconvénients, sans chercher à le porter à toute sa perfection. Puissé-je y avoir un peu contribué!

1. Destutt de Tracy rappelle ici le caractère totalisant de l'Idéologie: qualifiée alternativement de « science des sciences », de « théorie des théories » ou de « méthode des méthodes », elle est aux fondements de chacune des sciences et les solidarise par sa puissance unificatrice.

Je ne dirai rien de cette *Grammaire*. Le plan de mon ouvrage se trouve à la tête de la première partie; les conclusions se verront dans la troisième. Celle-ci n'est que la continuation de l'exposé des faits nécessaires pour arriver aux résultats; et j'espère qu'elle n'a pas besoin de commentaire. Il faut ménager le temps des lecteurs : jamais on ne saurait en être trop avare. Quand je songe combien de choses nous avons besoin de connaître, je ne puis voir qu'avec douleur que, sans parler d'aucune science en particulier, un volume tout entier soit nécessaire pour expliquer le plus succinctement possible ce que c'est que nos idées, et qu'il en faille un autre tout aussi considérable pour dire ce que c'est que leurs signes; encore serais-je bien heureux si je pouvais me flatter qu'ils y suffisent. Mais cette incertitude même m'oblige à ne les surcharger de rien d'inutile, car le plus grand avantage de l'avancement des sciences est que le tableau de leur ensemble puisse être réduit dans un moindre espace. C'est la preuve que toutes les questions auxquelles elles donnent lieu sont arrivées à ce haut degré de précision qui est tout près de la solution.

Je me bornerai donc à me recommander à l'indulgence du lecteur et à solliciter son examen, ses avis et ses critiques. Je désire surtout que l'Institut national veuille bien donner quelque attention à mes recherches. Bien que cet illustre corps ne renferme plus de section d'analyse des idées, ni de section de grammaire générale, et que sa seconde classe paraisse bornée exclusivement à l'étude de la langue française, j'ose croire qu'une compagnie aussi éclairée ne peut pas regarder la philosophie rationnelle comme étrangère à ses travaux, ni s'occuper de la grammaire particulière d'une langue sans s'élever jusqu'à la théorie générale du langage[1]. Au

1. Poursuivant son œuvre de marginalisation des Idéologues, Bonaparte, devenu consul à vie, a procédé le 2 pluviôse an 11 (23 janvier 1803) à une profonde transformation de l'Institut qui ne laisse plus de place à la philosophie. Aux trois classes d'origine (sciences physiques et mathématiques; sciences morales et politiques; littérature et beaux-arts), elle en substitue quatre (sciences; langue et littérature françaises; histoire et littérature ancienne; beaux-arts). Comme l'écrit alors Maine de Biran à Degérando, « *L'intention d'écarter les recherches sur la science fondamentale de l'esprit humain, ou du moins d'en changer le but, me semble annoncée par le titre même des classes* » (Lettre du 15 ventôse an 11 ou 7 mars 1803, dans *Œuvres* de Maine de Biran, sous la direction de François Azouvi, XIII-2 et XIII-3, *Correspondance philosophique, 1766-1824*, éditée par André Robinet et Nelly Bruyère, Paris, Vrin, 1996, p. 231). La classe regroupant la plupart des Idéologues, celle des sciences morales et politiques au sein de laquelle siégeait Destutt de Tracy, est ainsi habilement supprimée, sans qu'il soit même besoin de la nommer. Ses membres sont répartis entre la deuxième et la troisième nouvelle classe, Tracy rejoignant (comme les autres membres de l'ancienne section d'analyse des sensations et des idées) celle d'histoire et littérature ancienne, en tant que membre correspondant. Cette affectation qui n'a guère de rapports avec

moins est-il certain que lorsque le champ de ses méditations était moins limité, j'ai eu l'honneur de lui lire plusieurs fragments de mes essais[1], et que j'en ai reçu des encouragements et des instructions dont je ne dois pas manquer de lui témoigner ici ma reconnaissance. Je me plais même à déclarer que c'est le désir de lui soumettre mes réflexions qui originairement m'a fait naître l'idée de rédiger ces *Éléments* et m'a donné le courage de l'entreprendre.

ses travaux, ne lui convient évidemment pas et il se porte aussitôt candidat à un siège « plein » de la classe de langue et littérature française. Datée du 2 ventôse an 11 (22 février 1803), sa lettre de candidature est explicite : « *Comme il est impossible de traiter avec succès la grammaire et la littérature d'une langue quelconque sans s'élever jusques aux considérations générales qui constituent la science des signes de nos idées prise dans toute son étendue, et celle de nos idées elles-mêmes, je pense que la classe de littérature française ne voit pas avec indifférence le sujet de mes études ; et j'ose croire qu'elle peut me tenir quelque compte des différents mémoires que j'ai insérés dans le recueil de l'Institut, de ce que j'ai publié ailleurs, et de la grammaire générale à laquelle je travaille, et dont [l'ancienne] seconde classe a accueilli avec indulgence des fragments fort étendus que je lui ai lus* » (Bibl. historique de la ville de Paris, fonds Parent de Rozan, ms 20, pièce 41). Tracy ne sera pas élu : il ne rejoindra la classe de langue et littérature française, bientôt mieux connue sous le nom d'Académie française, qu'en 1808 lorsqu'il sera appelé à occuper le fauteuil libéré par la mort de son ami Cabanis. En dépit de ce premier échec, il veut croire que la nouvelle deuxième classe élargira son périmètre au-delà de son strict intitulé et traitera de la science du langage en général.

1. Entre l'an 4 (1796) et l'an 6 (1798), Destutt de Tracy a lu devant la classe des sciences morales et politiques de l'Institut son *Mémoire sur la faculté de penser*, en l'an 8 (1800) sa *Dissertation sur quelques questions d'idéologie*, sa *Dissertation sur l'existence* et ses *Réflexions sur la pasigraphie*, en l'an 10 (1802) son essai intitulé *De la métaphysique de Kant*. Toutes ces communications ont été publiées dans les *Mémoires de l'Institut national, Sciences morales et politiques*, tomes I, III et IV.

ÉLÉMENTS D'IDÉOLOGIE

DEUXIÈME PARTIE

GRAMMAIRE

INTRODUCTION

La grammaire est, dit-on, la science des signes. J'en conviens. Mais j'aimerais mieux que l'on dît, et surtout que l'on eût dit de tout temps, qu'elle est la continuation de la science des idées. Si de bonne heure on était arrivé à cette manière de la considérer, qui est la vraie, on n'aurait pas imaginé de faire des théories des signes avant d'avoir créé, perfectionné et fixé la théorie des idées, avant d'avoir approfondi la connaissance de leur formation et celle des opérations intellectuelles qui les composent, ou plutôt dont elles se composent [1].

Les longues annales du genre humain ne nous présentent que deux intervalles de lumière que nous connaissions assez en détail pour en bien juger : l'un est celui où brillèrent les Grecs et les Romains, et l'autre comprend les trois ou quatre derniers siècles qui viennent de s'écouler et qu'ont illustrés les recherches des différentes nations européennes. Ce qui les précède et ce qui les sépare se perd dans la nuit des temps ou dans les ténèbres de l'ignorance.

Pendant la première de ces deux belles époques, les anciens ont commencé par les chefs-d'œuvre et les jouissances des arts et des lettres. Puis ils ont fait plus ou moins de progrès dans les sciences physiques et mathématiques, ensuite dans la philosophie morale ; enfin est arrivé pour eux l'âge des sophistes, des grammairiens et des critiques. Chez les modernes, la marche a été et devait être à peu près la même : aussi est-ce surtout dans ces derniers temps que l'on s'est beaucoup occupé de grammaire raisonnée et d'analyse métaphysique.

1. Sans nommer ici Degérando, Destutt de Tracy marque ici ses distances avec l'auteur *Des signes et de l'art de penser considérés dans leurs rapports mutuels*, Paris, Goujon fils, Fuchs, Henrichs, an 8 (1800).

On croit assez communément que c'est la lassitude et l'épuisement du génie qui produisent ce penchant à la réflexion et à la discussion, et l'on regarde comme un signe de décadence l'apparition de cet esprit subtil et sévère qui, se portant à la fois sur les choses et sur les mots, veut tout analyser, tout connaître, tout apprécier, et cherche à se rendre compte de toutes ses impressions, jusque dans les moindres détails. Mais il est aisé de voir que cela même est encore un progrès de notre intelligence, progrès qui doit nécessairement suivre les autres et ne peut les précéder; car ce n'est qu'après avoir eu des succès dans tous les genres que l'homme peut se replier sur lui-même et chercher dans l'examen de ses ouvrages les causes générales de leur perfection et les moyens de procéder encore avec plus de justesse et de sûreté : et certes, de tous ses travaux, ce ne sont pas là ceux qui exigent le moins de force de tête, ni ceux qui doivent produire les moins grands résultats.

Cependant, quelque utile que soit cette étude, il serait assez difficile d'assurer que les anciens en eussent tiré beaucoup de fruit, quand même les événements politiques, en les faisant tomber sous le joug des nations barbares, ne seraient pas venus interrompre la marche progressive des lumières. La raison en est qu'ils s'étaient égarés dès leurs premiers pas dans la carrière des sciences. Privés d'observations antérieures qui leur fussent connues, d'instruments, de contradicteurs, de moyens de communication faciles avec les autres parties du globe, les Grecs, vifs autant que spirituels, avaient cédé à leur impatience naturelle et, pour abréger, avaient cherché plutôt à deviner la nature qu'à la connaître. Je ne prétends point qu'il n'y ait pas eu parmi eux de grands observateurs; et si j'avançais un pareil paradoxe, Hippocrate et Aristote seraient éternellement là pour me démentir. Mais malgré les travaux de ces grands hommes, il est vrai de dire que leurs compatriotes ont toujours ignoré l'art des expériences et n'ont jamais attendu des observations suffisantes pour établir les théories les plus vastes et les plus téméraires, non seulement sur l'ordre de l'univers et les lois qui le régissent, mais même sur sa composition, sa formation et son origine. Ce même esprit de précipitation, ils l'ont transporté ensuite des sciences physiques dans les sciences morales et dans la philosophie rationnelle. Ils avaient bâti mille systèmes sur la nature de leur intelligence avant d'avoir seulement examiné ses opérations; et chacun d'eux avait pris parti si décidément pour l'une ou l'autre de ces opinions hasardées qu'aucun de leurs grammairiens et de leurs dialecticiens n'a imaginé de commencer ses recherches par une étude approfondie de ses facultés intellectuelles. Ils se sont attachés aux détails, aux circonstances, aux formes, sans remonter jamais jusqu'aux vrais principes[a]. Engagés dans cette mauvaise route, ils n'ont pu que tourner perpétuellement dans le même cercle, sans faire aucun progrès réel. Aussi les Grecs des temps postérieurs, quoiqu'ils aient été dans un état sinon florissant, du moins tel qu'il laissait un libre cours à leurs recherches, sont-ils devenus plus subtils, plus disputeurs, mais non plus véritablement éclairés : ils n'ont plus du tout examiné les faits, ils n'ont discuté que leurs hypothèses; et c'est vraisemblablement la principale raison pour laquelle, chez eux, l'art social ne s'est jamais assez perfectionné pour donner à leur empire cet état de civilisation supérieure et cette organisation solide qui assure l'existence des nations réellement policées et les met au-dessus des atteintes de tous les peuples barbares.

Ce que l'impatience et la précipitation avaient fait chez les Grecs, le despotisme des opinions religieuses a pensé le faire chez nous. Grâce à la bonne direction que quelques hommes supérieurs avaient donnée aux esprits, et que l'on suivait dans tous les genres de recherches, on s'était bientôt aperçu que, pour trouver les lois du discours et du raisonnement, il fallait connaître notre intelligence, et qu'avant de parler de grammaire et de logique, on devait étudier nos facultés intellectuelles. Mais c'était le droit exclusif des théologiens de toutes les sectes de nous prescrire ce que nous devions penser sur ce point; et nul ne pouvait ni n'osait pénétrer dans leur empire[b].

Ainsi, Messieurs de Port-Royal, dont on ne peut assez admirer les rares talents et dont la mémoire sera toujours chère aux amis de la raison et de la vérité, ont bien, au commencement de leur *Grammaire raisonnée*, proclamé, il y a près de cent-cinquante ans, que *la connaissance de ce qui se passe dans notre esprit est nécessaire pour comprendre les fondements de la grammaire*; mais pourtant dans cette même *Grammaire*, ils se sont bornés à nous dire en quatre mots que *tous les philosophes enseignent qu'il y a trois opérations de notre esprit, concevoir, juger et raisonner*, sans se mettre du tout en peine d'examiner ni de développer cette doctrine.

Quoique dans plusieurs endroits de leur *Logique* ils soient entrés dans plus de détails sur la formation de nos idées et sur quelques-unes de nos

a. Ici je ne ferai point d'exception en faveur d'Aristote dont la logique a eu une prodigieuse influence, parce qu'elle est l'ouvrage d'une très forte tête, et une influence funeste, parce qu'elle repose sur des bases fausses, comme j'espère le démontrer quand il en sera temps.

b. Les théologiens sont des philosophes qui, comme les philosophes anciens, sont très hardis en suppositions et qui, de plus, prétendent que leurs assertions sont les décisions de Dieu même, ce que les anciens ne faisaient pas, et ce qui ferme la porte à toutes recherches.

opérations intellectuelles, cependant ce n'est, pour ainsi dire, qu'incidemment et par morceaux détachés qu'ils ont traité ces sujets, et toujours comme partant d'une doctrine convenue. Aussi, l'on peut voir combien presque tout ce qu'ils en ont dit est vague, ou faux, ou incomplet, et quelle obscurité cela répand sur tout le reste de leur ouvrage. Par là, il se trouve réduit à n'être qu'un recueil d'observations plus ou moins bonnes, mais sans ensemble et il ne peut pas être regardé comme une théorie complète des caractères de la vérité et de la certitude, ce que devrait être une bonne logique.

La lecture des ouvrages de Dumarsais fait naître continuellement la même réflexion. Je ne sais si tout le monde sera de mon sentiment; je le regarde comme le premier des grammairiens; du moins je n'en connais pas qui, sous le voile de l'expression, démêle aussi habilement la véritable opération de la pensée. Mais il n'a point employé cette sagacité exquise à faire un tableau complet de notre intelligence; et d'Alembert est réduit à nous dire dans sa *Logique*[a] : *Ce traité contient sur la métaphysique tout ce qu'il est permis de savoir, c'est-à-dire que l'ouvrage est très court.* Il est vrai qu'il ajoute : *peut-être pourrait-on l'abréger encore*; ce qui pourrait porter à croire que d'Alembert lui-même ne sentait pas combien il est à regretter qu'il n'ait pas commencé à traiter ce sujet *ex professo*. Cependant, s'il l'avait fait, s'il avait osé réunir et coordonner toutes ses observations idéologiques, la partie grammaticale et la partie logique s'en seraient suivies d'elles-mêmes et il est vraisemblable que cet homme célèbre n'aurait pas terminé sa longue carrière sans achever l'ouvrage précieux dont il ne nous a donné que le plan et des fragments[b].

Enfin Condillac, que l'on peut regarder comme le fondateur de l'Idéologie et qui, malgré les gênes dont il était environné, a entrepris de porter une lumière directe dans les opérations de notre intelligence, Condillac lui-même n'a pas mis la dernière main à ce grand ouvrage. Ses idées à cet égard sont disséminées dans de nombreux écrits et elles se ressentent de cette dispersion. Plus réunies, elles se lieraient mieux. Mais entraîné par les circonstances ou rebuté par les obstacles, il a fait sa *Grammaire* et sa *Logique* avant d'avoir invariablement fixé son Idéologie; et si, malgré leur mérite éminent, elles laissent encore, comme je le crois, beaucoup de choses à désirer, il n'en faut pas chercher d'autre raison.

a. *Éloge de Dumarsais*, à la tête du premier volume de ses *Œuvres*, à Paris, chez Pougin, an 5; et dans le septième volume de l'*Encyclopédie* de Paris.

b. Il en sentait bien la nécessité. Voyez la préface de sa *Grammaire raisonnée*, p. 206, tome premier, édit. De Pougin, an 5.

Pour faire faire de grands progrès à la philosophie rationnelle et pour porter à sa perfection la connaissance de l'homme, il fallait donc à l'indépendance des anciens joindre plus de science et plus de réserve et, en observant comme les modernes, pouvoir tout examiner et tout dire; or, c'est ce qui n'est point encore arrivé. Le moment où les hommes réunissent enfin un grand fonds de connaissances acquises, une excellente méthode et une liberté entière, est donc le commencement d'une ère absolument nouvelle dans leur histoire. Cette ère est vraiment l'ÈRE FRANCAISE; et elle doit nous faire prévoir un développement de raison et un accroissement de bonheur dont on chercherait en vain à juger par l'exemple des siècles passés : car aucun ne ressemble à celui qui commence.

Mais pour ne point sortir de notre sujet, l'on voit que le défaut de toutes les grammaires, même les plus philosophiques, est de vouloir rendre raison de la composition des signes avant d'avoir expliqué la composition des idées qu'ils représentent et d'avoir exposé avec clarté le jeu des facultés intellectuelles qui concourent d'abord à la formation de ces idées et ensuite à leur expression. C'est ce que l'on a toujours fait; mais c'est, je pense, ce que l'on ne doit plus se permettre. Au point où est arrivé à présent l'esprit humain, il est capable de se rendre raison de tout ce qui est de son ressort et il veut, dans tous les genres, remonter jusqu'aux premiers principes qu'il peut saisir. Voilà pourquoi j'ai cru devoir commencer cet ouvrage par un traité d'Idéologie. Je sais que c'est une entreprise hardie et j'ignore si elle sera heureuse; mais quelque imparfaite que puisse être cette *Grammaire*, je suis certain qu'elle aura un avantage précieux, celui de commencer par le commencement, et que cet exemple sera suivi et aura des conséquences importantes, en empêchant la science de tourner perpétuellement dans le même cercle, comme elle a toujours fait, et en lui faisant faire des progrès réels et sûrs.

Puisque la science des signes ne doit être que la continuation de la science des idées et que le principal mérite de ma *Grammaire* est d'être la suite d'un traité d'Idéologie, je ne dois rien négliger pour que ces deux parties de mon ouvrage soient intimement liées. Pour cela il faut que je commence par réformer une phrase qui m'est échappée à la fin de mes *Éléments d'idéologie*. C'est celle-ci qui se trouve page 354: *Après ces préliminaires, il me sera aisé de tracer les règles de l'art de parler et de raisonner, mais, etc.*[a]. J'ai fait deux fautes dans ce peu de mots. D'abord,

a. Cette phrase ne se trouve plus dans la seconde édition : elle était dans la récapitulation qui a été remplacée par un extrait raisonné.

l'expression est inexacte : car ce n'est ni de l'art de parler, ni de l'art de raisonner qu'il sera question dans la suite de cet ouvrage; mais seulement de la partie de la science des idées qui se rapporte à leur expression et à leur déduction. Un art est la collection des maximes ou préceptes pratiques dont l'observation conduit à faire avec succès une chose quelle qu'elle soit; et une science consiste dans les vérités qui résultent de l'examen d'un sujet quelconque. D'où il suit que nul art ne peut avoir des principes certains que quand les vérités de la science, ou des sciences dont il émane, sont découvertes et bien prouvées. Ainsi, une grammaire particulière est un art; c'est l'art de bien exprimer ses idées dans un langage quelconque. Voilà pourquoi aucune ne peut être réellement bonne que la science générale de l'expression des idées, la grammaire générale, ne soit perfectionnée; et c'est de celle-ci seulement que nous nous occuperons. Il en est de même de la logique; elle a sa partie scientifique et sa partie technique : l'une qui consiste dans l'examen des causes de la vérité et de la certitude de nos idées, l'autre dans les moyens de conduire son esprit dans la recherche de la vérité. On les a trop confondues, ou plutôt l'on n'a que trop mis la dernière avant la première; car je crois celle-ci encore très incomplète, quoique l'autre ait été traitée et enseignée avec excès; aussi je ne m'occuperai que de la partie scientifique. Si l'on rencontre dans cet écrit quelques conseils utiles pour la pratique, ce ne sera que par occasion. Mon unique but sera, en partant de la formation de nos idées, de faire bien connaître en quoi consiste leur expression et leur justesse; et je croirai avoir bien servi si j'y réussis.

J'ai donc eu tort d'annoncer un art de parler et un art de raisonner; mais j'ai eu encore plus tort de dire qu'il me serait aisé de les faire. Je ne sens que trop qu'il n'en est rien. Sans doute, c'est un grand point de s'être rendu compte de ses facultés intellectuelles et de leurs résultats; et la conviction intime de n'y plus rien voir d'obscur ni d'embarrassant donne une ferme confiance que l'on réussira à démêler le fil du discours et du raisonnement. On ne conçoit même pas que d'autres aient osé l'entreprendre sans ce préalable. Mais, quelque grand que soit cet avantage, quand on met la main à l'œuvre, on s'aperçoit bien vite de tous les obstacles qui restent à vaincre. On voit clairement combien il y a de distance entre les premières vérités et leurs dernières conséquences; combien il est difficile de parcourir tout l'intervalle qui les sépare; combien il est aisé de s'égarer dans le trajet; et le découragement est prêt à remplacer l'excès de confiance. Cependant, où ne peut-on pas arriver quand on part d'un point bien connu et que l'on suit une bonne route ?

La grammaire, il est vrai, est une science immense. Si l'on voulait ne laisser échapper aucune des vérités grammaticales, il faudrait se livrer à des recherches vraiment effrayantes : mais c'est le sort de toutes les branches de nos connaissances. Il n'y en a pas une, même la plus futile, qui ne soit réellement inépuisable, et qui n'offre toujours un plus grand nombre de combinaisons nouvelles à examiner, à mesure qu'on l'approfondit davantage. C'est cette fécondité indéfinie qui attache si puissamment chacun de nous à l'objet favori de ses recherches et qui lui fait voir tant de choses intéressantes dans une matière qui paraît aride et bornée à l'homme indifférent ou peu instruit. Il n'y a donc point de sujet qui ne soit sans bornes quand on ne sait pas y en mettre. Le seul moyen de se renfermer dans les limites convenables est, ce me semble, de ne jamais perdre de vue le but qu'on se propose. Ainsi, par exemple, j'aurais pu certainement faire un ouvrage bien volumineux sur l'Idéologie proprement dite. Mais je ne me proposais pas d'écrire une histoire complète de l'esprit humain ; je ne voulais qu'éclaircir la formation de nos idées suffisamment pour établir d'une manière certaine la théorie de leur expression. J'ai dû me borner à cinq ou six points principaux, savoir : le nombre de nos facultés intellectuelles réellement distinctes et les effets de chacune d'elles, la formation de nos idées composées, la connaissance de l'existence et des propriétés des corps, l'influence des habitudes, l'origine et les effets des signes. Si quelques-uns de ces sujets sont inutiles pour ce qui nous reste à voir, j'en ai encore trop dit ; et si j'en ai négligé qui nous soient nécessaires dans la suite, nous nous en apercevrons d'une manière fâcheuse. Mais j'espère que l'on n'éprouvera pas cet inconvénient et que c'est précisément ce qui distinguera cette *Grammaire* de toutes celles qui l'ont précédée, dont plusieurs lui sont peut-être extrêmement supérieures à d'autres égards.

Par les mêmes raisons, dans cette seconde partie, je ne ferai point de vains efforts pour épuiser mon sujet. Je ne veux expliquer l'expression de nos idées qu'en conséquence de ce que nous avons dit de leur formation et pour reconnaître les véritables lois de leur déduction. Ma marche est donc toute tracée, mon plan circonscrit ; et nous arriverons, sans beaucoup de travail, de ce que nous savons déjà à ce que nous nous proposons de découvrir. C'est à moi d'aplanir la route.

Pour y réussir, il faut procéder comme nous avons fait dans la première partie. Il faut faire pour les signes ce que nous avons fait pour les idées. Nous ne nous sommes pas reportés tout de suite à l'état d'un homme qui recevrait la première impression et poserait la première base du vaste système de ses pensées ; et nous n'avons pas entrepris de construire *a priori* un semblable édifice. Nous sommes partis du point où nous sommes tous, à quelques différences près. Depuis que nous existons, nous avons fait une multitude innombrable d'expériences et d'observations sans projet :

nous en avons formé une foule vraiment prodigieuse d'idées, sans savoir comment. C'est dans ce chaos apparent que nous avons commencé par porter la lumière. Nous avons cherché à en découvrir la composition et à en reconnaître les premiers éléments. Une fois arrivés jusqu'à eux, nous avons reformé avec facilité ce que nous avions décomposé avec exactitude; et nous sommes revenus sans embarras, depuis la plus simple perception, depuis la pure sensation dénuée de tout jugement, jusqu'aux idées les plus abstraites, aux jugements les plus étendus et aux désirs les plus compliqués.

De même, pour les signes, il ne s'agit pas de parler d'abord de substantifs et d'adjectifs; de les faire accorder en genres, en nombres et en cas; d'y joindre un verbe; d'établir des règles pour que ses diverses terminaisons indiquent les personnes, les nombres, les temps, les modes, et de prendre des mesures pour que ces mots réunis forment des propositions, lesquelles ensuite nous rattacherions les unes aux autres par différents moyens : c'est encore là commencer par la fin, ou du moins par le milieu de la carrière. C'est partir d'une situation où nous ne sommes pas et à laquelle il ne faut arriver que pas à pas, afin de la bien connaître, avant de la quitter pour aller plus loin.

Dès que nous sommes nés, dès que nous sentons, nous exprimons ce que nous sentons, nous parlons; nous avons un langage, à prendre ce mot dans le sens le plus étendu; et nous pouvons dire avec vérité que nous sommes souvent très éloquents, même avant de savoir et de pouvoir prononcer un seul mot articulé. Nous n'abandonnons jamais ce langage primitif, le seul que nous puissions parler; nous le cultivons sans cesse; nous en perfectionnons graduellement les diverses parties, à proportion qu'elles en sont plus ou moins susceptibles et en suivant les conventions qui sont établies ou qui s'établissent parmi les personnes qui nous entourent. Ainsi, nous arrivons tous, sans savoir pourquoi ni comment, jusqu'à un langage très perfectionné, ou du moins très compliqué, avant de nous être seulement doutés qu'il y ait des règles immuables qui régissent ces opérations et qu'elles soient des conséquences immédiates et nécessaires de notre organisation; tout comme nous avons acquis toutes nos idées sans nous être aperçus de l'artifice de leur formation. Beaucoup d'hommes restent toute leur vie dans cette double ignorance. Nous l'avons déjà dissipée pour ce qui concerne les idées; usons-en de même à l'égard des signes. Commençons par examiner le discours en général; cherchons-y ses vrais éléments; et lorsque nous serons arrivés jusqu'à eux, nous le recomposerons successivement avec ces éléments que nous aurons découverts. Alors seulement notre tâche sera remplie et nous aurons analysé complètement notre sujet; car on peut bien, si l'on veut, appeler exclusivement analyse l'action de décomposer et synthèse celle de recomposer. Mais une analyse n'est complète que quand on a fait avec succès ces deux opérations, dont l'une sert de base et l'autre de preuve. Voilà ce qui doit terminer ces longues et anciennes disputes entre ce que l'on appelle la méthode synthétique et la méthode analytique. Quand on se borne à la première, ou bien on construit avec des éléments dont on ne s'est pas suffisamment rendu compte et alors on s'expose aux plus grandes erreurs ; ou bien on s'est assuré de leur réalité, de leur justesse et de la masse d'idées premières qu'ils renferment et alors, sans s'en douter, on a suivi réellement la méthode analytique qui effectivement est la seule compatible avec la nature de l'esprit humain. Appliquons-la donc à l'analyse du discours.

CHAPITRE PREMIER

DÉCOMPOSITION DU DISCOURS DANS QUELQUE LANGAGE QUE CE SOIT

Nous avons déjà une connaissance générale des signes de nos idées. Nous avons vu leur origine, leurs progrès, leurs variétés, leur influence et leurs principales propriétés. Nous savons que tout système de signes est un langage: ajoutons maintenant que tout emploi d'un langage, toute émission de signes est un discours; et faisons que notre grammaire soit l'analyse de toutes les espèces de discours.

Puisque tout discours est la manifestation de nos idées, c'est la connaissance parfaite de ces idées qui peut seule nous faire découvrir la véritable organisation du discours et nous dévoiler complètement le mécanisme secret de sa composition. Reportons donc encore notre attention sur nos opérations intellectuelles. Sentir et juger, voilà toute notre intelligence: je puis dire, voilà tout notre être, tout ce que nous sommes. C'est notre existence tout entière. Or, juger, c'est encore sentir. Nous avons dit avec vérité que c'était sentir des rapports, mais cela demande quelques explications et quelques développements; et il faut avant tout éclaircir et compléter absolument l'histoire de cette faculté de juger, car c'est à elle surtout que se rapporte l'artifice du discours; et c'est à manifester ses résultats qu'il est principalement sinon uniquement destiné.

J'ose affirmer ici qu'aucun grammairien jusqu'à présent n'a connu en quoi consiste précisément l'opération de juger, et que c'est là la principale cause pour laquelle les meilleurs esprits et les têtes les plus fortes ne nous ont encore donné que de mauvaises théories du langage. Du moins, j'avoue franchement que je trouve toutes celles que je connais, non seulement incomplètes, mais fausses. C'est ce qui a fait mon désespoir lorsque j'ai entrepris d'écrire ce traité et je n'ai repris courage que quand je me suis senti moi-même pleinement satisfait à cet égard. Si, comme je le crois, j'ai rencontré la vérité sur ce point capital, quand même je me serais trompé sur tous les autres, j'en prends mon parti; et j'ai la conscience que j'ai réellement fondé la science que d'autres ensuite perfectionneront.

Juger, c'est sentir des rapports entre nos idées; cela est vrai. Mais cette expression, dont je me suis servi après tant d'autres, ne dit pas d'une manière assez précise et assez exacte ce que c'est réellement que l'opération de juger, que l'acte intellectuel appelé jugement; juger n'est point sentir une idée nouvelle, c'est sentir qu'un être, quel qu'il soit, ou plutôt l'idée que l'on en a (car nous ne sentons que nos idées), renferme une qualité, une propriété, une circonstance quelconque. Or cette qualité, cette propriété, cette circonstance quelconque, est elle-même une perception, une idée, puisque c'est une chose sentie. Juger, c'est donc sentir qu'une idée en renferme une autre. Quand je pense à Pierre et que je juge que Pierre est bon, je sens que l'idée de Pierre renferme l'idée d'être bon, qu'elle la compte au nombre des éléments qui la composent actuellement. Il en est de même quand je juge qu'il n'est pas grand, qu'il est petit, qu'il n'a pas soif, qu'il est vieux, etc. Juger, porter un jugement, n'est jamais que cela et ne peut jamais être autre chose. Juger n'est donc pas exactement la faculté de sentir des rapports en général; mais si l'on veut absolument se servir de ce mot, *rapport*, c'est uniquement la faculté spéciale de sentir entre une idée et une autre *le rapport du contenant au contenu*; ou pour mieux dire, c'est la faculté de s'apercevoir, [de percevoir,]* de sentir que l'idée que l'on a actuellement présente en contient une autre.

Cette faculté n'est rien autre chose que celle de distinguer une circonstance quelconque dans l'idée qu'on perçoit. Ainsi, quand j'ai une perception, une idée, *je sens*; et toutes les fois que je démêle une circonstance dans cette perception, *je juge*. C'est là un point capital qu'il ne faut jamais perdre de vue.

On dit ordinairement, quand je juge que deux idées sont différentes, je sens ces deux idées et un rapport de différence entre elles. Ce n'est point précisément cela. Dans ce cas, je sens une idée, et en elle, la circonstance d'être différente d'une autre. On reconnaîtra dans la suite combien cette nouvelle manière de dire la même chose aura de conséquences utiles.

* Supprimé dans les éditions de 1817 et 1825.

Premièrement, nos sensations, nos souvenirs, nos désirs, en un mot toutes nos idées ou groupes d'idées, sont tous différents entre eux : ainsi il faut, pour chacun d'eux, un signe différent; ou s'ils n'en ont pas un qui leur soit exclusivement affecté, il faut que nous en réunissions plusieurs pour les exprimer, jusqu'à ce qu'ils soient complètement représentés. Nos jugements, au contraire, étant tous la même chose, le même signe les représente tous également; il n'en faut qu'un pour tous les jugements possibles. Nous verrons bientôt quel il est dans le langage oral, et s'il est distinct ou séparé, ou confondu avec d'autres.

Secondement, pour exprimer une sensation, un sentiment, un désir, simples ou complexes, actuels ou passés, il suffit de les nommer, soit avec un seul signe, soit par le moyen de plusieurs réunis, comme nous venons de l'indiquer. Pour nos jugements, au contraire, cela ne suffit pas. Quand nous aurions un signe particulier uniquement destiné à représenter l'acte intellectuel qui consiste à juger, nous répéterions éternellement ce signe qu'il ne signifierait rien. Il marquerait que nous jugeons, mais il ne dirait pas ce que nous jugeons; il n'indiquerait jamais de quelles idées il est question. Il faut donc, pour exprimer un jugement, énoncer les deux idées dont l'une contient l'autre, plus l'acte de l'esprit qui aperçoit ce rapport. C'est ce que l'on appelle le sujet, l'attribut et le signe de l'affirmation qui les unit. Or, c'est ce qui constitue une proposition.

Ces réflexions s'appliquent également à toute espèce de discours, puisqu'elles sont fondées sur la nature des idées et non sur celle des signes. Que ces signes soient des attouchements, des gestes, des figures tracées, des sons articulés, peu importe. Nous pouvons donc établir comme principe général et même universel que tout discours est composé d'énoncés de jugements, de propositions ou de noms d'idées, composés d'un ou plusieurs signes mais détachés les uns des autres et sans liaisons entre eux.

Citons des exemples des deux espèces, tirés du langage articulé et particulièrement de la langue française.

Pierre n'est pas grand. La pêche que je tiens est bonne. Voilà des propositions, des énoncés de jugements. Dans le premier, l'idée *Pierre* et celle *n'être pas grand*, dans le second, l'idée *la pêche que je tiens* et celle *être bonne* sont réunies par le signe d'affirmation, c'est-à-dire par le signe qui marque que l'une est sentie comprise dans l'autre.

Au contraire, *Pierre, n'être pas grand, la pêche que je tiens, être bonne*, voilà des expressions d'idées isolées, de purs noms d'idées, sans liaison et sans suite et absolument détachés les uns des autres.

Le rapprochement de ces deux genres d'exemples nous montre déjà clairement à quoi tient l'expression du jugement dans le discours, nous fait voir bien distinctement ce qui constitue celui-ci en propositions. Ce n'est assurément pas le verbe lui-même, puisqu'il se trouve également dans les deux cas : c'est uniquement la forme du verbe. C'est ce que nous reconnaîtrons encore mieux quand nous examinerons en détail les éléments du discours dans les langues parlées : mais il était bon de l'avoir remarqué ici, parce que, sans cette observation, il est impossible de bien comprendre les vraies fonctions du verbe dans ces langues, et par suite celles des autres mots qu'elles emploient.

Peut-être sera-t-on étonné de me voir regarder comme de purs noms d'idées ces phrases déjà si composées : *n'être pas grand, la pêche que je tiens, être bonne*, etc. Cependant, qu'on se rappelle ce que nous avons dit dans notre première partie[a] au sujet de cette longue phrase, *l'homme qui découvre une vérité est utile à l'humanité tout entière*, on verra que dans celle-ci, *n'être pas grand*, ce n'est pas seulement de l'idée *être* qu'il s'agit, c'est de l'idée *être* modifiée d'une certaine manière qui consiste à être *grand* et prise *négativement. Etre grand négativement*, ou *n'être pas grand*, est donc une seule idée composée qui, n'ayant pas de nom propre, est exprimée par trois ou quatre mots combinés, mais qui n'en est pas moins une idée unique. Peut-être que dans certaines langues de gestes, plus pauvres que notre langue parlée, elle serait exprimée par un seul signe; mais cela n'y changerait rien. De même l'idée, *la pêche que je tiens*, n'est pas seulement l'idée *pêche*, individuelle d'abord, devenue générale par abstraction, comme nous l'avons vu ailleurs; c'est cette idée modifiée par l'article *la*, et déterminée par lui à être prise dans toute son étendue, puis restreinte par ces mots, *que je tiens*, à l'individu *pêche* qui est dans ma main. C'est une idée nouvelle, composée de toutes celles-là, qui n'a point de nom propre et qui ne peut être représentée que par la réunion de ces signes : *la pêche que je tiens.* On ne doit pas avoir plus de peine à la regarder comme une seule idée que celle exprimée par le seul mot *Pierre*. Car Pierre ne veut-il pas dire un être de la classe de ceux appelés hommes, qui a une telle figure, une telle manière d'être, telles et telles qualités? Or, c'est assurément là une idée aussi composée que l'autre : toute la différence,

a. Chapitre IV, p. 112.

c'est que l'une a un nom qui lui est propre et que l'autre n'en a pas, mais cela n'empêche pas qu'elles ne soient de même nature.

Tout discours est donc, comme nous l'avons dit, formé de propositions, et alors, ce sont toujours des jugements qu'il exprime; ou il est composé de signes ou de groupes de signes sans liaison entre eux, et alors ce sont des idées de toute espèce, autres que des jugements, qu'il représente.

Dans ce dernier cas, nous disons qu'il ne signifie rien, qu'il n'a point de sens. Cette expression n'est pas très correcte, puisqu'elle fait le mot *sens* synonyme du mot *jugement*; mais on peut dire qu'elle a beaucoup de sens en ce qu'elle montre combien nous faisons de cas de la faculté de juger; et que quand le discours n'exprime point de jugements, nous ne tenons aucun compte de tout ce qu'il peut représenter. Effectivement, nous l'avons déjà vu, toutes nos connaissances ne consistent que dans nos jugements. Nous jouirions ou souffririons éternellement que si nous ne portions aucun jugement de ces affections, si nous n'y apercevions aucune circonstance, pas même celle de nous venir par tel organe ou de tel objet, nous n'en tirerions aucun parti, nous serions toujours dans une entière ignorance de tout, dans une complète impuissance de rien faire à dessein. C'est donc uniquement les jugements de nos semblables qui peuvent être de quelque intérêt pour nous. Ils nous exprimeraient les noms de toutes les idées imaginables qu'ils ne nous apprendraient rien, pas même si ces idées existent réellement ou si elles ont quelque rapport à eux ou à nous, car ce sont là des circonstances de ces idées.

Il y a plus; on doit se ressouvenir que toutes nos perceptions, excepté les pures sensations, sont des idées composées, c'est-à-dire des idées à la formation desquelles ont concouru plusieurs de nos facultés intellectuelles élémentaires; et on peut se rappeler comment nous formons ces idées composées. Je reçois la sensation de résistance; je juge qu'elle me vient d'un être quelconque; je forme l'idée d'un être résistant, d'un *corps*; je juge que cet être est rond, est rouge, est le fruit d'un arbre, est acide, est bon à manger, etc. Je forme l'idée d'une *cerise*. Mais sans tous ces jugements, je n'aurais point formé ces deux idées, *corps* et *cerise*. Ainsi, sans la faculté de juger, nous n'aurions pas même d'idées à communiquer, excepté nos simples sensations; à plus forte raison, nous n'en aurions ni le projet ni les moyens.

Ajoutons à tout ceci encore une remarque qui va nous conduire à bien d'autres observations. Nous avons dit que le discours pouvait être composé de propositions ou de noms d'idées sans liaison; mais cette dernière partie n'est vraie que quand le discours est dans un langage qui possède des signes capables d'exprimer des idées isolées et détachées de toute autre. Or c'est une propriété que les langages articulés possèdent seuls à un degré éminent; je ne dis pas que le langage des gestes, et même celui des attouchements, n'en soient pas susceptibles à un certain point, mais ce n'est que quand ils sont très perfectionnés. Dans l'origine du langage d'action, un seul geste dit: je veux cela, ou je vous montre cela, ou je vous demande secours; un seul cri dit: je vous appelle, ou je souffre, ou je suis content, etc.; mais sans distinguer aucune des idées qui composent ces propositions. Ce n'est point par le détail mais par les masses que commencent toutes nos expressions ainsi que toutes nos connaissances. Si quelques langages possèdent des signes propres à exprimer des idées isolées, ce n'est donc que par l'effet de la décomposition qui s'est opérée dans ces langages; et ces signes, ou noms propres d'idées, ne sont, pour ainsi dire, que des débris, des fragments, ou du moins des émanations de ceux qui d'abord exprimaient, bien ou mal, les propositions tout entières.

L'essence du discours est donc d'être composé de propositions, d'énoncés de jugements[a]. Ce sont là ses vrais éléments immédiats; et ce

a. C'est là ce qui me paraît être uniquement le langage des animaux. Il est tout composé de propositions, d'énoncés de jugements, et il ne renferme jamais de simples noms d'idées. Assurément ils sentent, ils se souviennent, ils jugent et ils veulent; cela est impossible à méconnaître. Les moins intelligents d'entre eux manifestent ces impressions d'une manière si positive et quelquefois si énergique, je dirais presque si éloquente, que je ne crois pas que nous ayons aucune preuve plus certaine qu'elles existent dans nos semblables. Leurs gestes ou leurs cris disent donc très bien, JE SENS, JE JUGE, OU JE VEUX CELA. Ce sont de vraies propositions tout aussi intelligibles que celles de notre langage d'action, et même que celles de nos langues les plus perfectionnées. Mais aucun de ces gestes ou de ces cris, même dans les espèces les plus modifiées et les plus développées par la société et l'exemple de l'homme, n'est jamais le nom propre d'une idée isolée, détachée de son attribut. Or, cela ne tient point au mutisme, car beaucoup d'animaux émettent des sons, quelques-uns même articulent très bien. D'ailleurs cette opération pourrait également s'effectuer avec des gestes. Dans nos langages par gestes, il y en a qui représentent un nom ou une idée détachée et d'autres un verbe ou son attribut séparé d'elle. Je pense que c'est donc cette capacité d'isoler une idée partielle, de détacher une circonstance d'une impression totale et composée, de séparer un sujet de son attribut, d'abstraire en un mot et d'analyser un certain point, qui manque aux animaux, qui fait que leur langage n'est jamais qu'une série d'interjections, qu'une suite de propositions implicites, et qui constitue la différence entre eux et nous; s'ils l'avaient, ils décomposeraient leurs perceptions, ils se créeraient des signes pour exprimer les idées résultantes de cette décomposition. Ces signes allieraient les souvenirs de ces idées à des sensations, les transformeraient en sensations, comme ils font pour nous; ils raisonneraient avec ces signes, comme nous faisons nous-mêmes. C'est donc à la décomposition de la proposition dans ses éléments que se marque la séparation entre la brute et l'espèce intelligente par excellence. Jusque là, que l'on appelle improprement les éléments, les parties du discours, ce sont réellement les éléments, les parties de la proposition. Ceci nous avertit que, pour continuer nos recherches, c'est actuellement de la proposition que nous devons nous occuper, et c'est surtout dans le langage articulé que nous devons l'étudier, puisque c'est dans celui-là qu'elle a été le plus décomposée et que ses éléments sont plus distincts et plus variés. Passons donc à la décomposition de la proposition.

je vois tout semblable entre elles, ou du moins, il n'y a de différence que du plus au moins. Cette observation suffit, je crois, pour faire sentir toute l'importance du sujet du chapitre qui va suivre et peut-être pour jeter beaucoup de jour sur l'Idéologie comparée.

Que l'on ne me demande point comment je conçois qu'un animal juge, sent un jugement, c'est-à-dire sent qu'une idée est comprise dans une autre, sans sentir distinctement chacune de ces deux idées. Je répondrais que je n'en sais rien. Je pourrais dire en outre que cela nous arrive aussi à nous-mêmes ; que nous portons beaucoup de jugements sans en démêler les éléments, et qui plus est, sans nous apercevoir même que nous les portons ; mais je serais obligé d'ajouter que je ne comprends pas mieux comment cela peut être et cela ne jetterait aucun nouveau jour sur le sujet. Ce qu'il y a de sûr, c'est que cela est ; que souvent ensuite nous démêlons les éléments de nos jugements et les exprimons séparément, et que les animaux ne font jamais ni l'un ni l'autre.

Je crois cette remarque certaine et intéressante, en ce qu'elle entre dans la profondeur du sujet aussi avant qu'il nous est possible d'y pénétrer dans l'état actuel de nos connaissances.

CHAPITRE II

DÉCOMPOSITION DE LA PROPOSITION DANS TOUS LES LANGAGES, PRINCIPALEMENT DANS LE LANGAGE ARTICULÉ, ET SPÉCIALEMENT DANS LA LANGUE FRANÇAISE

Il est donc certain que toute proposition est l'énoncé d'un jugement; il est manifeste que le discours n'a aucune signification quand il n'exprime pas un jugement quelconque. On ne peut pas même douter de ces vérités quand on réfléchit sur la nature de notre intelligence qui consiste tout entière à *sentir* et à *juger*, c'est-à-dire à avoir des perceptions et à y démêler des circonstances. Cependant, quand on reporte son attention sur nos langues parlées, on a de la peine à leur faire l'application de ce principe si évident; on est tenté de penser que l'on a eu tort de le regarder comme tel et l'on est porté à croire que ces langues expriment beaucoup de choses qui ne sont pas des jugements. Cela vient de ce que nos langages articulés ont été si travaillés, si tourmentés, si sophistiqués; ils ont revêtu des formes si variées, si syncopées, si détournées, que l'on a peine à reconnaître, à travers tant de déguisements, en quoi consiste la véritable expression de la pensée.

Souvent un seul de nos mots représente une proposition tout entière, exprime un jugement complet et, ce qui est plus fort, n'exprime pas toujours le même. *Non*, par exemple, veut dire je ne sens pas cela, ou je ne crois pas cela, ou je ne veux pas cela, suivant la manière dont il est placé. *Oui* veut de même dire, ou je le crois, ou je le ferai, ou cela est convenu, ou cela est certain, suivant l'occasion. *Car* signifie également, suivant les cas, la cause, ou la preuve, ou la conséquence de cela est que, etc. Nos simples cris, *haye! ah! ouf!* veulent dire quelquefois, plaignez-moi, ou secourez-moi, et d'autres fois seulement, je souffre, ou même je perds courage.

Il en est de même de toutes nos interjections, d'un grand nombre de conjonctions, de plusieurs de ces mots que quelques grammairiens appellent des particules : ce sont autant d'énoncés de jugements tout entiers.

On en peut dire autant, dans beaucoup de circonstances, de nos pronoms. Ils ne tiennent pas toujours la place d'un nom ; ils représentent souvent toute une proposition. Quand après avoir dit *la paix est faite*, j'ajoute *soyez-en sûr, croyez-le*, c'est comme si je disais, *croyez ce jugement, soyez sûr de ce jugement : la paix est faite*. *En* et *le* signifient exactement cette proposition ; dans une autre occasion, ils en signifieront une autre.

D'un autre côté, pendant que nous avons des mots qui représentent ainsi une proposition complète, c'est-à-dire qui expriment à eux tout seuls deux idées séparées et l'acte de juger qui les unit, nous en avons d'autres, en grand nombre, qui n'expriment pas même une idée tout entière, qui ne représentent, pour ainsi dire, qu'un fragment d'idée : tels sont nos prépositions, nos adverbes, nos adjectifs, y compris les participes et les articles. On en peut dire autant de nos verbes ; mais ils revêtissent tant de formes, réunissent tant d'usages divers, qu'ils méritent un article à part. Aussi ne saurait-on faire aucun usage d'aucun de ces mots isolé et séparé de tout autre. *Le*, *de*, *courageux*, *vivement*, ne signifient absolument rien tout seuls. Réunis à d'autres signes, *le* exprimera dans quelle étendue doit être prise une idée ; *de*, placé entre deux idées, indiquera que l'une est dans un certain rapport avec l'autre ; *courageux* dénotera une qualité d'un être ; *vivement* la manière dont s'exécute une action. Mais *le* n'est pas le nom de l'étendue ; *de* n'est pas celui du rapport ; *courageux* celui de la qualité, ni *vivement* celui de la manière. Ce ne sont donc pas là de vrais signes, mais réellement des fragments de signes. Comme nous ne pouvons pas avoir un signe pour chacune de nos idées, ni pour chacune des manières d'être de cette idée, qui en fait une idée différente, nous avons un certain nombre de ces signes incomplets qui, pouvant s'unir à chacune, les varient, ou qui, les liant plusieurs ensemble, en font de nouveaux groupes. C'est une espèce de ciment, qu'on me passe cette comparaison, qui, s'appliquant à un caillou, en change la forme et les dimensions, ou, l'unissant à d'autres, en fait différents blocs dont il est partie nécessaire ; mais ce ciment n'est pas lui-même un assemblage de cailloux[a].

a. La comparaison n'en serait que plus juste, si j'osais la pousser jusqu'à dire que ce ciment n'est que des détriments de cailloux qui ont perdu tout à fait leur forme et auxquels on a

Il y a peu de ces fragments de signes dans les langues naissantes. Elles n'ont pas encore éprouvé d'assez longs frottements. Il n'est même pas facile de les démêler parmi les signes des langages composés de gestes ou de figures tracées; ou si on les y retrouve bien distincts, je crois que c'est assurément parce que ces langages sont employés par des hommes qui ont aussi l'usage du langage oral et qu'ils ont transporté ces signes incomplets de celui-ci dans ceux-là. Il n'y a que ce dernier qui se prête commodément à cet excès de décomposition. Il sera curieux de rechercher comment on est venu à cette subtilité d'expression dont la filiation même nous échappe. Pour le moment, il suffit de l'avoir remarquée.

Voilà donc, dans nos langues parlées, des mots dont les uns signifient à eux seuls deux idées et un jugement, et les autres ne signifient pas même une idée tout entière : et on peut dire qu'il n'y a dans aucune langue que ceux que nous appelons des *noms* qui représentent à eux seuls une idée complète et unique. Mais pour que rien ne manque à la bizarrerie, souvent ces noms sont employés comme signes incomplets, comme quand un substantif est pris adjectivement; et en outre tous les mots qui expriment, ou une proposition tout entière, ou seulement un fragment d'idée, peuvent être assez détournés de leur destination ordinaire pour être employés comme noms : alors ils expriment une idée unique et entière. Quand je dis, *non* est une particule, et *courageux* est un adjectif, l'un et l'autre sont réellement substantifs. *Non* n'exprime plus telle ou telle réponse négative à une proposition antérieure, mais représente l'idée pleine et complète d'un certain mot qui en français a telles fonctions; et il en est de même de *courageux*. De même encore toute une proposition, même très complexe, devient un seul substantif, le vrai nom d'une idée, quand elle est représentée par un pronom. Ajoutons à cela que le même mot sert tantôt à en remplacer un autre, tantôt seulement à le modifier, c'est-à-dire qu'il joue alternativement deux rôles différents, comme *le* quand il est article, ou qu'il est pronom : enfin, rappelons-nous que d'autres mots, tels que *mon*, *ton*, *son*, etc. sont ordinairement appelés pronoms qui pourtant modifient toujours et ne remplacent jamais rien.

Ainsi en résumé, il est constant que certains mots signifient toujours une proposition tout entière, et tantôt une proposition, tantôt une autre; que d'autres sont capables de représenter à volonté toutes les propositions, ou

ajouté un corps étranger; car ces mots sont effectivement des dérivés de noms qui ont perdu leur forme et leur destination premières et auxquels on a attaché certaines idées de mode et de relation. C'est ce que nous verrons dans la suite.

seulement toutes les idées isolées, mais complètes, que l'on veut; que ceux-ci n'expriment que des portions d'idées, et ceux-là tantôt des idées complètes, tantôt de purs accessoires; que, sous tous ces rapports, des mots placés, et même avec raison, dans les mêmes catégories, ont des fonctions tout à fait différentes, tandis que d'autres, rangés dans différentes classes, en remplissent souvent de semblables; que quelques-uns appartiennent à deux classes; et que quelques autres ne jouent jamais le rôle affecté à ceux de la classe où on les a rangés; et qu'enfin tous peuvent être employés de façon à représenter une idée complète et isolée, et beaucoup de ceux dont c'est la destination propre servent souvent à un autre usage. Si l'on songe en outre que très souvent dans nos langues parlées, la plus grande partie de l'expression de la pensée demeure sous-entendue et que le reste est présenté sous des formes qui en changent tout à fait l'aspect, il sera aisé de conclure que, pour bien démêler l'artifice du discours et sa vraie valeur dans ces langues, il ne faut s'arrêter ni au matériel des mots, ni aux classifications qu'on en a faites, ni à la forme de la locution, mais pénétrer jusqu'au fond de l'expression et à la nature de l'acte intellectuel qu'elle représente : on sentira facilement que, bien que toutes les propositions ne soient que des énoncés de jugement et ne puissent pas être autre chose, il n'est cependant pas surprenant que toutes ne semblent pas telles au premier coup d'œil et qu'il soit même souvent assez difficile de le reconnaître.

Il suit de là que la première chose que nous devons faire est de le faire voir; nous en avons un moyen très simple. Il n'y a point de proposition sans verbe exprimé ou sous-entendu. Quelle que soit la nature de ce mot, ce qu'il n'est pas encore temps de rechercher, il est certain que c'est lui seul qui constitue la proposition et détermine le sens de celle dans laquelle il entre. Examinons donc ses effets sous toutes les différentes formes qu'il est capable de revêtir et nous aurons la véritable valeur de toutes les propositions possibles : or, cela n'est ni long, ni difficile, mais très nécessaire.

Nos verbes ont différentes manières d'être, ce qu'on appelle *modes*, parce qu'ils déterminent de diverses manières leur signification principale. Les grammairiens varient beaucoup sur le nombre de ces modes dans les différentes langues; admettons-en le plus possible, puisque nous traitons de la grammaire générale de toutes les langues et que nous voulons prévoir tous les cas. Distinguons les modes indicatif, conditionnel ou suppositif, subjonctif, optatif, impératif, interrogatif, dubitatif, participe et infinitif, et examinons-les l'un après l'autre.

Mode indicatif. Pour celui-là, il n'y a point de doute. Tout le monde convient que toutes les fois que ce mode se trouve dans le discours, exprimé ou sous-entendu, il y a un jugement énoncé. Aussi l'a-t-on souvent nommé mode énonciatif, mode judicatif. Ces propositions, *je suis grand*, *vous êtes aimable*, *il danse bien*, etc. sont évidemment des énoncés de jugements. Seulement on pourrait être tenté de mettre en question s'il en est de même de celles-ci, *je veux*, *vous souffrez*, *il désire* et autres semblables, qui paraissent d'abord exprimer plutôt un sentiment qu'un jugement. Mais, avec un moment de réflexion, on sent que ces propositions n'expriment pas seulement ce sentiment, cette passion, comme si l'on prononçait les mots *volonté*, *souffrance*, *désir*, mais qu'elles signifient que ce sentiment, cette passion sont jugés être dans un tel sujet. Ainsi elles sont des énoncés de jugements, comme toutes les autres où entre ce mode.

Observons encore que cela est également vrai, soit que ce mode se trouve dans une proposition principale ou dans une proposition incidente. Toute la différence est que le sujet est un nom dans le premier cas et que dans le second il est un pronom relatif, lequel se rapporte à un nom qui est dans ce moment l'objet principal de l'attention. Quand je dis, *l'homme qui est bon*, *qui est bon* est un jugement dont *qui* est le sujet. Tout comme, *cet homme est utile*, *cette pêche est bonne*, sont des jugements dont *cet homme* et *cette pêche* sont les sujets. Il n'y a donc là aucune difficulté.

Mode conditionnel ou suppositif. Il n'y en a pas davantage pour ce second mode. Dans ces phrases, *je voudrais*, *cela serait bien*, il est évident qu'il y a un jugement énoncé : à la vérité, il l'est dans une forme qui fait attendre quelque condition, supposition ou restriction qui modifiera l'attribut et en fera partie ; mais cela n'empêche pas qu'il ne soit senti renfermé dans le sujet. Quand je dis, *cette opération serait bonne si elle était sûre*, je prononce que dans l'idée de cette *opération* est renfermée l'idée *d'être bonne s'il y a sûreté*.

Mode subjonctif. Il en est de même de ce mode. Dans cette phrase, *il faut que je sois entendu*, *je sois entendu* est un jugement, tout comme *cela est vrai* en est un dans celle-ci, *je pense que cela est vrai*. Dans les deux cas, le *que* qui précède marque que ces phrases dépendent d'une autre. Seulement, dans la première, on a jugé à propos de l'indiquer encore par une [autre]* nuance dans la forme du verbe, parce que, dans certaines occasions, c'est l'usage en français. Les propositions subjonctives sont donc aussi des énoncés de jugements.

* Ajout des éditions de 1817 et de 1825.

Mode optatif. On peut en dire autant de celles-ci : *que n'ai-je fait ce que vous m'avez dit! que ne puis-je vous suivre! fasse le ciel que vous réussissiez!* Quelles que soient les diverses manières dont ces idées sont rendues dans les différentes langues, que leurs verbes aient réellement ou n'aient pas un véritable mode optatif, suivons notre principe, ne nous arrêtons pas à la forme, et ne considérons que le fond de la pensée. Que signifient réellement ces locutions? Ne veulent-elles pas dire, *je regrette vivement de n'avoir pas fait ce que vous m'aviez dit, je suis affligé de ne pouvoir vous suivre, je souhaite ardemment que vous réussissiez*? Or, ce sont bien là encore des énoncés de jugements. Les propositions optatives ne sont donc pas autre chose. La forme seule varie et masque le véritable sens.

Mode impératif. Même remarque à faire sur ce mode. Quand je dis, *faites ceci, allez là*, j'exprime en effet, *je veux, je désire que vous fassiez ceci, que vous alliez là*. J'énonce que dans les idées qui composent actuellement l'idée de *moi*, je sens, je remarque celle de vouloir, celle de désirer, etc., etc. C'est encore un jugement.

Mode interrogatif. La même chose est visible dans le mode interrogatif. *Avez-vous fini? êtes-vous prêt?* veulent dire je vous demande, je désire savoir si, etc., etc. Ce sont autant de jugements portés sur moi-même que je vous exprime.

Mode dubitatif. Je ne crois pas que l'on doive faire un mode particulier de ces tournures de phrases, *oserais-je observer? ne pourrait-on pas essayer?* Mais si on le veut, peu importe. Par leur forme, elles sont interrogatives et rentrent dans ce que nous venons de dire. Pour le fond de l'expression, elles signifient, je doute, je ne sais, je crois pouvoir, etc., etc.; et par conséquent elles sont des énoncés de jugements comme toutes les précédentes. C'est cela seul que nous avions à remarquer.

Mode participe. Quand le verbe est employé à ce mode, il n'y a pas d'énoncé de jugement; mais il n'y a pas de proposition. Quand je dis, *un homme aimant, une femme aimée, une affaire commencée*, j'énonce simplement des idées isolées et *uniques*, comme si je disais une jolie femme, un homme sensible, une bonne affaire. Le verbe, à ce mode, est un véritable adjectif; et c'est sa forme essentielle et fondamentale, comme nous le verrons bientôt. On doit comprendre dans ce mode, outre les différents participes proprement dits, tout ce que l'on appelle supins et gérondifs; car nous ferons voir que ce ne sont que des manières particulières de se servir des participes.

Mode infinitif. L'infinitif n'est, pour ainsi dire, pas un mode du verbe; c'est un vrai substantif. C'est le nom par lequel on désigne et le verbe lui-même et l'état qu'il exprime. Car soit dit par avance, tout verbe exprime toujours un état, puisque tout verbe exprime toujours être quelque chose. Faire, c'est être faisant; aimer, c'est être aimant; avoir, c'est être ayant. Mais ce n'est pas encore le moment d'exposer la théorie du verbe. Il suffit à présent de remarquer que le verbe à l'infinitif ne forme point de proposition, ni par conséquent d'énoncé de jugement.

Pour revenir à notre objet, il est donc prouvé par le fait, comme il l'a été par la théorie, que toutes les fois que dans le discours il y a une proposition quelconque, il y a aussi un énoncé de jugement et rien autre chose. Ainsi, toute émission de signes, tout discours est donc toujours un énoncé de jugement, ou la simple expression d'idées complètes ou incomplètes, mais isolées; c'est-à-dire de choses purement senties mais non jugées; ou autrement, senties sans perception de circonstances. C'est ce dont il fallait commencer par s'assurer.

On pourrait aller plus loin encore et dire que, même lorsque le discours n'est composé que de purs noms d'idées isolées, il exprime encore, au moins implicitement, des jugements. Car, quand je prononce le mot *homme*, je dis par le fait, *j'ai présente l'idée homme*, ou *l'idée que j'ai présente s'appelle homme*. Ainsi je fais réellement une proposition elliptique. Cela est même encore vrai quand je prononce le nom d'une idée incomplète, comme *de*, ou *courageux*, ou *vivement*.

Ainsi l'on peut dire avec vérité que toute idée, par le seul fait qu'elle est représentée par un signe, devient un jugement; et que toute émission de signe est un énoncé de jugement. Mais cette dernière considération nous est inutile actuellement. Il nous suffit qu'il soit prouvé que tout discours n'exprime jamais que l'une de ces deux choses, *sentir* ou *juger*, et qu'il n'est d'aucun intérêt qu'autant qu'il exprime un jugement. C'est ce que je voulais avant tout mettre hors de doute.

Maintenant revenons à la décomposition de la proposition. Son état primitif est, comme nous l'avons dit, d'être composée d'un seul geste ou d'un seul cri. Mais quels éléments nécessaires devons-nous trouver renfermés dans ce signe unique en le décomposant? C'est là ce qu'il s'agit de découvrir.

Puisque toute proposition est l'énoncé d'un jugement et que tout jugement consiste à sentir qu'une idée existe dans notre esprit et qu'une autre idée existe dans celle-là, il faut nécessairement que le signe unique qui exprime une proposition renferme au moins deux autres signes : l'un représentant une idée existante par elle-même, et l'autre représentant une autre idée comme n'existant que dans la première. C'est là sûrement deux éléments nécessaires du discours. Voyons quels ils sont : nous verrons ensuite s'il y en a d'autres qui soient également indispensables.

Le nom, qu'on appelle assez mal à propos substantif, est le premier de ces deux signes. En effet, ce sont les *noms* qui représentent toutes les idées qui ont dans notre esprit une existence absolue et indépendante de toute autre idée. Que cette existence soit positive et réelle comme celle des êtres sensibles, ou fictive et imaginaire comme celle des êtres purement intellectuels, peu importe. Ces idées existent par elles-mêmes et ne sont subordonnées à aucune autre. Ce sont les noms qui les expriment; et tous les autres éléments du discours ne représentent que des idées relatives à celles-là et ne les représentent que comme existantes dans les sujets auxquels elles se rapportent. Aussi n'y a-t-il que les noms, et les pronoms qui les remplacent, qui puissent être les sujets de nos jugements et de nos propositions. Cependant les autres mots, et même des phrases entières, deviennent aussi fort souvent sujets de propositions; mais c'est lorsqu'ils sont employés comme *noms*, ou, comme on dit, pris *substantivement*, c'est-à-dire regardés comme exprimant des idées ayant une existence propre et absolue.

J'ai dit que c'est assez mal à propos que l'on appelle les *noms*, des *substantifs*. En effet, l'on voit bien que ces deux mots, *substantifs* et *substantivement*, dérivent l'un et l'autre du mot et de l'idée *substance*. Ce sont des conséquences de cette mauvaise philosophie qui faisait supposer que sous les impressions que nous recevons des êtres réels, et qui sont les seules choses que nous en connaissions, il y a un *soutien*, un *substratum*, une *substance inconnue*, en bon français, un *je ne sais quoi*, qui constitue l'existence réelle et nécessaire de ces êtres, et dont les phénomènes sensibles ne sont que des accidents. Aujourd'hui nous savons que ce qui nous assure l'existence d'êtres autres que nous, c'est leur résistance à notre volonté réduite en acte; que c'est cette propriété fondamentale qui constitue, non pas la *substance* (rien ne nous apprend qu'il y en ait une), mais la nature et la réalité de ces êtres; que c'est elle qui fait que nous ne pouvons pas prendre pour des manières d'être spontanées de notre *moi* les impressions que ces êtres nous causent; et qu'enfin, c'est elle qui nous révèle qu'ils sont des *êtres*, qu'ils existent. Or, sachant tout cela, si nous avions à nommer les mots qui représentent ces êtres, nous ne les appellerions pas des substantifs. Nous leur donnerions plutôt un nom tiré de leur fonction. Nous dirions que ces mots sont des noms *absolus* ou *subjectifs*, ou tout simplement des *noms*, puisque ce sont eux et eux seuls qui nomment les choses existantes par elles-mêmes. Mais, puisque le mot *substantif* est consacré par un long usage, ne le rejetons pas : préservons-nous seulement de l'erreur qui lui a donné naissance et qu'il reproduit sans cesse.

Quoi qu'il en soit, il reste bien constant que ce sont les noms simples ou complexes qui composent la première classe des signes nécessaires à l'expression explicite de nos jugements, puisque ce sont eux qui représentent toutes les idées qui ont dans notre esprit une existence qui leur est propre, tant celles des êtres réels que celles des êtres purement intellectuels, et que ces idées sont les seules qui puissent être les sujets de nos jugements et de nos propositions.

Actuellement cherchons quels sont les mots qui composent la seconde espèce de signes que nous avons dit être indispensablement nécessaires pour former des propositions; quels sont ceux qui nous peignent une idée comme existant dans une autre, comme en étant une circonstance, comme étant l'attribut de ce sujet, et pouvant par conséquent être celui d'une proposition.

Il paraît d'abord que cette fonction est complètement remplie par tous les mots que nous appelons les *adjectifs* proprement dits, et par suite, par tous les mots et toutes les phrases employés adjectivement. En effet, *courageux*, *aimable*, *facile*, nous présentent les idées *courage*, *amabilité*, *facilité*, non point comme isolées et indépendantes de toute autre, mais comme faisant partie d'un sujet, lui appartenant, en un mot, sous la forme attributive; et il semble que ce sont là des attributs complets. Cependant cela n'est pas.

Nous l'avons déjà dit, nos langages sont étonnamment raffinés. Nous avons opéré sur nos signes comme sur nos idées. Nous avons multiplié les subdivisions, accumulé les abstractions; et enfin il se trouve que, dans nos langues parlées, les adjectifs expriment bien une idée uniquement comme faisant partie d'une autre, mais c'est abstraction faite de l'idée d'exister : ils ne renferment plus cette notion d'existence. *Courageux* représente bien l'idée *courage* comme appartenant ou plutôt comme devant appartenir à un sujet, mais non pas comme existante effectivement; et en cela il est un attribut incomplet. Car pour signifier complètement qu'une idée est renfermée dans une autre, il faut auparavant signifier qu'elle *est*, qu'elle *existe*. Or, c'est là une propriété dont, par une abstraction singulière, tous nos adjectifs se trouvent dépouillés, et qu'il faut qu'ils recouvrent pour redevenir des attributs complets.

Etant, *existant* est le seul adjectif qui renferme l'idée d'existence, non que ce soit plus qu'aux autres sa signification spécifique, mais parce que c'est sa signification propre et que, par conséquent, il ne peut en être séparé sans être anéanti : aussi est-ce par son moyen qu'on la rend aux autres; et il n'y a d'adjectifs qui la renferment, qui, par conséquent, expriment complètement une idée existante dans une autre, qui par suite soient des attributs entiers, que ceux dans lesquels l'adjectif *étant* est implicitement compris. Ces adjectifs sont ce que nous appelons des *verbes*.

Les verbes prennent une multitude de formes, dont nous verrons bientôt et facilement la génération, la cause et l'effet; mais, en attendant, il ne faut pas qu'elles nous fassent illusion, ni qu'elles nous persuadent que ce sont des mots d'un ordre supérieur et ineffable. Ce sont tout simplement des adjectifs renfermant en eux-mêmes l'adjectif *étant*, des adjectifs dont on n'a point séparé, par un excès d'abstraction, l'idée d'*existence*. Leur forme essentielle, fondamentale, est ce que nous appelons leur participe; ce qui ne veut pas dire au reste que ce soit leur forme primitive. Au contraire; car c'est toujours du composé que l'on arrive au simple; mais il n'en est pas moins vrai que le verbe nommé *aimer*, c'est-à-dire qui a pour nom le substantif *aimer*, est dans la réalité l'adjectif *aimant*. En un mot, les adjectifs proprement dits sont des verbes mutilés et les verbes sont des adjectifs entiers. Voilà pourquoi les premiers unis à un substantif ne produisent jamais une proposition et pourquoi il ne faut qu'un verbe et un sujet pour en faire une.

Cependant, il faut remarquer que tant que le verbe demeure au mode participe, la proposition n'est formée qu'imparfaitement; mais tout ce qui manque pour la caractériser entièrement, nous allons le trouver dans les propriétés particulières à l'idée d'existence, et qui n'appartiennent qu'à elle; et nous trouverons en même temps que ce sont toutes les circonstances exclusivement propres aux verbes.

En effet, il n'y a que les choses existantes qui puissent avoir des modes; car pour être d'une certaine manière, il faut premièrement *être*. Pour exister d'une manière *positive*, ou *conditionnelle*, ou *subordonnée*, il faut avant tout *exister*. Aussi n'y a-t-il que les verbes qui aient des modes.

L'idée de durée est aussi un mode de l'idée d'existence. Il n'y a encore que les choses existantes qui puissent avoir de la durée et, par conséquent, certaines époques dans leur durée. Aussi n'y a-t-il que les verbes qui aient des temps. Les autres adjectifs n'en sont pas susceptibles.

Un adjectif ordinaire à qui vous donneriez des temps et des modes deviendrait à l'instant un verbe; c'est-à-dire renfermerait aussitôt implicitement l'idée d'existence. Car, dès que vous auriez indiqué, par une marque quelconque, que l'idée particulière qu'il exprime existe de telle manière et dans tel temps, vous auriez dit par là même qu'elle est existante. Il n'y a pas une autre raison pourquoi nous admettons cette idée d'existence comme renfermée dans tous nos verbes; c'est qu'il n'y a pas moyen de ne pas l'y concevoir, quand on y trouve exprimée une ou plusieurs des circonstances de l'existence.

Cette réflexion nous conduit à voir pourquoi il y a proposition, c'est-à-dire énoncé de jugement, dès que toutes ces circonstances sont spécifiées dans le verbe. Car du moment qu'une idée signalée par la forme de son signe comme ne pouvant avoir d'existence que dans un sujet, est dite exister de telle manière et dans un tel temps, elle est dite exister dans ce sujet; le jugement est porté. C'est cette délimitation-là même qui l'énonce. Aussi voyez-vous qu'il y a un jugement exprimé toutes les fois que le verbe est à un mode défini, et qu'il n'y en a pas encore tant qu'il est à un mode indéfini. Dans les mots *aimant* et *aime*, l'idée fondamentale est la même. Dans tous deux, on voit l'idée *amour* unie à l'idée d'existence; c'est-à-dire considérée comme existante et, de plus, exprimée sous une forme adjective qui la désigne comme ne pouvant exister que dans un sujet. Mais dans l'une il n'y a aucun accessoire et dans l'autre il y en a de très marqués qui constituent le jugement. Quant vous dites, *Pierre aimant* ou *étant aimant*, vous ne faites que mettre à côté l'une de l'autre une idée existante par elle-même et une idée qui ne peut exister que dans une autre : vous n'y ajoutez rien. Tout ce qu'on peut conclure, c'est que vous prétendez les unir pour ne former ensemble qu'une seule et même idée composée. Mais quand vous dites, *Pierre aime* ou *est aimant*, vous faites bien plus; vous prononcez que cette idée qui ne peut exister que dans une autre, existe d'une manière positive et actuelle. Par là, vous manifestez que vous la voyez ainsi dans son sujet; vous exprimez un jugement formel.

Nous bornerons là ces observations. Elles ont pu paraître longues et un peu pénibles; mais si on y réfléchit avec quelque attention, je me persuade qu'on les jugera riches en faits et fécondes en résultats. En effet, non seulement vous y trouvez expliqués la nature et l'usage de l'interjection, du nom, du verbe et de l'adjectif; mais encore vous y voyez quel est l'état primitif de la proposition; quelle est la marche, toujours progressive, de sa décomposition dans nos langues ; en quoi consiste précisément l'énoncé du jugement ; comment il se trouve effectué sans qu'il y ait de signe destiné spécialement à cet usage ; pourquoi l'adjectif est insuffisant pour produire cet effet, et pourquoi il est produit dès que le verbe est à un mode défini. En un mot, ce peu de pages renferme toutes les bases de la théorie du discours et la solution positive ou implicite d'une foule de questions qui ont partagé les grammairiens et qui ne les ont tous embarrassés que parce qu'ils n'avaient pas parfaitement démêlé ce que c'est que l'acte intellectuel appelé *jugement*. Dans notre manière de le considérer, tout s'explique de soi-même et sans embarras, et cela prouve, je crois, que nous avons atteint la vérité sur ce point capital[a]. Résumons-nous donc, et rassemblons les principales conséquences que nous avons tirées de ce premier fait.

L'acte intellectuel appelé jugement consiste à sentir une idée et à sentir une autre idée dans celle-là.

L'énoncé du jugement, la proposition, doit donc renfermer l'expression d'une idée représentée comme existante par elle-même, c'est-à-dire sous forme *substantive* ou *nominale*, et l'expression d'une autre idée représentée comme existante dans celle-là, c'est-à-dire sous forme *adjective* ou *attributive*. C'est le sujet et l'attribut.

Ce seul exposé nous montre que l'expression de chacune de ces deux idées, pour être complète, doit renfermer l'idée d'existence, puisque l'une doit être représentée comme *existante* d'une manière, et l'autre comme *existante* d'une autre.

Pour le sujet, point de difficulté. La forme substantive ou nominale renferme toujours l'idée d'existence ; car dire qu'une idée a tel nom, est nommée de telle manière, c'est dire implicitement qu'elle *est*, qu'elle *existe*. D'ailleurs, dans nos langues scrupuleusement exactes, jamais un substantif n'est employé comme sujet d'une proposition, que l'étendue de l'idée qu'il représente, si elle est susceptible d'augmentation ou de diminution, ne soit déterminée par un article. Or, dire avec précision comment existe une idée, c'est dire encore plus positivement qu'elle est *existante*, que si on ne faisait que la nommer. Si donc nos substantifs, ou noms, n'ont pas différents modes et différents temps comme nos verbes, c'est qu'ils

a. Nous en aurons encore de nouvelles preuves dans la *Logique*, où nous verrons que cette juste appréciation du jugement nous fera trouver tout de suite les caractères et les causes de la certitude, et les moyens d'y parvenir.

sont toujours au mode énonciatif et au temps présent. Le signe d'une idée existante par elle-même n'est susceptible que de ce mode et de ce temps.

Pour l'attribut, il y a une remarque à faire. Nos mots appelés adjectifs représentent une idée comme privée de l'existence propre et absolue qu'elle a dans le substantif dont ils émanent; mais ils ne disent pas positivement qu'elle ait une existence relative. Par là ils se trouvent ne plus renfermer l'idée d'existence; ils nous montrent l'idée particulière qu'ils signifient comme destinée à exister dans un sujet, comme devant y exister, mais non comme y existant positivement. Ils ne sont donc pas l'expression complète d'un attribut; ils ne peuvent pas à eux seuls exprimer un attribut. On a raison de les appeler des *adjectifs*; on pourrait les appeler des *modificatifs*; on aurait tort de les nommer des *attributifs*: ils ne sont susceptibles ni de modes ni de temps.

Pour qu'ils forment un attribut complet, il faut ajouter à chacun d'eux l'adjectif *étant*, dont la signification propre est d'exprimer une existence positive.

Mais quand l'adjectif *étant* est uni à un adjectif et ne fait qu'un avec lui, soit qu'il n'y soit que juxtaposé, soit qu'il soit fondu avec lui dans un même mot, cet adjectif n'est plus un simple adjectif: il est ce que nous appelons un *participe*, c'est-à-dire un verbe à un mode indéfini.

Pourquoi cela? C'est qu'il n'y a que ce qui existe qui soit susceptible d'exister d'une manière ou d'une autre, dans un temps ou dans un autre; et par conséquent l'adjectif *étant*, étant le seul qui exprime l'existence, il est aussi le seul qui puisse avoir des *modes* et des *temps*. Il communique cette faculté à ceux auxquels il se joint, et il en fait des verbes.

Un verbe n'est autre chose qu'un adjectif uni à l'adjectif *étant*, qu'un adjectif renfermant l'idée d'existence, et par cela même pouvant avoir des modes et des temps.

Les verbes sont donc aussi les seuls attributs complets, c'est-à-dire les seuls mots qui représentent complètement une idée comme existante dans une autre. Voilà pourquoi il n'y a pas de proposition sans verbe.

Ou plutôt l'on peut dire que l'adjectif *étant* est le seul verbe et le seul attribut. Tous les autres verbes ne sont que lui mêlé ou juxtaposé à un modificatif. Tous les attributs ne sont encore que lui modifié d'une manière ou d'une autre. Voilà pourquoi il n'y a point de proposition sans l'adjectif *étant*.

Cependant il n'y a pas encore une proposition parfaite dans le discours, un énoncé de jugement formel, tant que l'adjectif *étant* demeure au mode indéfini. En voici la raison.

C'est que pour être un véritable attribut, pour être réellement attribuée à un sujet, la première condition nécessaire à une idée présentée sous forme attributive, c'est-à-dire comme devant exister dans une autre, est bien de renfermer l'idée d'existence, l'expression positive qu'elle existe ; mais tant que cette existence n'est annoncée que d'une manière vague et indéfinie, il n'y a encore rien de fait. Au contraire, dès que cette existence est précisée et déterminée à avoir lieu suivant un tel mode et dans un tel temps, elle est par cela même affirmée être réelle : car une chose ne peut être dite exister de telle manière et dans tel moment, sans être dite *exister*. Voilà pourquoi il y a proposition dès que le verbe est à un mode défini.

On voit aussi par là pourquoi, encore que le discours ait uniquement pour objet de représenter nos jugements, il n'y a pourtant dans le langage aucun signe expressément destiné à représenter l'acte de juger ; et pourquoi on y a toujours cherché vainement ce signe. C'est que, dès qu'on a dit comment existe une idée, et comment une autre idée existe dans celle-là, un jugement est exprimé : comme dès qu'on a senti une idée et une autre dans celle-là, un jugement est porté.

Il faut donc absolument, pour former une proposition, un sujet et un attribut, un nom et un verbe, et il ne faut que cela : et même à la rigueur il ne faut avec un sujet que le verbe *être*, que l'adjectif *étant*, qui est le seul véritable *attributif*, et qui seul communique cette propriété aux autres. Tout le reste du discours n'est que des accessoires de sujets ou d'attributs.

Nous sommes donc, je crois, parvenus à la décomposition complète de la proposition, dans quelque langage que ce soit. Disons maintenant un mot de ses différents éléments dans nos langues parlées, et montrons l'origine et l'usage de chacun d'eux.

CHAPITRE III

DES ÉLÉMENTS DE LA PROPOSITION DANS LES LANGUES PARLÉES, ET SPÉCIALEMENT DANS LA LANGUE FRANÇAISE

Après nous être bien rendu compte de la nature même de la proposition et avoir reconnu les vrais éléments dont elle est nécessairement composée, il est à propos, je pense, d'examiner les différentes sortes de mots dont on se sert dans nos langues perfectionnées, pour rendre l'expression de la pensée plus complète et plus facile. Je ne regarde pas comme bien utile de discuter scrupuleusement les diverses classifications qu'on a faites de ces mots. Mais je crois très nécessaire de se faire une idée juste de leur usage et de leurs fonctions. On en reconnaît, ce me semble, assez généralement jusqu'à onze espèces, savoir : des noms, des pronoms, des adjectifs, des articles, des verbes, des participes, des prépositions, des adverbes, des conjonctions, des interjections et des particules. Je ne m'arrêterai ni au nombre, ni à l'ordre de ces dénominations; cela me paraît, je le répète, assez peu important : mais je prendrai les éléments du discours comme ils s'offrent à mon esprit, en partant de l'état primitif de la proposition dans une langue naissante. Or, comme à l'origine du langage, une proposition n'est composée que d'un seul geste, d'un seul cri, les premiers mots qui se présentent sont ceux qui, encore actuellement, expriment à eux seuls une proposition tout entière. Ces mots sont, en général, ce que les grammairiens appellent des interjections. Commençons donc par elles.

Paragraphe premier

Des interjections

Sans entreprendre de critiquer, ni de changer cette dénomination, je range dans cette première classe tous les mots qui, comme je l'ai dit, forment à eux seuls une proposition tout entière. Ainsi, on doit y comprendre, non seulement toutes les interjections proprement dites, mais encore plusieurs mots que l'on nomme particules et adverbes, tels que *oui*, *non*, et plusieurs autres.

Pour reconnaître si un mot est de ce genre, il suffit de voir s'il fait à lui tout seul un sens fini et complet. Ainsi *non* est un mot de ce genre, parce qu'il signifie, *je ne veux pas cela, je ne crois pas cela*; et *ne* n'en est pas, parce qu'il n'a point de sens s'il n'est joint à un verbe qu'il modifie.

Par cela même que ces mots forment une proposition tout entière, ils sont nécessairement isolés dans le discours; ils n'ont de relation directe avec aucun autre mot, et ne peuvent donner lieu à presque aucune règle de syntaxe ou de construction.

Par la même raison, ils renferment implicitement un sujet et un verbe qui s'y trouvent confondus; et par conséquent, ils ne peuvent avoir ni conjugaisons, ni déclinaisons. Car à quoi serviraient-elles ?

C'est sans doute pour cela qu'en général cette espèce de mots occupe fort peu de place dans les grammaires. Cependant, c'est là vraiment le type originel du langage. Toutes les autres parties du discours ne sont que des fragments de celles-là et ne sont destinées qu'à la décomposer et à la résoudre dans ces éléments. Si l'on recherchait bien l'étymologie de ces expressions, je suis persuadé qu'on trouverait que toutes sont, ou des signes naturels et involontaires qui résultent nécessairement de notre organisation, ou des dérivés très prochains de ces signes, ou des expressions abrégées et syncopées, c'est-à-dire de véritables phrases elliptiques. Aussi, est-ce dans les moments où la force de la passion nous presse de manifester nos sentiments et nous laisse peu de liberté d'esprit pour les analyser que nous nous servons plus volontiers et plus fréquemment des locutions de ce genre.

A la vérité, nous nous instruirions peu nous-mêmes, et nous communiquerions très imparfaitement avec nos semblables, si nous n'avions pas d'autres manières de nous exprimer; mais celles-là n'en sont pas moins très utiles à observer. Elles conduisent à reconnaître tout le mécanisme du discours, dont elles sont en même temps l'abrégé et la forme première.

PARAGRAPHE II

Des noms et des pronoms

Dès que nous cessons d'exprimer toute une proposition par un seul mot, le premier besoin qui se fait sentir est celui d'un signe qui représente le sujet de cette proposition, qui désigne la chose dont on veut parler, l'idée à laquelle on va en attribuer une autre. Ce sont les noms qui remplissent cette fonction; ce sont donc eux dont nous devons nous occuper actuellement. Les noms seuls peuvent être les sujets des propositions. Il est assez inutile de distinguer entre eux des noms propres et individuels, ou généraux et communs, des noms d'êtres réels ou des noms de genres, de classes, d'espèces, de modes, de qualités, et autres êtres intellectuels qui n'ont d'existence que dans notre entendement. Ce qui était essentiel était de démêler, comme nous l'avons fait[a], la formation de ces idées, afin de bien connaître l'usage que nous en devons faire dans nos raisonnements; mais leurs noms jouent tous le même rôle dans le discours. Ce sont les étiquettes de ces idées. Par cela seul qu'une idée est nommée, elle est prononcée existante, au moins dans l'esprit de celui qui parle, et comme telle, elle peut en renfermer une autre et être le sujet d'une proposition. Au reste, ce n'est pas là le seul emploi des noms; ils peuvent encore servir de complément, ou à un autre nom, ou à l'idée qui lui est attribuée, comme sont les mots *Pierre* et *homme* dans cette phrase : *le fils de Pierre est un homme*; mais le plus souvent ils ne remplissent cette fonction qu'au moyen de certains ménagements qui sont l'objet des règles de la syntaxe et de la construction.

Les interjections dont nous venons de parler ne sont susceptibles d'aucun changement. Exprimant une proposition tout entière, étant isolées, indépendantes, sans relation avec aucun autre mot, elles sont par là même invariables. Dès qu'une interjection varie, c'est un autre sens qu'elle exprime; elle devient une autre interjection, et non pas une modification de la première. Une interjection est une proposition : ce n'est pas proprement un élément de la proposition. Les noms ne sont pas de même. Quand on prononce un nom, on peut l'appliquer à un seul être ou à plusieurs êtres semblables. Ils sont par conséquent susceptibles d'être tantôt au singulier,

a. Voyez *Idéologie proprement dite*, chapitre VI et *passim*.

tantôt au pluriel. De plus, ils sont en relation avec d'autres [mots]*, comme nous venons de le voir; ils sont tantôt sujet d'un attribut, tantôt complément d'un sujet ou complément d'un attribut. Enfin, quand on dit le nom d'un animal, il convient également au mâle et à la femelle; de là est venue l'habitude de distinguer le genre masculin et le genre féminin dans le même nom; habitude de laquelle il est arrivé qu'on a reconnu abusivement des genres aux noms qui en sont le moins susceptibles, et qu'on en a donné un à chacun, souvent même contre toute raison. Quoi qu'il en soit, voilà plusieurs accessoires qui n'altèrent en rien l'idée principale représentée par le nom, et ces accessoires sont indiqués, dans beaucoup de langues, par des changements de désinence dans les noms; c'est là ce qui en fait des mots variables et ce qui constitue ce qu'on appelle leurs déclinaisons. Nous en parlerons ailleurs, et nous discuterons même s'il ne vaut pas mieux produire le même effet par d'autres moyens. Pour le moment il nous suffit d'avoir remarqué cette propriété des noms.

Ajoutons encore que les noms sont les seuls mots qui soient variables par des causes qui leur soient propres. Comme tout le reste du discours se rapporte uniquement aux noms, il est uniquement destiné à peindre ce qui leur arrive, ce que nous pensons de l'idée qu'ils représentent. Les variations des autres mots qui en sont susceptibles sont uniquement relatives à celles des noms; elles n'ont pour but que d'indiquer la liaison, la connexion de ce mot avec le nom: voilà pourquoi elles doivent toujours y être conformes. Cette observation marque bien le rôle principal que joue le nom dans le discours.

Le nom est donc le premier élément du langage dont nous sentons le besoin quand nous voulons cesser d'exprimer la proposition par un seul signe et quand, entreprenant de décomposer l'interjection, nous commençons par lui donner un sujet séparé d'elle, et la réduisons à ne plus signifier que l'attribut de ce sujet. Nous avons suffisamment expliqué les caractères et les fonctions des noms en général; mais, parmi les noms ou sujets de propositions, on en remarque trois dans toutes les langues qui sont analogues à ceux-ci, *je*, *tu*, *il*: ils méritent une attention particulière. Plusieurs grammairiens les appellent les noms des personnes; d'autres disent que ce sont des pronoms personnels. Examinons ces dénominations.

Premièrement, il me paraît bien clair que *je*, *tu* et *il* ne sont pas précisément de vrais noms; car le propre d'un nom est de ne convenir qu'à

* Omis dans les éditions de 1817 et 1825.

une seule idée dont il est le signe et l'étiquette et dont il rappelle la formation et la composition, et il ne peut jamais en représenter une autre sans induire à erreur. *Je*, au contraire, est successivement le nom de toutes les personnes qui parlent ; *tu*, celui de toutes les personnes à qui on parle ; et *il*, celui de toutes les personnes et de toutes les choses dont on parle. De plus, ces mots ne représentent point proprement, ne peignent point toutes ces personnes et ces choses; ils ne nous apprennent rien d'elles que leur rapport avec l'acte de la parole, et c'est même pour cela qu'ils conviennent successivement à toutes celles pour qui ce rapport est le même. Ce ne sont donc pas là de vrais noms.

Je pense que ce sont des pronoms, et même les seuls pronoms qui existent dans aucune langue; car je trouve que Beauzée a parfaitement prouvé, dans son excellent article *pronom*[a], que tous les autres mots à qui l'on a donné ce nom ont des fonctions absolument différentes et très diverses, qui les rangent tous dans d'autres classes, les uns dans l'une, les autres dans l'autre. Nous aurons occasion de nous en assurer dans la suite. *Je*, *tu* et *il*, et tous leurs analogues, sont donc des pronoms, et les seuls pronoms qui existent; mais cela veut-il dire qu'ils ne soient que des remplaçants, des vice gérants des noms? Et le mot *pronom* ne doit-il signifier autre chose que *pour un nom*? Je ne le crois pas; car je remarque avec Beauzée, et d'après lui, 1°. qu'aucun nom proprement dit ne désigne le rapport de l'idée qu'il représente avec l'acte de la parole; 2°. que le pronom marque toujours ce rapport. Il a donc une fonction, un caractère qui lui est propre; il n'est donc pas un simple remplaçant; il est nom de l'idée en cette partie; il est une espèce de nom; et *pronom* veut réellement dire (suivant une autre acception de la préposition *pro*) un mot qui est *comme un nom*. Aussi remarquez-vous que quand nous unissons ensemble un nom et un pronom, le pronom se conforme au nom en tout ce qui appartient à celui-ci, comme le genre et le nombre; mais le nom, à son tour, subit la loi du pronom en ce qui lui est propre, la personne. Dans ces phrases, *moi (Antoine) je dis*, *lui (Pierre) il répond*, c'est Pierre et Antoine qui déterminent les pronoms à être au singulier et au masculin; mais ce sont les pronoms qui font qu'Antoine est de la première personne et Pierre de la troisième. Je conclus donc, avec Beauzée, que ces mots sont des espèces de noms qui ont la propriété exclusive et unique de désigner les idées sous le seul aspect de leur relation avec l'acte de la parole.

a. *Encyclopédie méthodique.*

Je comprends néanmoins qu'en convenant de tout ce que je viens de dire de ces pronoms, et qui me semble incontestable, on pourrait soutenir avec avantage que de tels mots ne sont ni des *noms*, ni *quasi des noms*; que leur fonction étant d'ajouter aux vrais noms des idées une détermination qui leur manque, celle de leur relation avec l'acte de la parole, ils jouent le rôle de modificatifs; que ce sont des adjectifs de personne, comme d'autres sont des adjectifs de qualité ou de quantité; qu'à la vérité, l'usage autorise de sous-entendre, le plus souvent, le substantif, quand on emploie les adjectifs de la première et de la deuxième personne, et au contraire à sous-entendre l'adjectif personnel quand il s'agit de la troisième personne; mais que, dans tous les cas, l'un et l'autre sont suppléés par la pensée et tous les deux nécessaires à son expression complète; qu'ainsi les noms ou pronoms personnels sont de vrais adjectifs.

J'avoue que je ne m'éloigne pas de cette conclusion, et je répète que peu m'importent les classifications, pourvu que les fonctions soient bien connues; mais ce qui m'a fait parler de ces mots dans cet article et ce qui me fait préférer de les classer parmi les noms, c'est que dans l'usage ordinaire ils en ont le caractère réellement essentiel, celui de représenter des idées isolées et désignées comme ayant dans notre esprit une existence propre et absolue, et de pouvoir par conséquent être les sujets de nos propositions.

Il y a plus, c'est que si l'on recherche la filiation des idées, il me paraît extrêmement vraisemblable que ces noms de personne ont été des premiers et peut-être absolument les premiers qui aient été inventés. En effet, dès qu'on a eu exprimé par un cri, par une exclamation, un sentiment, une passion, un mouvement de l'âme quelconque, il me semble que le premier besoin qui s'est fait sentir, a dû être de spécifier qui l'éprouvait et à qui il s'adressait; et je suis très porté à croire qu'on a dû inventer un cri, un geste, un signe quelconque, en un mot quelque chose d'analogue à *je* et à *tu*, avant d'avoir songé à donner des noms à la plupart des objets environnants, peut-être même avant d'en avoir nommé aucun.

Quoi qu'il en soit, voilà que nous avons examiné le second élément de la proposition, ou plutôt le premier qu'on découvre quand on la décompose. C'est le signe qui en représente le sujet, c'est le *nom*, et sous cette classe nous avons renfermé, outre les noms ordinaires, les noms des personnes, ou pronoms personnels, et nous avons reconnu ce qui leur est particulier. Passons actuellement au second élément de la proposition qui est nécessaire à sa décomposition. Nous avons déjà vu que c'est le verbe et que lui seul, avec le nom, est élément réellement nécessaire. Cela va devenir encore plus clair.

PARAGRAPHE III

Des verbes et des participes

Continuons la décomposition de la proposition. Elle renferme un sujet et un attribut, c'est-à-dire une idée sentie exister dans notre esprit et une idée sentie exister dans celle-là; son premier état est d'être exprimée tout entière par un seul signe; l'interjection comprend le sujet et l'attribut. Mais lorsque, commençant à la décomposer, nous avons imaginé des mots pour exprimer les sujets des propositions, c'est-à-dire des noms et des pronoms, et que nous joignons ces mots à l'interjection, il est clair que celle-ci n'exprime plus le sujet. Elle n'exprime donc plus que l'attribut. Or, nous avons vu que, des éléments de la proposition, les verbes sont les seuls qui expriment un attribut. L'interjection, qui était une proposition entière, est donc réduite à n'être plus qu'un verbe. Quand je dis *ouf*, l'interjection, l'exclamation, le cri *ouf*, signifie la proposition entière *j'étouffe*. Dès que je dis *je ouf*, *ouf* ne signifie plus que l'attribut *étouffe*. Voilà donc le second élément du discours, le verbe, ce mot si merveilleux, si ineffable, trouvé tout naturellement, découvert nécessairement. Il n'a pas été besoin de l'inventer à force de tête. Il résulte inévitablement de la seule séparation du sujet d'avec l'attribut. Ce n'est point avec les autres éléments du discours, en en combinant habilement plusieurs ensemble, qu'on a formé le verbe. Nous allons, au contraire, les voir tous sortir successivement de sa décomposition, comme il naît lui-même de la restriction apportée à la signification de l'interjection. Le verbe est donc une interjection n'exprimant plus que l'attribut. Aussi n'a-t-il aucun sens, n'exprime-t-il aucun jugement sans un sujet; comme aussi le sujet n'exprime aucun jugement sans un verbe.

Il suit de là, 1°. que le verbe, différent en cela du nom et du pronom, n'exprime point, comme eux, une idée existante par elle-même dans notre esprit, indépendamment de toute autre, c'est-à-dire sous la forme d'un sujet; 2°. qu'il n'exprime pas seulement cette idée comme pouvant exister dans une autre, comme destinée à y exister et à la modifier, ainsi que le font nos simples adjectifs qui ne sont que des modificatifs; 3°. qu'il exprime l'idée qu'il représente comme existante réellement et positivement dans une autre, comme en étant l'attribut, et que, par conséquent, il renferme l'idée d'existence.

Tirons de ces données plusieurs conséquences importantes. Puisque le verbe exprime l'idée qu'il représente comme existante, il est susceptible de temps et de modes[a].

Puisqu'il l'exprime sous forme attributive, il doit se conformer à son sujet pour le nombre et pour la personne. Aussi, dans les langues perfectionnées, lui donne-t-on différentes désinences qui expriment ces circonstances et qui complètent sa signification en la déterminant et en marquant sa relation à son sujet. Quand il est dépourvu de ce complément d'expression, il est dit au mode indéfini et nous l'appelons participe. Je crois avoir dit quelque part que c'est là sa forme primitive. Cela ne veut pas dire que ce soit la première qu'il ait revêtue dans le langage; au contraire. Mais c'est celle qu'il a lorsqu'il n'exprime que son idée principale; celle à laquelle il arrive quand on l'a dépouillé successivement de tous les accessoires de personne, de nombre et de mode. C'est par conséquent la dernière qu'il doit avoir prise; car on commence toujours par les composés.

Tout verbe à un mode défini est donc un attribut; c'est-à-dire exprime qu'une manière d'être est attribuée à un sujet; et tout attribut est un verbe, ou du moins renferme un verbe. Toujours il consiste à dire qu'un sujet existe en général, ou existe de telle manière particulière.

Cela nous conduit à reconnaître que c'est bien à tort qu'on a établi mille distinctions entre les verbes, qu'on a admis des verbes d'action, de passion, d'état, etc. Il est manifeste que tous les verbes sont des verbes d'état, puisque tous ne font autre chose que dire qu'un sujet est d'une manière ou d'une autre. Que cette manière d'être soit transitoire ou permanente, passagère ou durable; qu'elle consiste à faire ou à souffrir, à recevoir ou à produire, peu importe : ce n'est toujours qu'une manière d'être, qu'un

a. Il n'est peut-être pas inutile d'insister ici sur une idée que j'ai déjà énoncée ci-dessus (chap. II) et qui a dû surprendre, parce qu'elle n'est pas ordinaire ; je crois même que c'est une réflexion qui n'avait pas encore été faite. La voici : puisque c'est la propriété de renfermer l'idée d'existence qui rend le verbe susceptible de temps et de modes, les noms doivent en être susceptibles aussi, car ils nous représentent l'idée qu'ils expriment comme douée d'une existence réelle, au moins dans notre pensée. Aussi cela est-il; mais nous ne nous en apercevons pas, parce qu'ils sont toujours au même temps et au même mode ; car de cela seul que le nom d'une idée est prononcé, elle est énoncée être actuellement existante dans la pensée de celui qui parle. Donc tout nom est toujours au présent du mode indicatif et ne peut jamais être à un autre temps ni à aucun autre mode. Il n'y a que l'attribut que l'on juge être dans ce sujet qui puisse y être dans différents temps et suivant différents modes ; et voilà pourquoi ce n'est que dans le verbe que nous remarquons des temps et des modes ; mais tout nom prononcé renferme toujours le temps présent et le mode indicatif.

état. Tous les verbes sont semblables à cet égard. Que l'on dise, *je dors*, *j'aime*, *je suis vaincu*, *je frappe* ou *je suis las*, on dit toujours, je suis d'une manière ou d'une autre. Cela est si vrai que le même verbe, suivant la manière de l'employer, peut paraître successivement appartenir à chacune de ces divisions arbitraires. Car si je dis, *je souffre*, je ne peins réellement qu'un état; si je dis, *je souffre une grande douleur*, je parais exprimer une espèce d'action qui consiste à éprouver, à ressentir une grande douleur; et si je dis, *je souffre de ma blessure*, je semble représenter une affection, une passion, une impression que je reçois de ma blessure. Mais tout cela est fort inutile à distinguer.

La seule différence utile à remarquer dans les verbes est celle-ci. C'est celle qui consiste à être composée d'un ou de plusieurs mots. En effet, à l'origine du verbe, lorsqu'il naît pour ainsi dire de l'interjection, par la seule cause que l'on sépare de celle-ci le sujet de la proposition, et qu'on la restreint à ne plus exprimer que l'attribut; à cette époque, dis-je, les verbes sont tous composés d'un seul signe, mais d'un signe qui renferme deux idées, savoir : l'idée générale d'existence et l'idée particulière d'une certaine espèce d'existence, et qui représente ces deux idées sous forme attributive. Ensuite le besoin d'exprimer en général qu'un sujet *est*, existe, sans dire comment, a fait imaginer le verbe *étant*, *existant*[a]; et d'une autre part, on s'est avisé de créer des adjectifs, c'est-à-dire de former des signes qui représentent toutes les idées sous forme attributive, comme pouvant exister dans d'autres, mais comme n'étant pas dites y exister. Alors, en réunissant ces adjectifs avec le verbe *étant*, on a fait tous les verbes qu'on a voulus, tous les attributs possibles, et tous différents entre eux comme le sont les divers adjectifs qui les composent. *Je suis faible*, *je suis malheureux*, sont donc des verbes, comme *je cours* ou *je marche*. Seulement ils sont formés de deux signes au lieu d'un; les parties composantes sont séparées au lieu d'être confondues. Voilà toute la différence.

Ceci nous montre combien il est ridicule de dire que *je suis aimé* est le même verbe que *j'aime*, en est la voix passive. *J'aime* n'est autre chose que *je suis aimant*. *Je suis aimé* est le verbe *étant*, l'attribut commun, uni à un autre adjectif. C'est une chose toute différente; c'est un autre verbe. *Je suis lassé* est aussi différent de *je lasse* que *je suis las*.

a. *Être* et *exister* ne sont pourtant pas parfaitement synonymes. *Être* exprime plus ordinairement l'existence intellectuelle, abstraction faite de sa réalité hors de notre esprit, et *exister* peint plus particulièrement l'existence positive et réelle, indépendamment de nous.

Au reste, cette erreur, comme toutes les erreurs généralement répandues, a une raison spécieuse, au moins dans notre langue ; et il est bon de la développer, parce qu'elle jettera un grand jour sur l'artifice des conjugaisons des verbes et sur l'usage des verbes auxiliaires dans ces conjugaisons.

Nous avons vu que parmi nos adjectifs, l'adjectif *étant* est le seul qui renferme l'idée d'existence, puisque c'est sa signification propre, et que cette propriété de renfermer l'idée d'existence est ce qui fait qu'il n'est pas un simple adjectif, mais un vrai participe, c'est-à-dire un verbe au mode adjectif.

Nous avons vu de plus que, comme exprimant l'idée d'existence, lui seul pouvait avoir des temps ; car il n'y a que l'existence qui soit susceptible de durée et, par conséquent, d'époques dans la durée.

En conséquence de cela, ce participe, ce verbe au mode adjectif, a deux formes différentes ; *étant* pour le présent, et *été* pour le passé. Il ne cesse pas, pour cela, d'être le même signe. Il est toujours l'expression de la qualité du sujet qui *est*, soit dans le présent, soit dans le passé. Il n'y a là ni action, ni passion ; c'est toujours un état, et le même état dans des époques différentes. Il n'y a point changement de mode ; c'est toujours le mode indéfini, sous forme adjective. Enfin, on ne peut nier que *étant* et *été* sont la même chose, à la seule différence près du temps. Ainsi ce sont deux formes du même signe.

Cette propriété d'avoir une forme pour le présent et une autre pour le passé, dérivant de celle de renfermer l'idée d'existence, le verbe *étant* la communique à tous les adjectifs dans lesquels il est inclus et que, par cette raison, nous appelons participes, ou verbes au mode participe. Ainsi le participe *aimant* est *aimant*, quand il signifie *étant aimant* ; et il devient *aimé* quand il signifie *été aimant*. De même, *désirant* devient *désiré*, quand il signifie *été désirant* ; *frappant* devient *frappé*, quand il signifie *été frappant*, etc.

Mais ce serait très à tort que l'on confondrait cette forme passée d'un participe avec ce que l'on appelle improprement le participe passif qui y correspond. Ce prétendu participe passif est une chose absolument différente. Il n'indique pas le passé, comme la forme du participe actif à laquelle il ressemble ; et il n'a rien de commun avec lui, que de représenter la même action sous un point de vue opposé, c'est-à-dire d'exprimer une idée corrélative, mais différente. Il ne faut donc pas que la ressemblance de son qui existe dans notre langue et dans quelques autres en impose et fasse confondre deux choses absolument et essentiellement étrangères l'une à l'autre.

Exemples tirés des verbes *aimant* et *aimé*, lesquels sont des verbes absolument différents l'un de l'autre.

VERBE *aimant*

Quand je dis,	*J'aime*,
je dis,	*Je suis aimant*, ou *étant aimant*,
Quand je dis,	*J'ai aimé*,
je dis,	*Je suis ayant été aimant.*

VERBE *aimé*

Quand je dis,	*Je suis aimé*,
je dis,	*Je suis aimé*,
Quand je dis,	*J'ai été aimé*,
Je dis,	*Je suis ayant été aimé.*

On voit bien dans ces exemples la différence d'*aimé*, participe passif, comme on l'appelle, et d'*aimé*, participe actif passé. Celui-ci, quand on le décompose, signifie toujours *été aimant*, et l'autre *étant aimé*; ou plutôt ce dernier ne signifie jamais que *aimé*. Il ne renferme jamais ni l'adjectif *étant*, ni l'adjectif *été*, lesquels sont compris dans les différentes formes du verbe auxiliaire auquel il est joint. Il n'est donc pas un vrai participe. Il est, au moins dans notre langue, un simple adjectif qui a besoin du verbe auxiliaire *étant* pour former un véritable verbe. Il forme avec ce verbe un verbe composé de deux mots, comme ferait *amoureux*, *las*, *faible*, ou tout autre adjectif.

Cette remarque nous fait voir en passant pourquoi, dans notre langue et autres semblables, le soi-disant participe passif se conforme au nombre et au genre du sujet, comme doit faire un adjectif, tandis que le véritable participe passé demeure invariable, parce que sa terminaison est uniquement destinée à toujours et immuablement indiquer qu'il renferme le participe passé *été*.

Je pense aussi que cela nous conduit à reconnaître que les gérondifs et les supins, dans les langues où on en admet, ne sont que des manières particulières d'employer substantivement ou adverbialement les participes et les infinitifs passés, présents et futurs, et que ce sont des locutions qui ne méritaient pas un nom à part. C'est aussi, suivant moi, ce qui résulte de l'examen approfondi que l'on en fait dans la *Grammaire générale* et surtout dans la méthode latine de Port-Royal, et dans la *Grammaire générale* de Beauzée; quoique ce ne soit pas la conclusion qu'en tirent ces grammairiens. Nous y reviendrons quand nous parlerons des déclinaisons des verbes.

Mais ce que cette observation nous découvre de plus important, c'est que, comme je l'ai annoncé, dans tout verbe, qu'il soit composé d'un signe ou de deux, nous trouvons toujours deux éléments, savoir, le verbe *étant* et un adjectif simple. Quand ces deux éléments sont réunis dans un seul signe, ce signe est un verbe; quand ils sont séparés, il n'y a souvent que le premier signe qui soit verbe, l'autre est un pur adjectif.

Au demeurant, soit que l'on ne veuille donner le nom de verbe qu'au verbe *étant*, soit que l'on accorde ce nom à tous les mots qui renferme ce verbe et un adjectif, et que par cette raison on appelle communément verbes adjectifs, soit qu'on l'étende à tous les signes composés de deux mots, dont l'un est le verbe simple *étant* et l'autre est un adjectif (et dans ce troisième cas, il faut comprendre sous ce nom non seulement nos verbes appelés passifs, mais encore la réunion du verbe *étant* avec tous les adjectifs possibles), quelque parti, dis-je, que l'on prenne à cet égard, il reste toujours constant que ces signes n'ont la qualité de verbes qu'autant qu'ils renferment le verbe *étant*; que c'est lui qui la leur communique; que cette qualité consiste à renfermer l'expression de l'existence sous forme adjective et à pouvoir par conséquent être l'attribut d'un sujet; que par suite les verbes sont les seuls mots qui ne soient pas seulement des parties d'attribut mais qui puissent être à eux seuls des attributs complets, comme les noms sont les seuls mots qui puissent être à eux seuls des sujets complets; et qu'enfin les verbes se forment tout naturellement des interjections dès que les noms sont inventés; ou plutôt que les interjections deviennent nécessairement des verbes, dès que, par l'adjonction d'un nom, elles cessent d'exprimer le sujet de la proposition et se trouvent réduites à n'en plus exprimer que l'attribut.

Voilà donc la nature et l'origine des verbes bien expliquées, et les premiers pas de la formation du langage bien reconnus. Je crois qu'il ne doit plus rester de doute sur ces points.

Ajoutons encore un mot en finissant. C'est que le verbe, comme verbe, forme toujours un attribut complet. Il dit qu'un sujet *est*, et c'est là un sens, un jugement achevé. Souvent même, il dit, d'une manière absolue et complète, que ce sujet est de telle manière, comme dans ces propositions, *je souffre*, *je marche*, *je suis las*, etc.; et c'est encore là un sens fini. Lorsqu'il indique le besoin d'un complément, comme dans ces phrases, *je désire*, *je tâche*, et autres semblables, ce n'est pas comme verbe qu'il a besoin de ce complément, c'est en vertu de la signification particulière de l'adjectif qui entre dans sa composition. Ce que l'on appelle communément le régime des verbes (et à mon sens cette expression est très mauvaise), n'est donc réellement que le complément de la signification de l'adjectif dont ils sont composés. Ce régime est donc bien loin d'être le véritable attribut de la proposition, comme on le dit souvent très à tort. Il en est si loin qu'il n'est que le complément de l'accessoire de l'attribut. Cela était bien bon à remarquer; car il arrive fréquemment, dans les analyses grammaticales, que le nombre des signes fait illusion, et qu'on regarde comme important le plus mince accessoire, parce qu'il est composé de beaucoup de mots; tandis qu'on méconnaît une partie principale de la proposition, parce qu'elle n'est représentée que par un petit signe qui, souvent même, n'est pas uniquement consacré à elle seule. C'est dans tous les genres que l'on juge trop souvent des êtres par l'espace qu'ils occupent, plus que par leur valeur intrinsèque. Cela n'arrive plus quand on démêle bien les idées qu'ils renferment. Passons aux autres éléments de la proposition.

PARAGRAPHE IV

Des adjectifs et des articles

Nous avons trouvé dans les mots qui composent les langues parlées, les interjections qui expriment des propositions tout entières, les noms et pronoms qui expriment les sujets des propositions, et les verbes qui expriment les attributs de ces mêmes propositions. Ainsi, nous avons déjà reconnu tous les éléments nécessaires du discours. Il nous reste à voir ceux qui, sans être absolument indispensables, sont néanmoins fort utiles. Parmi ceux-là, ceux qui tiennent le premier rang, et qui vraisemblablement ont été inventés les premiers, ce sont les adjectifs. Ils ont deux fonctions, celle de modifier les noms et pronoms et, par conséquent, de multiplier le nombre des sujets de proposition réellement distincts; et celle de se joindre au verbe *étant* et, en le modifiant aussi, de former avec lui toutes sortes de verbes composés, toutes d'attributs différents. Ils seraient donc mieux nommés des modificatifs que des adjectifs; car ils n'ajoutent pas toujours à l'idée première, souvent ils retranchent ou restreignent, mais toujours ils modifient. Au reste, joindre à une idée, même une restriction, c'est encore ajouter un élément de plus dans sa composition; ainsi, la dénomination d'adjectif peut être approuvée.

Il est sans doute impossible de déterminer précisément la génération de chacun de ces adjectifs et d'affirmer positivement s'ils ont été formés d'un nom, en substituant seulement la forme adjective à la forme subjective, ou d'un verbe, en [en]* retranchant l'idée d'existence. Mais on peut assurer en général qu'on n'a imaginé les adjectifs qu'après avoir fait usage des noms et des verbes; quoiqu'ensuite de nouveaux noms et de nouveaux verbes puissent être nés de certains adjectifs. C'est ainsi que les langages vont toujours se perfectionnant et se raffinant par une multitude d'additions successives, dont les dernières réagissent sur les premières, en se combinant avec elles pour former de nouveaux composés; et cela en proportion de nouvelles idées qui s'engendrent dans nos têtes, lesquelles s'y forment par les mêmes moyens et de la même manière, comme nous l'avons vu dans la première partie.

Les adjectifs ou modificatifs se partagent en deux classes très distinctes; et cette division est fondée sur ce qu'il y a deux manières de modifier une idée, savoir, dans sa compréhension ou dans son extension.

La compréhension d'une idée consiste dans le nombre des éléments qui la composent, dans celui des idées dont elle est formée ou extraite. Son extension consiste dans le nombre des objets auxquels elle est appliquée actuellement, parmi tous ceux auxquels elle convient, et dans la manière dont ils sont considérés. Ainsi les adjectifs, *pauvre*, *faible*, *maigre*, modifient une idée dans sa compréhension; car, si je les joins à l'idée *homme*, j'ajoute à toutes les idées qui composent cette idée *homme*, les idées de pauvreté, de faiblesse, de maigreur, qui n'entrent pas nécessairement dans sa formation.

Au contraire, les adjectifs, *le*, *ce*, *tout*, *un*, *plusieurs*, *chaque*, *quelque*, *certain (quidam)*, et autres semblables, modifient une idée dans son extension; car si je les joins à cette même idée *homme*, il la détermine à être appliquée aux individus à qui elle peut convenir, ou d'une manière indéfinie, ou avec précision, ou collectivement, ou distributivement, ou en totalité, ou partiellement.

Il est même à remarquer que dans nos langues exactes, on ne modifie point une idée dans sa compréhension qu'auparavant on ne l'ait modifiée dans son extension, c'est-à-dire que l'on n'ait scrupuleusement déterminé l'étendue et le mode de cette extension dans le cas particulier dont on veut parler. Ainsi, vous ne joindrez pas l'adjectif *pauvre* à l'idée *homme*, avant

* Omis dans les éditions de 1817 et de 1825.

d'avoir exprimé à quels individus ce mot s'applique; vous ne direz pas *homme pauvre*, mais *l'homme pauvre* ou *tout homme pauvre*, ou *certain homme pauvre*, etc., etc.; car avant de rien ajouter à une idée, il faut l'avoir rigoureusement circonscrite, sans quoi ni l'idée première, ni celle qu'on y ajoute ne peuvent faire un tout bien déterminé.

De même, et par la même raison, il faut également prendre cette précaution avant de faire d'une idée le sujet d'une proposition, avant de lui donner un attribut; car cet attribut pourrait fort bien lui convenir dans un certain mode de son extension et ne pas lui convenir dans un autre. Ainsi on peut dire *cet homme est malade*, et on ne pourrait pas dire *tout homme est malade*; aussi voyez-vous qu'aucun nom n'est le sujet d'une proposition sans être accompagné d'un de ces adjectifs de la seconde classe, à moins toutefois que l'extension de ce nom ne soit susceptible d'aucune variation, comme celle des noms propres ou des noms de personne qu'on appelle pronoms personnels[a].

Par une conséquence des mêmes causes, un nom peut être quelquefois employé dans un attribut, sans qu'il soit besoin de déterminer son extension, parce qu'alors l'extension du sujet décide de l'extension de l'attribut. Ainsi l'on peut dire *l'homme est animal*, *cet homme est plante*, *certains hommes sont machines*, car l'extension vague de ces mots *animal*, *plante*, *machines*, est déterminée par le sujet. Ces noms sont alors dans le même cas que les adjectifs de la première classe, que l'on ne circonscrit jamais par des adjectifs de la seconde, parce qu'ils n'ont point d'extension qui leur soit propre: ils n'en ont pas d'autre que celle du nom auquel ils se rapportent.

Par une suite des mêmes considérations, il y a encore une circonstance où un nom peut être employé comme partie d'un sujet ou d'un attribut, sans aucune détermination de son extension: c'est lorsque cette extension ne fait rien au sens et que sa compréhension seule y contribue. Ainsi on dit,

a. Le nom propre ne doit jamais être accompagné de semblables adjectifs. Il y a cependant deux cas dans notre langue où cela lui arrive; l'un quand on l'emploie au pluriel, comme quand on dit: LES DESCARTES, LES NEWTON; mais alors il est réellement employé comme nom général, comme nom de classe.

L'autre, quand il est modifié par un adjectif de la première classe; ainsi on dit: ANTOINE A DIT CELA, et on dit: LE BON ANTOINE, LE PAUVRE ANTOINE A DIT CELA; mais dans ce second cas, il me semble que c'est vraiment sans raison que l'usage le décide ainsi; car quoique la compréhension du mot *Antoine* soit modifiée, son extension n'en est pas moins fixe, et n'a pas pour cela besoin d'être déterminée d'une manière plus particulière que dans toute autre circonstance.

un homme élevé avec soin, j'ai été reçu avec politesse, parce que dans ce cas l'extension des noms *soin* et *politesse* est indifférente ; on veut dire seulement, *un homme élevé d'une manière soignée, j'ai été reçu d'une façon polie*. Aussi, comme nous le verrons bientôt, a-t-on inventé des mots pour exprimer ces circonstances par un seul signe invariable, dont l'extension n'est susceptible ni d'augmentation, ni de diminution. Toutefois, si ces noms employés comme parties d'un sujet ou d'un attribut doivent être eux-mêmes modifiés dans leur compréhension, ils rentrent dans la règle générale, et il faut auparavant que leur extension soit déterminée. Ainsi, on ne peut pas dire, *un homme élevé avec soin recherché, j'ai été reçu avec politesse qui m'a charmé* : il faut avec *un* soin, avec *une* politesse. Voilà ce que nous avions à remarquer sur l'extension et la compréhension des idées.

Il y a donc des adjectifs de deux genres très différents : ceux qui modifient les idées dans leur compréhension et ceux qui les modifient dans leur extension. Les premiers, outre qu'ils modifient les noms, peuvent aussi modifier le verbe *être* et former avec lui tous les verbes composés ; mais les derniers ne peuvent modifier que les noms, parce que les noms sont les seuls signes qui aient une extension qui leur soit propre.

Je sais que parmi ces adjectifs que j'appelle déterminatifs, il y a beaucoup de mots que l'on range ordinairement dans différentes classes ; les uns sont nommés des pronoms, d'autres des noms de nombre, d'autres des adjectifs tout simplement, d'autres enfin des articles, et ce sont ceux-là seuls à qui l'on attribue les propriétés que je reconnais dans tous. Mais, encore une fois, peu m'importe les dénominations. Puisque tous remplissent des fonctions du même genre, et n'en remplissent pas d'autres, ils sont de même nature et je me sens obligé de les réunir.

Cette manière d'envisager les adjectifs déterminatifs décide tout d'un coup cette grande question de savoir si les Latins avaient ou n'avaient pas d'articles ; car, comme il est évident que souvent leur pronom *ille* sert à déterminer l'extension d'un nom, et non pas à le remplacer, et que beaucoup d'autres de leurs adjectifs ou pronoms font le même effet, ainsi que les nôtres, il est manifeste qu'ils avaient des articles, si l'on appelle cela des articles ; et tout se réduit à dire que dans l'usage, souvent ils négligeaient de déterminer l'extension de noms qui peut-être en avaient besoin, tandis que nous, nous prenons souvent cette précaution dans des cas où nous pourrions nous en passer. Quelquefois les uns manquent d'une exactitude rigoureuse, et quelquefois les autres disent des mots inutiles ; mais les uns et les autres emploient les mêmes procédés principaux pour exprimer leurs pensées et ont les mêmes éléments du discours pour y parvenir.

Quoi qu'il en soit, voilà je crois la naissance, l'usage et la distinction des deux espèces d'adjectifs qui existent dans toutes les langues; il reste seulement à remarquer que la plupart de ceux de la seconde espèce ont dû être les derniers inventés, car la grande justesse de l'expression ne peut être que l'effet de perfectionnements successifs; et il nous suffira d'ajouter que tous ces adjectifs doivent également suivre toutes les variations de genre, de nombre et de cas des noms auxquels ils se rapportent; car les idées qu'ils expriment sont représentées comme ne pouvant exister que dans celles dont les noms sont les signes. Nous ne nous étendrons pas davantage sur ce sujet.

PARAGRAPHE V

Des prépositions

En suivant méthodiquement et graduellement la génération des signes de nos idées, nous voici arrivés à un élément du discours qui est extrêmement remarquable; non seulement il joue un rôle très important qui lui est propre, mais il entre comme élément dans la formation et la signification de presque tous les autres avec lesquels il s'incorpore et dont il devient partie intégrante. Il est donc sinon absolument nécessaire, du moins bien essentiel.

En effet, avec des noms, le verbe *être* et des adjectifs, il semble qu'à la rigueur on peut rendre toutes ses idées, puisque le discours n'est jamais composé que de propositions, les propositions que de sujets et d'attributs, et qu'avec ces seuls moyens on peut former tous les sujets et tous les attributs que l'on veut[a]. Cependant, il faut prendre garde que si le verbe *être* a toujours un sens absolu et n'a jamais besoin d'aucun complément, et si tous les autres verbes qui tiennent de lui toutes leurs propriétés sont dans le même cas, en tant que verbes, et par conséquent n'ont point de ce que l'on appelle *régime*, comme nous l'avons déjà observé, il n'en est pas de même des noms et des adjectifs. Beaucoup des uns et des autres expriment des idées qui ont tantôt un sens absolu, tantôt un sens relatif, c'est-à-dire un sens qui indique le besoin de leur adjoindre le nom d'une idée pour former

a. J'observe qu'on en pourrait dire autant des interjections elles-mêmes, si on en avait une distincte pour chacune de toutes les propositions imaginables. Elles seules suffiraient sans doute, mais qui les imaginerait, les retiendrait et les comprendrait? Ce n'est point ainsi qu'opère l'esprit humain. Avec un petit nombre d'éléments primitifs, il forme successivement toutes ses idées composées et tous ses signes composés, et c'est ce qui fait que les idées s'enchaînent entre elles et les signes entre eux; qu'une idée se lie à une autre idée et un signe à un autre signe, et que les uns et les autres se rappellent mutuellement.

ensemble une idée complète. Par exemple, on peut bien dire, *un bon fruit est une bonne chose*, et le sens est complet; mais on peut vouloir dire, *le fruit de tel arbre est bon à telle chose*, et n'avoir pas un nom pour dire d'un seul mot *le fruit de tel arbre*, ni un adjectif pour dire d'un seul mot *bon à telle chose en particulier*. Pour rendre ces deux idées, il faut donc avoir un moyen de lier le nom de cet arbre au mot *fruit* et le nom de cette chose au mot *bon*. Ce besoin a dû se faire sentir de très bonne heure, lors de l'origine du langage, et suivre immédiatement l'invention des premiers noms et des premiers adjectifs.

Il y a des langues qui remplissent jusqu'à un certain point cet objet, comme elles marquent les genres et les nombres par le moyen de ce qu'on appelle les déclinaisons; c'est-à-dire que, par certains changements de désinence appelés *cas*, elles indiquent quelques-uns des rapports des noms et des adjectifs avec d'autres noms; mais beaucoup de langues n'ont point de cas, et celles qui en ont n'en ont qu'un petit nombre, tandis que les divers rapports qu'une idée peut avoir avec une autre sont extrêmement multipliés; ainsi, les cas ne peuvent exprimer qu'en général les principaux de ces rapports. Par exemple, le génitif indiquera généralement le rapport de génération et d'appartenance, le datif celui d'attribution et de donation, l'accusatif celui de tendance et de dépendance, etc., etc.; mais cela ne suffit pas. Aussi, dans toutes les langues, même dans celles qui ont des cas, on a senti le besoin de mots distincts, séparés des autres, et expressément destinés à cet usage[a]. Ces mots sont un élément particulier du discours; ils sont ce que l'on appelle des prépositions. Elles sont en grand nombre, ces prépositions, et encore, dans aucune langue, il n'y en a autant que de rapports divers entre les noms; mais chacune d'elles, par dérivations et par métaphore, a reçu une multitude de sens différents, quoique analogues, et elles suffisent ainsi à l'expression. Il y a donc dans toutes les langues, une ou deux exceptées, des prépositions telles que nous les connaissons en français, dont la fonction est d'unir un nom ou un adjectif à un autre nom qui lui sert de complément.

D'ailleurs, dans les langues mêmes qui opèrent cet effet par des déclinaisons, comment devons-nous considérer ces syllabes désinentielles qui forment ce qu'on appelle des *cas*? Pour moi, il m'est très évident que ce

a. Exceptez cependant les langues basque et péruvienne, dont les noms ont des cas si variés qu'elles n'ont point de prépositions et qu'elles marquent, par des changements de désinence, tous les rapports qui, dans les autres langues, sont exprimés par des mots particuliers. Voyez le *Supplément à la Grammaire générale*, par Froment, et l'*Encyclopédie méthodique*, par Beauzée.

sont de véritables prépositions: elles en ont le caractère et la fonction, puisqu'elles marquent le rapport du nom auquel on les ajoute avec un autre nom ou un adjectif. On me dira que ces syllabes n'ont point de complément ou de régime, comme les prépositions ordinaires; d'accord: du moins elles n'en ont point d'apparents, mais elles en ont un réel : leur véritable régime est le nom auquel elles sont jointes. Assurément, dans *cupido dignitatum*, *dignitas* est vraiment le mot que la finale *tum* joint avec *cupido*[a].

Il y a plus; si l'on remonte à l'état primitif de toutes les langues, que trouvera-t-on à leur origine? Quelques cris plus ou moins articulés, que nous avons appelés *interjections*; quelques mots, la plupart monosyllabes, formés le plus souvent par onomatopée et servant de noms, voilà ce que nous y voyons[b]. Comment considérerons-nous toutes ces syllabes qui ont été successivement surajoutées aux signes originaires, qui forment tous les dérivés de ces radicaux primitifs, et au moyen desquels les uns et les autres sont devenus, suivant le besoin, des verbes, des adjectifs, des adverbes, etc. ? Pour moi, je déclare que je les regarde comme de vraies prépositions; et je crois que tout le monde en conviendra, quand j'aurai montré que, dans tous les cas, les prépositions ne sont autre chose que des adjectifs devenus indéclinables, et que j'aurai expliqué pourquoi les adjectifs employés comme prépositions sont nécessairement indéclinables.

Voilà donc trois effets des prépositions qui sont bien distincts, mais qui ont beaucoup d'analogie entre eux. Le premier, qu'elles produisent en demeurant des mots séparés de tout autre, c'est de marquer certains rapports entre un nom et un autre nom, ou un adjectif, soit simple, soit combiné avec le verbe *être*; le second, qu'elles ne produisent qu'en s'unissant intimement à un autre mot, dont elles deviennent la syllabe désinentielle, est de remplir à peu près le même objet, en formant ce qu'on appelle les cas des déclinaisons. On peut ajouter à ces cas les syllabes qui constituent les conjugaisons, lesquelles sont absolument du même genre.

a. Il n'est pas inutile d'observer que c'est là le moyen que les hommes paraissent avoir imaginé le premier pour marquer le rapport d'un nom avec un autre; du moins, plus les langues sont anciennes et primitives, plus on y voit des déclinaisons, et moins on y trouve des prépositions séparées. En effet, cet usage des syllabes désinentielles est un artifice tout à fait semblable à celui par lequel on unit deux mots primitifs pour former un dérivé ou un composé, moyen dont on a dû se servir dès l'origine du langage.

b. S'il s'agit de tout autre langage que les langues vocales, on trouve de même quelques signes primitifs faisant les mêmes fonctions, dont ensuite tous les autres dérivent suivant les mêmes lois.

Le troisième, qu'elles ne produisent de même, à très peu d'exception près[a], qu'en s'incorporant avec le mot qu'elles modifient, est de former tous les composés et dérivés des radicaux primitifs de toute langue. Cette dernière propriété, si capitale, devrait plutôt les faire nommer *compositions* que *prépositions*, désignation toujours insignifiante et souvent fausse.

Maintenant que j'ai exposé les usages et les caractères des prépositions, telles que je les conçois, je dois expliquer pourquoi, encore que je regarde comme des prépositions ces syllabes qui composent tous les dérivés des noms radicaux, même celles qui sont nécessaires pour que ces noms primitifs deviennent des verbes, des adjectifs, etc., pourquoi, dis-je, je n'ai pas fait de la préposition le premier élément de la proposition après le nom, comme il semble que je l'aurais dû, puisque je prétends qu'elle est nécessaire à la formation de tous les autres. Voici mes raisons.

D'abord, quand les hommes ont imaginé de joindre à un radical une syllabe ou un autre mot, pour que ce mot primitif, de nom qu'il était, devînt adjectif ou verbe, je pense bien qu'en effet cette syllabe ou ce mot ajoutés étaient, par cela même, employés comme prépositions, étaient dès lors de vraies prépositions; cependant, comme cette syllabe ou ce mot cessaient dès ce moment de faire un mot à part, n'étaient plus qu'une portion du nouveau composé, on ne peut pas dire qu'ils fussent un véritable élément du discours, distinct des autres. Il n'y a donc eu réellement dans le discours un nouvel élément qu'on pût appeler *préposition*, que quand des mots, séparés et distincts de tout autre mot, ont été employés à exprimer un rapport entre un nom et un autre nom, ou un adjectif, ou un verbe.

D'ailleurs, je ne crois pas que ces mots, employés, soit à composer des mots nouveaux, soit à modifier les anciens, soit à unir un mot à un autre par une idée de rapport, en un mot à faire les fonctions de prépositions, je ne crois pas, dis-je, que ces mots aient été, dans l'origine, de vains sons pris arbitrairement. Je pense, au contraire, comme je l'ai annoncé, que ce sont des adjectifs déjà existants, ou des noms pris adjectivement, auxquels on a, par une nouvelle altération, fait jouer un nouveau rôle dans le discours. Ainsi, la préposition n'est proprement qu'un élément secondaire qui n'a pu être introduit dans le langage qu'après l'invention du nom, du verbe et de l'adjectif. Pour rendre cette raison plus plausible, c'est ici le moment

a. Je dis à quelques exceptions près, parce qu'il y a des langues où certains dérivés, surtout parmi les verbes, sont composés du primitif et d'une préposition qui en demeure séparable dans beaucoup d'occasions.

d'exposer comment je conçois qu'un adjectif ou un nom est devenu une préposition.

Les premiers adjectifs, ce me semble, ont dû être de simples noms que l'on aura mis à côté d'un autre pour le modifier. Ainsi, on aura dit, *un homme-amour*, pour dire *un homme amoureux*. Ensuite, ou ces deux mots seront restés unis, et voilà un dérivé créé, et le mot *amour* devenu tout de suite préposition composante; ou ils seront demeurés séparés et, pour mieux indiquer le nouveau rôle que joue là ce nom *amour*, on lui aura ajouté une syllabe. Cette syllabe aura vraisemblablement été un autre nom dont la signification particulière était propre à indiquer la fonction adjective du mot *amour*. Telle est, par exemple, la syllabe *ant* de nos participes présents, qui est évidemment l'*ens* des Latins, qui exprime l'existence. Telle est peut-être aussi la syllabe *eux* elle-même. Du moins M. Butet, dans sa *Lexicologie*, remarque-t-il qu'elle exprime toujours abondance, plénitude. Les adjectifs ainsi composés, ou de telle autre manière à peu près semblable, il est aisé d'entendre comment ceux d'entre eux, ou des noms pris adjectivement, qui exprimaient une idée de relation, ont pu devenir de vraies prépositions séparées et distinctes de tout autre élément du discours.

Notre mot *près* m'en fournira un exemple d'autant meilleur qu'il est dans un état d'indécision qui montre toutes les nuances de cette transmutation. Dans cette phrase, *je suis là tout près*, on peut dire que *près* est adverbe, puisqu'il tient lieu d'une préposition et d'un nom et qu'il remplace ces mots : *dans le voisinage*, *à proximité*. Mais, sans anticiper sur ce que nous avons à dire des adverbes, on pourrait fort bien soutenir aussi qu'il est un adjectif, ou du moins un nom pris adjectivement, et qu'il veut dire, *je suis là tout voisin, tout proche*. Dans cette autre phrase, *je suis près de vous*, cette manière de le considérer devient encore plus plausible. Sans doute, on peut le regarder comme une préposition qui en exige une autre; mais on a encore plus de raison de penser qu'il est un véritable adjectif, synonyme de *voisin*, *de proche*. *Je suis près de vous* signifie bien exactement, *je suis voisin de vous*, *je suis proche de vous*. Enfin, dans cette troisième phrase que l'usage autorise aussi, et qu'il pourrait approuver encore plus formellement, *je demeure près la porte de la ville*, *près* est bien évidemment une préposition, comme *sur* dans celle-ci, *je demeure sur la rue*. Voilà, suivant moi, par quelle gradation certains noms et certains adjectifs ont pu et dû devenir des prépositions.

Notre préposition *vers* viendra encore à l'appui de cette idée. Elle dérive bien évidemment de *versus* (tourné), participe de *vertere*, et de *versùs*, que les dictionnaires qualifient d'adverbe gouvernant l'accusatif, et qui me paraît, à moi, être une vraie préposition; mais je suppose qu'au lieu d'elle, nous eussions pris des Latins l'adjectif *versé* pour *tourné*, nous aurions dit d'abord, *je marche, (versé) la maison*, et ensuite, *je marche vers la maison* [a].

Dans les langues anciennes, qui ont presque tout tiré de leur propre fonds, cette transmutation des adjectifs en prépositions est manifeste. Souvent c'est le même mot, comme *versus* et *versùs*, qui n'a fait que changer de manière d'être employé. A la vérité, nos langues modernes qui sont, pour ainsi dire, formées de toutes pièces, laissent apercevoir moins facilement les étymologies et les dérivations. Cependant, M. Horne-Toocke, grammairien, vraiment philosophe [b], est parvenu à retrouver l'origine de presque toutes les prépositions de la langue anglaise et à prouver qu'elles venaient toujours de noms ou d'adjectifs anciens. De semblables recherches, complétées et étendues à toutes les langues, seraient sans doute très utiles à beaucoup d'égards et prouveraient par les faits ce que nous venons d'établir par la théorie et en suivant la génération des idées; mais elles sortiraient également de la sphère de mes connaissances et du plan de cet ouvrage. Je me bornerai donc à ce que j'ai dit ci-dessus.

J'observerai seulement qu'il est dans la nature de l'homme impatient d'exprimer ses idées, d'abréger le discours le plus possible, et surtout les mots dont il fait un usage très fréquent. Or, les prépositions étant dans ce

a. M. Beauzée, dans l'*Encyclopédie méthodique*, article Préposition, qui est postérieur à sa *Grammaire générale*, ne veut plus admettre au nombre des prépositions françaises les mots *excepté* et *hormis*, parce que, dit-il, *excepté* est le participe du verbe *excepter*, et *hormis* est un mot composé de l'adverbe *hors* et de *mis*, participe du verbe *mettre*.

Quelque respect que j'aie pour ses décisions, et quoique j'y souscrive très souvent, j'avoue que cette raison me paraît mauvaise; car, bien qu'*excepté* soit souvent un participe, dans le cas présent il n'en fait plus les fonctions; il ne change plus de genre; il joue un nouveau rôle en conséquence duquel il est nécessairement indéclinable. Il en est de même de *mis* dans le mot *hormis*. Celui-ci est un mot composé de deux autres de nature différente, qui n'a les fonctions ni de l'un ni de l'autre, qui est d'un troisième genre. Je ne vois donc là que deux prépositions dont l'origine est semblable à celle de toutes les autres, et seulement est plus évidente que celle de la plupart d'entre elles, ce qui confirme très bien ce que j'en ai dit. C'est pour cela que je me permets cette note critique. Je pourrais l'étendre à plusieurs autres prépositions, telles que *malgré*, etc.; mais je ne veux pas entrer dans les détails qui sont souvent contestables. Il me suffit d'avoir fait une observation générale que je crois juste.

b. Aussi réduit-il bien à sa juste valeur son compatriote Harris, qui a été un moment si vanté chez nous, quoiqu'il ne le mérite guère. Au reste, nous ne devons pas nous en plaindre, puisque cela nous a valu la traduction qu'en a faite le citoyen Thurot et les excellentes notes qu'il y a jointes, qui sont autant de dissertations souvent précieuses et toujours très supérieures au texte qui en est la cause occasionnelle.

cas-là plus que tout autre mot, c'est presque toujours par retranchement ou par contraction qu'elles doivent avoir été formées; aussi sont-elles presque toutes des monosyllabes. J'ajouterai que la nature du service que font les prépositions dans le langage a dû encore favoriser ces abréviations, car elles ont dû nécessairement devenir indéclinables en devenant prépositions, et par conséquent perdre le plus souvent leurs syllabes désinentielles. En effet, un nom a différentes désinences pour exprimer les variations qui lui sont propres; un adjectif en a pour marquer sa relation avec le nom auquel il est uni. Mais une préposition qui n'est pas plus unie au nom qui lui sert d'antécédent qu'à celui qui lui sert de conséquent, qui n'est exclusivement liée à aucun des deux, qui ne sert qu'à exprimer leur rapport, qu'à être une des idées composantes de l'idée totale résultante de leur ensemble, une préposition, dis-je, n'est point susceptible de déclinaison. Aussi sont-elles indéclinables dans toutes les langues : et c'est ici que commence la classe des mots invariables[a]. Les mots qui composent cette classe ont tous les mêmes raisons d'en être, comme nous le verrons; c'est pourquoi ils sont les mêmes dans tous les langages.

Je ne dirai plus qu'un mot à ceux qui croiraient encore que j'ai eu tort de classer parmi les prépositions toutes les syllabes ajoutées à un radical, qui constituent ses conjugaisons ou ses déclinaisons, et ses dérivés. Je les prierai de remarquer que cela est hors de doute pour un grand nombre. Assurément les mots *permettre*, *soumettre*, *démettre*, *admettre*, *entremettre*, et tant d'autres, ne laissent aucune équivoque sur leur formation; et quant à ceux dont la composition n'est pas aussi évidente, j'invoquerai le grand et beau travail qu'a fait sur les mots de la langue française M. Butet. En suivant et en perfectionnant les vues des savants étymologistes qui l'ont précédé, non seulement il démêle toutes les parties composantes, qui dans un même mot sont accumulées autour de son radical, mais il reconnaît la modification constante qu'apporte la même syllabe dans tous les mots auxquels elle se joint, et il découvre des lois invariables dans cette composition. Or, puisqu'une même syllabe produit toujours la même modification, ou une modification analogue, elle a donc une signification qui lui est propre. Elle est donc un nom ou un adjectif originaire, employé *prépositivement*, si l'on peut parler ainsi : elle est donc une vraie préposition, qui reste enclavée dans le mot composé, au lieu de lui demeurer juxtaposée.

a. Je mets à part les interjections, qui ne sont pas proprement des éléments de la proposition, mais qui, étant des propositions tout entières, sont nécessairement invariables aussi; car, si elles varient, elles signifient une autre proposition, complète comme la première, mais différente. Elles sont une autre interjection.

Cela même est rigoureusement prouvé de plusieurs. Ces savantes recherches sont donc une grande preuve de mon assertion. Continuées et complétées, elles donneraient la clef de tous les langages. Telles qu'elles sont, elles sont un grand pas de plus dans la route suivie par Horne-Toocke. Car elles font pour les prépositions inséparables ce qu'il n'a fait que pour les prépositions séparables. Mais, je le répète, je ne m'engage point sur les traces des étymologistes. Je me borne à invoquer leur témoignage à l'appui des vérités que me dévoile l'observation de la génération des idées. Je crois en avoir assez dit sur la nature, l'origine et l'usage de l'important élément du discours appelé, bien ou mal, *préposition*; et je passe aux *adverbes*, autre dénomination qui a grand besoin, sinon d'être changée, du moins d'être expliquée et déterminée.

PARAGRAPHE VI

Des adverbes

Mettant toujours à part les interjections, les adverbes forment la seconde espèce de la classe des mots invariables, et la première de celle des mots elliptiques, à moins toutefois que l'on ne veuille déjà regarder comme mots elliptiques, tous les verbes adjectifs; et effectivement ils le sont, puisqu'ils renferment tous le verbe *être* et un adjectif. Les adverbes servent à rendre d'une manière abrégée les idées qu'on ne pourrait exprimer qu'à l'aide d'une préposition et de son régime. C'est là leur véritable destination, c'est celle qui les caractérise; et je pense que si l'on ne veut pas confondre tous les genres, il faut comprendre sous le nom d'adverbe tous les mots qui remplissent cette fonction, et rejeter dans d'autres classes tous ceux qui en remplissent une autre[a]. Cela seul nous montre que si l'adverbe est commode dans le discours, il n'est pas un élément nécessaire, et que c'est le moins important de tous les éléments de la proposition; aussi voit-on souvent que certaines langues manquent des adverbes qui existent dans d'autres, et réciproquement. Nous ne nous étendrons donc pas beaucoup sur ce sujet.

Il nous suffira d'observer, 1°. que la dénomination d'adverbe ne doit pas faire croire que ces mots ne modifient que les verbes; car ils modifient

a. C'est pour cela que l'on peut, à volonté, regarder nos mots *y* et *en* comme des adverbes ou comme des pronoms à un cas oblique. On a eu tort de disputer sur ce sujet; ou il aurait fallu généraliser la question, car tout nom ou pronom à un cas oblique tient lieu d'une préposition et de son régime.

souvent des adjectifs, et même d'autres adverbes, comme dans ces phrases : *un homme bien fait, très bien fait, extrêmement bien fait*, et autres pareilles.

2°. Les adverbes comme les prépositions dérivent toujours d'un nom ou d'un adjectif, qui est leur type primitif. Souvent ils en viennent très directement et sans aucun changement, comme les adverbes *bien* et *fort*, qui sont évidemment le nom *bien* et l'adjectif *fort*, employés adverbialement. Quelquefois ils sont formés de la seule réunion d'un nom et d'un adjectif, comme *beau-coup*, *long-temps*. Quelquefois ils naissent d'un adjectif, par l'addition d'une de ces syllabes désinentielles que j'ai appelées des prépositions inséparables, comme *adverbialement*, *extrêmement*, *excessivement*, où l'on reconnaît les adjectifs et la préposition *ment* qui n'est autre chose que le nom *mens* des Latins, employé comme partie intégrante d'un nouveau composé. Enfin, il est des cas où leur génération n'est point aussi facile à reconnaître, parce qu'ils ont été formés par contraction ou corruption. Tels sont nos adverbes, *très*, *là*, et autres. J'invoque, sur leur généalogie, les lumières des étymologistes. Mais, soit qu'ils parviennent à l'établir d'une manière incontestable, soit qu'elle demeure ensevelie dans la nuit des temps, je me permettrai d'apprécier ces êtres d'après leur valeur réelle; de ne les regarder, ainsi que les autres dont je connais l'origine, que comme des éléments secondaires du discours et presque superflus, et de prononcer que les éléments nécessaires ont dû exister auparavant et donner naissance à ceux-ci.

Il est presque inutile d'observer que les adverbes n'étant ni des noms, ni des mots qui se rapportent directement à un nom particulier, mais ne servant qu'à exprimer une circonstance fixe et déterminée de la signification d'un adjectif ou d'un verbe, ils sont nécessairement indéclinables. Aussi le sont-ils dans toutes les langues. Un adverbe qui éprouverait une variation deviendrait un autre adverbe, un autre mot.

Passons aux conjonctions qui, comme les adverbes, sont des mots elliptiques et dérivés, mais d'une toute autre importance.

PARAGRAPHE VII

Des conjonctions ou interjections conjonctives

Je ne puis mieux commencer cet article qu'en copiant l'excellente réflexion que Beauzée a placée à la tête du chapitre des conjonctions dans sa *Grammaire générale*. Voici comment il s'exprime : « *Les différentes espèces de mots que l'on a considérées jusqu'ici* (observez qu'il n'a pas encore parlé des interjections) *sont en effet les éléments ou parties intégrantes des propositions; et elles y entrent plus ou moins nécessairement, à raison de la nature propre de chacune, et des besoins différents de l'énonciation. Il n'en est pas de même des conjonctions. Ce sont, à la vérité, des éléments de l'oraison, puisqu'elles sont des parties nécessaires et indispensables de nos discours*[a]*; mais elles ne sont pas des éléments des propositions; elles servent seulement à les lier les unes aux autres.* »

Tel est en effet le caractère distinctif des conjonctions : elles servent à lier une proposition à une autre; et Beauzée assure avec raison que, même lorsqu'elles ne paraissent lier ensemble que deux mots, comme il arrive souvent aux conjonctions *et* et *ou*, ce sont toujours réellement deux propositions qu'elles réunissent.

Par exemple, quand je dis, *Cicéron et César étaient éloquents*, je dis réellement Cicéron était éloquent et César était éloquent; ou en d'autres termes, *Cicéron était éloquent, à cela j'ajoute que César était éloquent*.

De même, quand je dis, *ce principe est vrai ou faux*, c'est comme si je disais, ce principe est vrai *ou* ce principe est faux; et en traduisant la conjonction *ou*, cela fait, ce principe est vrai, *à une condition qui est qu'on ne puisse pas dire que* ce principe est faux. La conjonction *ou* exprime réellement tout ce que l'on voit en lettres italiques, entre ces deux propositions : *ce principe est vrai, ce principe est faux*; et c'est ainsi qu'elle les lie ensemble; car les opposer l'un à l'autre, c'est encore les unir sous un certain rapport.

On en peut dire autant des conjonctions dont on se sert pour interroger; quoiqu'elles ne paraissent pas d'abord lier deux propositions, parce que la première est supprimée. En effet, quand je dis, *comment êtes-vous rentré? pourquoi êtes-vous sorti?* j'exprime réellement ces idées; je demande *comment* vous êtes rentré; je demande *pourquoi* vous êtes sorti. Et en développant le sens des conjonctions, cela revient à ceci : je demande *une chose qui est la manière dont* vous êtes rentré. Je demande *une chose qui est la raison pour laquelle* vous êtes sorti. Les conjonctions *comment* et *pourquoi* lient donc réellement les propositions sous-entendues, *je demande*, avec les propositions exprimées, *vous êtes rentré*, *vous êtes sorti*. C'est là effectivement la fonction qui leur est propre, le signe distinctif qui

a. Je dirais seulement *très utiles* et non pas *nécessaires et indispensables*; car, à toute rigueur, on pourrait exprimer ses idées sans conjonctions.

les caractérise et qui fait qu'elles sont bien un élément du discours, mais non pas précisément un élément d'une proposition en particulier. C'est avec beaucoup de raison que Beauzée en a fait la remarque. Les conjonctions sont donc des mots elliptiques, mais différents de tous les autres. Remarquons ces nuances.

Les verbes adjectifs sont du nombre des mots elliptiques; ils renferment sous un seul signe le verbe et un adjectif; ils cumulent les fonctions de ces deux mots; ils en réunissent les propriétés, mais sans les confondre, sans rien y ajouter, sans les dénaturer. Ils font juste et précisément le même effet que feraient les deux mots composants, s'ils demeuraient séparés. *J'aime*, c'est *je suis aimant*, ni plus, ni moins. Ces verbes adjectifs sont verbes et adjectifs à la fois: voilà tout. Aussi ont-ils avec le sujet auquel ils se rapportent, les relations de nombres qui conviennent au verbe et à l'adjectif également, celles de modes et de temps qui ne conviennent qu'au verbe; et ils pourraient avoir celles de genres qui ne conviennent qu'à l'adjectif. Ils les ont même dans quelques langues.

Les adverbes sont aussi des mots elliptiques, mais d'une manière différente. Ils tiennent la place d'une préposition et d'un nom; et quelquefois d'une préposition, d'un nom et d'un ou plusieurs adjectifs. *Promptement*, c'est *avec promptitude*; *admirablement*, c'est *d'une manière admirable*. Mais l'adverbe n'a plus les propriétés du nom, ni de l'adjectif. Ce sont celles de la préposition qui prédominent. Un adverbe est une préposition renfermant un complément déterminé; et voilà tout.

Les interjections sont une autre espèce de mots elliptiques; elles remplacent, non seulement quelques-uns des éléments d'une proposition, comme les verbes et les adverbes, mais une proposition tout entière. Dans le nombre des mots dont elles tiennent lieu, il y a toujours au moins un verbe au mode indicatif. C'est ce qui fait qu'elles sont un élément du discours, mais non un élément de la proposition.

Les conjonctions sont de même. Ce sont d'autres mots elliptiques qui remplacent aussi toute une proposition, avec cette différence que la proposition dont tient lieu l'interjection a toujours un sens isolé et absolu; au lieu que celle dont tient lieu la conjonction n'a jamais qu'un sens relatif et imparfait qui, d'une part, s'attache à la proposition qui précède et, de l'autre, se termine et se fond dans la proposition qui suit. Aussi, voyez-vous que toutes les propositions explicites que l'on peut substituer aux conjonctions pour en développer le sens finissent par la conjonction *que* et commencent par un conjonctif qui la renferme, ou par un adjectif démonstratif qui renferme un conjonctif[a].

La conjonction n'est donc pas un élément de la proposition. Elle est un élément du discours qui remplace toujours une proposition tout entière, mais une proposition qui a un sens doublement relatif et jamais absolu. C'est pourquoi elle renferme toujours deux fois la conjonction *que*; l'une qui se rapporte à la proposition précédente et l'autre qui se rapporte à la suivante. Veut-on de nouvelles preuves de cette assertion? Expliquons encore le sens de quelques conjonctions.

Ainsi (conjonction) signifie *les choses étant de la manière que je viens de dire, il suit que*, etc.

Observez qu'*ainsi* est tantôt adverbe, tantôt conjonction. Il est adverbe dans cette phrase, *il faut en agir ainsi*. Là, il signifie seulement, *de la manière susdite*; il remplace une préposition et son complément, et rien de plus. Il est encore adverbe dans celle-ci, *ainsi que la vertu, le crime a ses degrés*; il signifie, *de la même manière*. C'est *que* qui est la conjonction qui lie ensemble la phrase exprimée, *le crime a ses degrés*, avec la phrase sous-entendue, *la vertu a ses degrés*. Mais, *ainsi* est conjonction dans celle-ci, *ainsi, je puis compter sur vous*. Il signifie, *de ce qui vient d'être dit, il suit que*, etc.

Or, signifie, *à ce qui vient d'être dit, joignez encore que*, etc., comme dans cet exemple : *tout mot qui remplace une proposition, laquelle lie une proposition avec une autre, est une conjonction; OR, or remplace une proposition de ce genre*.

Donc, signifie, *de ce qui vient d'être dit, on doit conclure que*.

Car, signifie, *une des raisons, une des causes de ce qui vient d'être dit, est que*, etc.

Pourtant, *cependant*, *nonobstant*, employés comme conjonctions, signifient *pour* ou *malgré* (ancienne signification du mot *pour*), *tant de choses qui viennent d'être dites ou faites, en même temps que ces choses ont été dites ou faites, malgré que ce qui vient d'être dit ou fait s'y oppose, il arrive, on voit, on peut dire que*, etc. Il est vrai que souvent, lorsqu'on emploie ces mots, la seconde partie de la phrase conjonctive est exprimée dans le discours; et alors ces mots, *pourtant*, *cependant*, *nonobstant*, ne

a. Je parlerai, dans le paragraphe suivant, des conjonctifs dont je crois devoir faire un élément de la proposition distinct de tous les autres. On verra pourquoi et on jugera.

font plus que la fonction d'adverbe, c'est-à-dire la fonction de représenter une préposition et son complément. Le plus souvent même le complément de *nonobstant* est exprimé; on dit *nonobstant ceci, nonobstant cela*, et alors *nonobstant* n'est qu'une simple préposition. Mais il n'en est pas moins vrai aussi que, quand ces mots jouent pleinement le rôle de *conjonction*, il expriment réellement les phrases que je leur fait représenter.

Mais (dérivé de *magis*), veut dire, *à ce qui vient d'être dit, il faut ajouter comme correctif, que*, etc.

Si signifie, *dans la supposition que ..., il faut conclure que*, etc.

Il est inutile de multiplier ces exemples. Ceux que je viens de citer sont plus que suffisants pour prouver ma thèse, savoir que les conjonctions remplacent toujours une phrase tout entière; que cette phrase n'a nécessairement qu'un sens relatif, et jamais un sens absolu; et qu'elle doit toujours sa vertu conjonctive, si je puis m'exprimer ainsi, à la conjonction *que*, qu'elle renferme.

Cette conjonction *que* est proprement la conjonction unique, comme le verbe *être* est le verbe unique. C'est elle qui donne la qualité de conjonction à tous les mots dans la signification desquels elle entre, comme c'est le verbe *être* qui donne la qualité de verbe à tous les adjectifs auxquels il s'unit; et la raison en est la même. *Que* est un mot dont la signification propre est d'exprimer la liaison d'un verbe avec un autre verbe, d'une proposition avec une autre proposition, comme le verbe *être* est un adjectif dont la signification propre est d'exprimer l'existence.

La preuve que la signification propre du mot *que* est d'exprimer la liaison d'une proposition avec une autre, c'est que son interposition entre deux idées qui faisaient partie de l'attribut d'une même proposition, nous oblige à former de ces deux idées deux propositions distinctes, dont l'une dépend de l'autre. Lorsque je veux dire, *je désire votre bonheur, je suis charmé de vos succès*; si, après ces deux verbes, je place un *que*, je suis obligé de dire, je désire *que vous ayez* du bonheur, je suis charmé *que vous ayez* des succès.

La conjonction *que*, ou son équivalent dans les différentes langues, est à la vérité employée d'une manière assez déguisée dans beaucoup de circonstances; par exemple, dans ces locutions françaises, je ne dis *que* cela, je n'affirme pas autre chose *que* ce fait. Mais, en réfléchissant sur ces expressions abrégées, on trouve qu'elles reviennent à celles-ci : je ne dis rien *excepté que je dis* cela, je n'affirme pas autre chose, *mais j'affirme* ce fait; et l'on voit que ce *que* fait partie ou tient lieu d'une phrase sous-entendue, qui renferme une conjonction dans la signification de laquelle *que* entre toujours, comme nous l'avons expliqué; et, par conséquent, dans ce cas, comme dans tout autre, *que* est réellement le lien d'une proposition avec une autre.

Au reste, on ne saurait, dans une grammaire générale, entreprendre de rendre compte de tous les idiotismes. Je n'ai cité ceux-ci que pour faire voir la manière dont on doit les analyser; et je suis convaincu qu'aucun ne contredit cette maxime générale que la valeur propre du mot *que* est de marquer la dépendance où une proposition est d'une autre et que c'est ce mot qui donne la qualité de conjonction à tous ceux dans la signification desquels il est implicitement compris[a].

Ce point établi, il serait très intéressant de savoir comment les hommes sont arrivés à inventer ce signe de liaison et à l'introduire dans leurs langages; quelle est sa dérivation et par quelle analogie on a été conduit à en faire cet usage; mais j'avoue que je ne trouve rien dans les auteurs qui me satisfasse sur ce fait important.

Court de Gebelin nous dit bien dans son *Histoire naturelle de la parole*, chapitre des conjonctions: «Cette conjonction (que) fut empruntée du primitif *qhe* ou *quhé* qui signifiait *lien*, *cordon*, *puissance unitive*», et il ajoute «on ne pouvait mieux en désigner la valeur». Cette réflexion est très juste et elle prouve que Gebelin regardait comme nous la conjonction *que* comme la conjonction par excellence. Mais quand même l'origine qu'il lui suppose serait incontestable, nous n'en serions pas plus avancés. Ce n'est pas l'étymologie du mot qu'il s'agit de trouver, mais l'invention de cet espèce d'élément du discours; et c'est ce dont les grammairiens paraissent ne s'être jamais occupés.

Condillac seul l'a cherché, dans le dernier chapitre de la première partie de sa *Grammaire*; et il croit l'avoir trouvé, parce qu'il dit que cette conjonction *que* vient de l'adjectif conjonctif *qui*, et que, pour l'avoir telle qu'elle est, il n'a fallu que prendre l'habitude d'omettre quelques mots. Mais ce n'est là que reculer la difficulté et non pas la résoudre; car il

a. Beauzée paraît avoir entrevu cette vérité; car il dit dans sa *Grammaire générale*, chapitre des conjonctions : « *Que* est, de toutes les conjonctions déterminatives, la plus simple et la plus pure; c'est, pour ainsi dire, une conjonction élémentaire qui ne peut plus se décomposer, parce qu'elle est au terme le plus simple ». Mais il ne tire aucune conséquence de cet aperçu et il se borne à faire de *que* une conjonction de l'espèce particulière de celles qu'il appelle déterminatives.

resterait à expliquer comment on a imaginé un adjectif conjonctif ou un mot conjonctif quelconque. C'est même renverser l'ordre des idées, puisque nous avons fait voir qu'un mot, quel qu'il soit, n'est jamais conjonctif que parce qu'il renferme cette conjonction fondamentale, base de toutes les autres. C'est donc la création de celle-là qu'il faut expliquer avant tout[a].

On devrait trouver des lumières à cet égard dans les rudiments[1] où l'on donne des règles sur ce que l'on appelle le *que retranché*. Il semble que l'on ne devrait pas enseigner par quelles formes grammaticales, dans telle langue ou dans telle circonstance, on supplée à l'usage de la conjonction *que*, sans expliquer auparavant la nature et l'effet de cette conjonction. Mais aucuns ne remontent jusque là; moins encore se mettent-ils en peine de rendre raison de la manière dont elle a pu être inventée.

Pour moi, je présume que c'est l'invention des prépositions qui a conduit à celle de la conjonction *que*. Il me paraît que ce mot conjonctif est une véritable préposition, à la seule différence près que son antécédent et son conséquent sont toujours une proposition tout entière, au lieu d'être simplement des parties de proposition. Des hommes accoutumés à dire, *le livre de Pierre*, ou *je vais à Paris*, ayant à dire, *je vois, vous êtes là*, ont dû facilement imaginer de dire, *je vois que vous êtes là*, pour marquer la liaison de *vous êtes là* avec *je vois*. Peu importe de quel nom ou de quel adjectif primitif ils aient tiré ce signe de liaison. Ce premier signe de liaison entre deux propositions une fois trouvé, il a été aisé d'en imaginer d'autres qui ajoutent à sa signification principale et fondamentale, celle d'une phrase accessoire sous-entendue qui y est jointe; or, ce sont là toutes nos différentes conjonctions. Ensuite on en aura fait mille usages divers.

Au demeurant, quelle que soit la génération des conjonctions, je crois que nous avons bien vu quelle est la nature, le caractère et les fonctions de cet élément du discours; quelles sont ses ressemblances et ses différences avec tous les autres; et qu'il doit être de la classe des mots invariables, puisque comme eux il n'est ni un nom, ni un mot qui s'unisse directement à

a. Observez d'ailleurs qu'il n'est pas de l'essence de la conjonction *que* d'être un mot de la même famille que l'adjectif conjonctif; cela est toujours en français, mais cela n'est en latin que quand on se sert des conjonctions *quod* et *quin*, et cela ne se trouve plus dans les occasions où l'on emploie les mots *ut* ou *dum*. Dans une autre langue, cela peut fort bien ne jamais être ainsi; et pourtant dans toutes il y a un ou plusieurs mots qui font les fonctions de notre mot *que*.

1. *Rudiment* est ici employé au sens d'*ouvrage élémentaire comportant les premières notions d'une science*, en l'espèce au sens de *grammaire élémentaire*.

un nom en particulier dont il puisse suivre les variations. Je n'ai donc plus rien à remarquer sur ce sujet : il ne me reste qu'à parler des conjonctifs.

PARAGRAPHE VIII

Des conjonctifs, ou adjectifs conjonctifs

De tous les hommes qui ont écrit jusqu'à présent sur la grammaire, je crois être le premier qui se soit avisé de faire des conjonctifs un élément particulier du discours. Cependant, s'il est vrai que l'objet de toutes les classifications est de réunir les choses semblables et de séparer celles qui diffèrent essentiellement, il me semble qu'on ne devrait grouper avec aucun autre un signe qui a des qualités et des fonctions aussi remarquables et qui lui sont aussi exclusivement propres.

Premièrement, les conjonctifs ne sont point des éléments simples et primitifs du discours ; ils sont composés de deux éléments très distincts, et même extrêmement différents entre eux, et ils cumulent les fonctions de l'un et de l'autre, mais avec des modifications très considérables.

Le mot français *qui*, et tous ses dérivés, ainsi que tous ses analogues dans les différentes langues, tient toujours la place de la conjonction *que* et du mot *le*, soit qu'on veuille appeler celui-ci *article* ou *adjectif déterminatif*, supposant toujours un nom sous-entendu quand il n'est pas exprimé, soit qu'on veuille le nommer *pronom*, c'est-à-dire remplaçant de ce nom sous-entendu[a].

Qui, c'est *que-le*, l'homme *qui* vous aime, c'est l'homme *que-le* (homme) vous aime.

Dont, *de qui*, c'est *de que-le* ; l'homme dont vous êtes aimé, c'est l'homme *de que-le* (homme) vous êtes aimé.

Que (conjonctif et non pas conjonction), c'est *que-le*. L'homme *que* vous aimez, c'est l'homme *que-le* (homme) vous aimez.

Je considère *dont* et *que* comme le génitif et l'accusatif de *qui*. Si cela est, c'est le seul mot français qui ait des cas ; encore cette déclinaison

a. N'oubliez pas que *le* et *il*, le pronom et l'article sont la même chose ; c'est le même adjectif déterminatif. L'homme, c'est *le homme*, c'est l'idée *homme* exprimée et déterminée dans son extension. *Il*, c'est la même idée *homme*, non exprimée mais sous-entendue, et déterminée de même.

est-elle bien irrégulière et bien défectueuse; mais je crois qu'on ne peut la méconnaître[a].

Lequel, *laquelle*, *duquel*, *de laquelle*, etc., ne sont autre chose que *qui*, *dont* et *que*, auxquels on a attaché, par pléonasme, l'article *le* qu'ils renferment déjà. Ce n'est pas pour déterminer l'extension de leur signification, puisqu'elle est toujours la même que celle du sujet auquel ils se rapportent; mais c'est pour attirer plus particulièrement l'attention sur eux, ce qui est le motif ordinaire du pléonasme. Par suite, on leur a fait marquer les genres et les nombres, comme le fait l'article qui les précède et dont ils reçoivent la loi, comme il la reçoit lui-même du nom auquel ils se rapportent.

Lequel, c'est *le que-le*. Cet homme, *le-quel* vous aime, c'est cet homme *le que-le* (homme) vous aime. Cet homme *lequel* vous aimez, c'est cet homme *le que-le* (homme) vous aimez. Si l'on remettait ces trois éléments à leur place naturelle, on dirait dans le premier cas, cet homme *que le-le* (homme) vous aime; et dans le second, cet homme *que* vous aimez *le-le* (homme).

Le conjonctif *qui* est donc un composé de la conjonction *que* et de l'adjectif *le*, et il en cumule les fonctions, ce qui, suivant moi, suffit pour en faire un être tout particulier et d'un genre distinct de tout autre. D'ailleurs, dans la manière dont il remplit ces deux fonctions de conjonction et d'adjectif, il y a des circonstances remarquables qui sont l'effet même de leur réunion.

Qui, fait les fonctions de la conjonction *que*, en ce qu'il sert à unir une proposition avec un antécédent quelconque; mais avec cette différence que cet antécédent n'est jamais une autre proposition; qu'il est toujours un nom substantif exprimé ou sous-entendu; en sorte que le conséquent ne peut toujours être qu'une proposition incidente relative à un nom, et jamais une proposition subordonnée à une autre et servant de complément à un verbe, comme sont celles qui suivent les conjonctions. *Qui* ne fait donc pas complètement l'effet d'une conjonction.

a. Effectivement, *qui* est de tous les mots celui qui a le plus besoin de cas, puisque sa qualité de conjonctif fait qu'il est nécessairement placé au commencement de la phrase incidente, qu'il en soit le sujet ou le complément. Ainsi, ce ne peut pas être la place qu'il occupe qui manifeste son rapport avec le verbe.

Cette remarque prouve bien ce que nous verrons par la suite, que les déclinaisons sont un moyen de syntaxe que l'on a inventé pour suppléer à la construction et pour marquer les rapports que celle-ci n'indiquerait pas assez.

Il pourrait être regardé comme une préposition ayant toujours pour régime une proposition entière; mais il ne peut servir de complément ni à un adjectif, ni à un verbe : il faut toujours qu'il se rapporte à un nom. Ce n'est donc pas une préposition.

D'un autre côté, *qui* fait les fonctions d'adjectif : cela est vrai. Il est du nombre de ceux que beaucoup de grammairiens appellent pronoms, parce que, le plus souvent, le nom auquel ils se rapportent demeure sous-entendu et qu'ils ont l'air d'en tenir la place, tandis que nous, nous les avons laissés, d'après Beauzée, dans la classe des adjectifs, parce que réellement ils n'ont pas la valeur d'un nom, ils n'en tiennent pas la place, ils le rappellent seulement, et ne font que modifier ce nom, le plus souvent sous-entendu, et quelquefois exprimé. Mais *qui*, en jouant ce rôle d'adjectif ou de pronom, a des choses qui lui sont particulières.

Par exemple, le nom auquel se rapporte *qui*, est et demeure le sujet d'une proposition ou le complément de son attribut, et *qui* est ou paraît être le sujet ou le complément de l'attribut d'une autre proposition; cela vient de ce que, comme nous l'avons fait voir, même lorsque le nom auquel se rapporte *qui* est exprimé dans le discours, il y est supposé existant une seconde fois, mais toujours sous-entendu, et souvent en changeant de cas et de personne. Dans cette phrase, *moi que vous aimez, je vous le rends*, *moi que vous aimez* revient à ceci : *moi que le moi vous aimez*. Le premier *moi* est au nominatif et marque la première personne, et le second est à l'accusatif et est regardé comme étant un être dont on parle, par conséquent à la troisième personne; d'où il arrive que *qui* se conforme en genre et en nombre à ce premier *moi* qui appartient à une proposition; et en cas et en personne, au second *moi* qui appartient à une autre proposition. C'est là ce que ne fait aucun autre adjectif ou pronom.

D'ailleurs, *qui* par lui-même ne modifie ni la compréhension ni l'extension du nom auquel il se rapporte. C'est la proposition à laquelle il le joint qui produit cet effet et qui est le véritable adjectif de ce nom. *Qui* n'est que le lien qui les unit; et en cela il est conjonction, avec les restrictions que nous avons vues.

De ces observations, je conclus que le conjonctif est un être à part (*sui generis*); que j'ai eu raison d'en faire un huitième élément du discours, et que j'ai dû le placer après tous les autres, puisqu'il est formé de la réunion de deux d'entre eux, dont l'un (la conjonction) a dû être des derniers inventés et n'est pas même strictement nécessaire, n'étant pas élément de la proposition. Je ne sais si l'on goûtera ces motifs; au reste, permis à chacun de laisser le *conjonctif* parmi les adjectifs, de l'appeler même, si l'on veut, *pronom relatif*. Je suis content si l'on trouve que j'ai bien démêlé son caractère, ses fonctions et sa génération; si l'on reconnaît que cela dérive de l'observation que j'ai faite sur la conjonction *que*, et si l'on convient avec moi que cette conjonction est le germe de toutes les autres[a]. Ici finit ce que j'avais à dire sur la génération des éléments du discours; il ne me reste plus qu'à me résumer.

CONCLUSION DE CE CHAPITRE

Je viens de faire une longue revue de tous les éléments du discours. Ce n'était point pour prescrire des règles au langage, ni pour disserter savamment sur les différents usages qu'on en a fait : assez d'autres se sont occupés de ces objets. Je voulais rechercher ce que les signes sont aux idées et comment ils naissent de nos opérations intellectuelles; car c'est, ce me semble, ce que l'on n'a point encore assez fait. Voici, en peu de mots, le résultat de ce que j'ai trouvé.

Certaines actions des hommes sont des suites nécessaires de leurs perceptions. Elles deviennent les signes certains de ces perceptions aux yeux des autres hommes.

a. Je prie le lecteur de remarquer que quand je dis que la conjonction *que* est renfermée dans toutes les autres; que les adjectifs conjonctifs sont formés de sa réunion avec le pronom ou adjectif *il* ou *le*, et que tous ces mots lui doivent leur vertu conjonctive, cela ne veut pas dire que la conjonction *que* ait été la première inventée, ni qu'elle ait été en usage avant les adjectifs conjonctifs. Les étymologies grecques et latines prouvent le contraire, et cela doit être ; car on commence toujours par les composés avant d'arriver à leurs éléments.

Ainsi, il y a eu des interjections avant des verbes adjectifs et des verbes adjectifs avant le verbe simple et les adjectifs simples ; mais cela n'empêche pas qu'il n'y ait un verbe renfermé dans une interjection, et un verbe et un adjectif simples renfermés dans un verbe adjectif. De même, il y a eu des interjections conjonctives et des adjectifs conjonctifs avant la conjonction *que*, mais elle existe dans les *unes*, réunie à une interjection simple, et dans les *autres*, réunie à un adjectif déterminatif simple : du moins cela me paraît évident.

J'ajouterai que, si dans la langue grecque, et par suite dans la latine, la conjonction *que* paraît s'être formée de l'adjectif conjonctif devenu indéclinable, cela confirme ce que j'ai dit des prépositions, qu'elles ne sont que des adjectifs rendus invariables ; et cela rend manifeste la similitude que j'ai établie entre elles et la conjonction *que*, que j'ai regardée comme une préposition de proposition. Ainsi, cette dérivation, bien loin d'être une objection contre ma manière de voir, est une preuve que j'ai bien démêlé la nature de tous les mots conjonctifs.

Je demande grâce pour la longueur de cette note. C'est une réponse que j'ai cru devoir aux observations d'un savant très estimable, dont les lumières m'ont souvent éclairé, et à l'avis duquel je suis fâché de ne pouvoir pas me rendre dans cette occasion-ci.

Ces signes sont ou des gestes, ou des cris.

Nos perceptions sont ou des impressions directes, ou des rapports perçus entre elles; ainsi, les gestes et les cris représentent ou des idées isolées, ou des propositions.

Mais ce n'est point en commençant à sentir qu'on démêle ses idées et qu'on les isole. Ce sont d'abord les affections que nous causent nos sensations, dont nous sommes émus et auxquelles nous obéissons. Ces affections sont des espèces de jugements que nous portons et que nous manifestons, sans en distinguer les parties. Ainsi, les premiers signes représentent des propositions tout entières: ce sont de véritables interjections.

Bientôt les hommes ont distingué dans ces perceptions composées, l'agent et le patient, la cause et l'effet, leur individu et les objets sur lesquels il agit, ou qui agissent sur lui; en un mot, le sujet et l'attribut. Ils ont représenté par des signes les différents êtres et leur propre personne. Ces signes, ce sont les noms substantifs et les noms de personne; ils ont exprimé les sujets des propositions, et les interjections n'en ont plus représenté que l'attribut; elles sont devenues verbes. Voilà les *noms* et les *verbes* trouvés.

Ces verbes expriment tous que le sujet existe d'une certaine manière; ils disent donc tous qu'il existe. On en a imaginé un pour dire cela seul, sans exprimer aucune manière en particulier. C'est le verbe *être*. Avec ces moyens, on pouvait, à la rigueur, exprimer tous les sujets et tous les attributs possibles, c'est-à-dire toutes les idées existantes dans notre esprit, et toutes celles affirmées dans celles-là, senties existantes dans celles-là. Ces signes sont les seuls absolument nécessaires, et les seuls qui renferment l'idée d'existence positive.

Cependant, au lieu de créer continuellement de nouveaux noms et de nouveaux verbes, on s'est avisé de se servir de certains noms pour les adjoindre aux autres et au verbe *être*; et modifier par leur moyen tous les sujets et les attributs des propositions. On leur a donné une nouvelle forme pour marquer leur nouvelle fonction. Dans cet état, ces mots n'expriment plus une idée comme existante, mais seulement comme pouvant exister dans une autre; ils ne peuvent plus être ni *sujets*, ni *attributs*, mais seulement *modificatifs*. Ce sont nos *adjectifs*.

Les premiers ont été imaginés pour modifier la compréhension des noms. Ensuite, on en a inventé d'autres pour modifier leur extension, et l'on s'est trouvé posséder tous ceux que nous connaissons et tous ceux dont on peut jamais avoir besoin.

Voilà donc déjà un élément du discours au-delà de l'absolu nécessaire. Cependant, on a encore trouvé commode d'avoir des mots qui exprimassent certaines relations entre un nom et ùn autre nom ou un adjectif. On a destiné à cet usage des adjectifs dont la signification propre avait quelque rapport avec cette fonction. Mais, par là, ils ont changé de nature. Ils ont cessé de se rapporter uniquement à un nom. Ils n'ont plus été liés à leur antécédent plus intimement qu'à leur conséquent. Ils ont dû demeurer invariables. Ils sont devenus ce que nous appelons des prépositions.

C'est donc encore un nouvel élément du discours dont nous avons trouvé la génération; on s'en passe dans plusieurs langages, ou totalement ou en partie. On y supplée par des syllabes désinentielles qui forment ce qu'on appelle des cas. Mais ces syllabes, ainsi que toutes celles qui indiquent les variations de genre, de nombre, de mode, de temps, de personne, des noms, des adjectifs et des verbes, et toutes celles qui forment tous les dérivés des mots primitifs, ont la même origine que les prépositions proprement dites; elles rendent un service presque semblable. C'est pourquoi nous les avons regardées aussi comme des prépositions, à la seule différence près qu'étant inséparables des signes qu'elles modifient, elles ne deviennent pas un élément du discours distinct des autres. Quoi qu'il en soit, voilà la naissance des *prépositions* expliquée, et leurs fonctions déterminées.

Bientôt, pour abréger, on a voulu exprimer par un seul signe une préposition avec tout son régime. On y a réussi le plus souvent, en ajoutant à certains adjectifs une des syllabes composantes que nous avons regardées comme des prépositions inséparables, et elles en ont fait des mots nouveaux. Ce sont les *adverbes*. Ils ne sont plus susceptibles de modifier directement les noms, mais bien les verbes, les adjectifs et même d'autres adverbes. Par conséquent, ils sont devenus invariables, comme les prépositions.

Parmi ces mots devenus invariables, il en est un, le mot *que*, dont la signification propre consiste à exprimer qu'un verbe dépend d'un autre. Par là, il joint nécessairement ensemble les deux propositions dont ces deux verbes sont les attributs. Le mot *que* est donc, par sa nature même, et sans convention expresse, une conjonction; c'est lui qui donne naissance à toute cette classe de signes.

Les autres conjonctions sont de véritables interjections, des mots qui expriment des propositions tout entières; mais des propositions telles que la conjonction *que* s'y trouve toujours renfermée deux fois; en sorte que c'est de cette conjonction que toutes les autres tiennent leur qualité de conjonction.

Enfin, cette conjonction *que*, réunie dans un seul mot avec l'adjectif déterminatif *le*, produit encore un autre élément du discours que j'ai appelé *conjonctif* ou *adjectif conjonctif*. Ces conjonctifs cumulent, jusqu'à un certain point, les propriétés des conjonctions et celles des adjectifs, de manière que ce sont eux qui servent de lien entre toutes les propositions incidentes et le nom qu'elles modifient. On sent bien qu'il doit y en avoir dans tous les langages un peu perfectionnés.

Tels sont, non seulement tous les éléments du discours dont nous faisons usage, mais encore tous ceux qu'il est possible d'employer à l'expression de la pensée. Ils dérivent si nécessairement, d'abord de la décomposition successive de nos idées et de leurs premiers signes naturels, et ensuite des diverses combinaisons des unes et des autres, qu'il ne peut pas en exister d'autres dans aucun langage, à moins qu'ils ne soient composés de ceux-là; et que tout signe de nos idées, de quelque nature qu'il soit, peut et doit toujours être rangé dans une de ces classes, ou décomposé en d'autres signes qui s'y trouvent compris, ou expliqué par une phrase sous-entendue, composée elle-même de signes appartenant à une des espèces dont nous venons de décrire la nature et les fonctions. Je me dispenserai de prouver ici cette assertion par des exemples. Chacun peut choisir ceux qu'il voudra pour s'assurer qu'elle ne souffre point d'exception; et je suis très certain qu'il la trouvera toujours vraie, s'il apporte à l'examen des cas particuliers une attention suffisante et l'exactitude nécessaire. Observez que je me sers exprès ici des termes très généraux de signe et de langage, et non pas de ceux de mot et de langue, parce que tout ce que nous avons dit ne s'applique pas plus aux langues orales qu'à tout autre système de signes. Tout cela étant uniquement fondé sur la nature et l'usage de nos facultés intellectuelles, et sur la génération des idées qui en résultent, convient également à tous les langages possibles. Si cela n'était pas, cet ouvrage ne mériterait pas le nom de *Grammaire générale* qui, j'espère, ne lui sera pas refusé. Nous connaissons donc bien actuellement les éléments de tout discours, pris chacun en particulier. Il nous reste à examiner les moyens par lesquels on les lie entre eux et les lois qui président à cette réunion. C'est l'objet de la syntaxe, dont nous allons parler dans le chapitre suivant.

CHAPITRE IV

DE LA SYNTAXE

Si nous avions un signe unique et distinct pour chacune de nos impressions reçues, pour chacun de nos jugements portés, et pour chacune des affections de plaisir et de peine qui résulte en nous des unes et des autres, il est bien certain que toutes nos idées seraient, dans nos discours, isolées, indépendantes et sans liaisons entre elles; il est en outre bien vraisemblable qu'elles seraient de même dans nos têtes. Car nous avons vu[a] que la plupart n'ont de consistance dans notre esprit, que celle qu'elles doivent aux signes sensibles qui les représentent. Dans cette supposition, nos perceptions, fussent-elles nombreuses, nous seraient bien peu utiles, puisqu'il serait à peu près impossible d'en faire aucune combinaison, d'y apercevoir le moindre rapport, et les progrès de notre intelligence seraient bien faibles ou même absolument nuls. Heureusement, un tel ordre des choses n'est, ni ne peut être. Nous nommons bien un certain nombre de nos idées; c'est-à-dire que nous les représentons par un signe qui leur demeure irrévocablement attaché et qui rend perpétuel et permanent, dans notre souvenir, le résultat des opérations intellectuelles qui les ont formées. Mais la plupart des combinaisons que nous faisons continuellement de ces idées, et qui sont elles-mêmes de nouvelles idées, ne sont représentées que par la réunion de plusieurs signes, réunion passagère et momentanée, qui ne dure pas plus que le besoin qui la fait naître; et bientôt ces signes se séparent et reparaissent dans une multitude d'arrangements différents, pour exprimer de nouveaux produits de notre intelligence, à peu près comme les

a. Voyez la première partie, chapitre XVI. [*C'est par erreur que l'édition de 1803 mentionne le chapitre XVII*].

caractères d'imprimerie qui représentent chacun un son, ou une partie d'un son, dans la composition d'un mot, retournent ensuite à la casse et en sont tirés de nouveau pour former tous les autres mots que l'on veut successivement rendre sensibles à la vue. Il y a seulement cette différence entre ces signes et les caractères que les premiers ont entre eux différents degrés d'analogie, comme les idées qu'ils expriment, analogie qui fait qu'ils se rappellent les uns les autres, comme les idées se lient l'une à l'autre ; au lieu que les caractères sont des figures arbitraires et isolées qui n'ont nul rapport entre elles, ni avec les sons qu'elles représentent.

Néanmoins, il résulte de ce besoin de réunir plusieurs signes pour exprimer toutes les idées qui n'ont point de signe qui leur soit propre, que pour entendre et parler nos langages, pour sentir leur expression, il ne suffit pas de savoir la valeur de chaque signe, il faut encore connaître les effets de leur assemblage, comme pour lire il faut non seulement connaître les lettres, mais savoir les réunir en syllabes.

Parlons donc de cette espèce d'épellation.

Elle consiste dans l'emploi de trois moyens différents. Le premier, c'est la place que l'on donne aux signes dans le discours. Le second, ce sont certaines altérations qu'on leur fait subir. Le troisième, c'est la création de certains signes uniquement destinés à marquer les relations que les autres ont entre eux. C'est absolument comme dans les combinaisons des idées de nombre : pour exprimer ou comprendre un calcul, il faut avoir égard, non seulement à la valeur propre des chiffres, mais encore à celle qu'ils tirent, soit de la place qu'ils occupent, soit des signes qui les modifient, soit de ceux qui les unissent ou les séparent.

La syntaxe, considérée comme l'art de calculer des idées de tout genre par le moyen de signes donnés, et à prendre ce terme dans toute l'étendue de sa signification primitive, qui veut dire *j'arrange avec*, consiste donc à marquer la place que les signes doivent occuper dans le discours, à déterminer les variations que quelques-uns doivent éprouver, et à fixer l'usage de ceux qui ne servent qu'à lier les autres entre eux.

La construction est donc la première partie de la syntaxe. Elle en est la plus importante et celle dont l'utilité est la plus universelle ; car il n'y a pas une circonstance dans le langage, quel qu'il soit, où il ne faille, pour le rendre intelligible, établir un ordre quelconque entre les signes qui le composent ; au lieu que, suivant les occasions, on peut se dispenser, ou de leur faire subir des altérations, ou d'en créer de nouveaux uniquement destinés à marquer les rapports des autres. Je vais donc parler d'abord de la construction.

SECTION PREMIÈRE

De la construction

On a beaucoup disputé pour savoir s'il y a une construction *naturelle*, et si une telle construction mérite plutôt le nom de *directe* ou d'*inverse* que telle autre.

Cependant, en vérité, cela ne devait pas souffrir beaucoup de difficulté, ou plutôt il n'y a pas même matière à question dès que l'on sait ce qu'on veut dire par les mots naturelle, directe et inverse.

En effet, ce qui est incontestablement naturel, c'est-à-dire conforme à notre nature, c'est que les signes suivent les idées; que, par conséquent, la phrase commence par l'idée dont on est le plus préoccupé et que toutes les autres viennent ensuite à proportion de leur rapport avec celle-là. Ainsi, dans les grands mouvements de passion, il est très naturel de commencer par nommer, ou l'affection qu'on éprouve, ou l'objet qui la cause. En pareil cas, abstraction faite de l'habitude, on dira plutôt, *peur j'ai de cela*, ou *de cela peur j'ai*, que *j'ai peur de cela*. Il en sera de même dans toutes les circonstances analogues.

Mais, pour les mêmes raisons, toutes les fois que l'on est de sang-froid et qu'il ne s'agit que d'expliquer tranquillement un jugement que l'on porte, il n'y a assurément rien de plus naturel que d'exprimer d'abord l'idée dont on s'occupe, puis celle que l'on remarque comme y étant renfermée, c'est-à-dire le sujet et ensuite l'attribut. Car certainement, l'objet de l'examen est présent à la pensée avant la circonstance qu'on y découvre[a]. C'est là l'ordre invariable de l'opération intellectuelle; et cette construction est bien nommée *directe* relativement à la marche de notre esprit, bien que toutes celles nommées avec raison *inverses* soient tout aussi naturelles, suivant les circonstances. Il est même à remarquer qu'il y a une multitude de constructions inverses différentes, parce qu'il y a mille manières

a. Il est également naturel et direct de dire, *la pluie a rempli ce vase*, ou *ce vase est plein d'eau de pluie*, parce que, dans le premier cas, c'est la *pluie*, et dans le dernier cas, c'est le *vase*, qui est l'objet du jugement énoncé ; mais dans tous deux, cet objet, ce sujet est exprimé le premier, et c'est là ce qui est vraiment conforme à l'ordre naturel et direct des opérations de la pensée.

différentes d'être affecté et préoccupé ; au lieu qu'il ne peut y avoir qu'une construction directe, parce que l'opération de juger est toujours la même.

Des vérités si frappantes et si simples n'ont pu être méconnues que parce que, dès longtemps, l'on s'est obstiné à vouloir que l'acte de la pensée fût instantané et indivisible. Ce n'était pas le moyen de parvenir à l'analyser et à reconnaître le mode de sa formation et de son expression. Certainement nos opérations intellectuelles sont d'une rapidité inexprimable, plus grande même que nous ne pouvons le concevoir. L'excessive célérité du fluide lumineux, du fluide électrique, qui parcourent des distances énormes dans un instant inappréciable, ne nous donne peut-être qu'une idée encore imparfaite de la prodigieuse rapidité des mouvements qui s'opèrent dans un aussi petit individu que le nôtre, quand nous sentons et que nous pensons. Je crois l'avoir prouvé plus que qui que ce soit, en faisant voir la quantité énorme d'opérations distinctes et successives qui doivent nécessairement s'exécuter en nous dans un instant indicible quand nous produisons certains effets[a]. Cependant, il n'en faut pas conclure que cette vitesse excessive soit précisément infinie, suivant toute la rigueur de ce mot, c'est-à-dire absolument sans bornes. Il faut bien prendre garde de ne jamais prendre les limites de nos moyens de connaître et de concevoir pour celles de toute existence et de toute possibilité ; or, c'est ce que nous ne faisons que trop souvent. Toute grandeur s'évalue en nombre ; et toutes les fois qu'un nombre dépasse le terme où notre imagination se perd et s'égare, nous le proclamons infini. C'est ainsi que nous nous faisons l'idée de l'infini dans tous les genres ; et le mot infini ne signifie jamais pour nous qu'une chose dont nous ne voyons pas la fin, mais non pas une chose qui réellement n'a point de fin. Il est même positivement impossible qu'il ait ce dernier sens ; car nous ne pouvons absolument rien concevoir qui n'ait un commencement et une fin ; et il ne se peut pas que le commencement ne soit pas avant la fin.

La pensée est donc excessivement rapide ; et son expression est beaucoup plus lente, comme nous ne l'éprouvons que trop ; mais la première s'exécute suivant un certain ordre, comme la seconde, et cet ordre est celui de la construction appelée avec raison *construction directe*. Ceux mêmes qui le nient avec le plus d'opiniâtreté en conviennent tacitement sans s'en apercevoir. Car, dès qu'ils ont de la peine à comprendre le sens d'une phrase où l'on a employé quelqu'une de ces constructions qu'ils ne

a. Voyez tome premier, chapitre XIV, p. 281 et suivantes. [*Note des éditions de 1817 et de 1825*]

veulent pas nommer *inverse*, que font-ils cependant pour se tirer d'embarras ? Ils font ce qu'ils appellent *la construction* ; c'est-à-dire qu'ils replacent tous les mots suivant l'ordre direct ; et tout de suite la clarté renaît, parce qu'à l'instant cet ordre manifeste la manière dont se lient entre elles les diverses idées qui composent la phrase, et celle dont dépendent les uns des autres les signes qui représentent ces idées. Cet ordre est donc bien celui que ces idées suivent dans l'acte de la pensée. Examinons un peu plus en détail en quoi il consiste.

Pour suivre l'ordre direct, il faut, comme nous l'avons dit, énoncer d'abord l'objet de sa pensée ; puis dire ce que l'on en pense, c'est-à-dire exprimer premièrement tout le sujet, et ensuite tout l'attribut de la proposition ; car il n'y a jamais que cela dans une phrase quelconque. C'est là un premier point essentiel et indispensable, mais ce n'est pas le seul.

La même considération se retrouve dans chacune des deux parties de la phrase. Tous les sujets et tous les attributs ne sont pas toujours composés d'un seul mot, comme dans ces phrases, *Pierre dort*, *je travaille*, et autres semblables ; au contraire, ils sont plus ordinairement formés chacun de la réunion de plusieurs signes, comme dans celles-ci, *Pierre, qui prétendait être si actif, dort sans songer à rien ; moi* (ou je), *que l'on accusait d'être paresseux,* (je) *travaille toujours, quoique personne ne me seconde.*

Ces divers signes sont donc la représentation d'autant d'idées partielles qui viennent se joindre à une idée principale et la modifier de manière à en former une nouvelle idée plus complexe que la première. Mais ces nouvelles idées ne viennent altérer la première qu'en vertu de jugements que nous en portons, et dont elle est le sujet. Il est donc conforme à l'ordre direct que cette idée principale du sujet et de l'attribut de toute proposition soit énoncée d'abord, et que ses accessoires viennent se ranger à sa suite, suivant le degré d'importance des rapports qu'ils ont avec elle.

Si l'on veut se convaincre de cette vérité, il n'y a qu'à prendre à rebours tous les mots du sujet de la proposition que nous venons de citer, et dire, *actif si être prétendait qui Pierre*. Assurément, malgré les ressources que peuvent fournir les conjugaisons et les déclinaisons pour rétablir l'enchaînement des idées, il n'y a point de langue dans laquelle un tel renversement ne devînt souvent un galimatias inextricable. Que serait-ce si l'on allait jusqu'à brouiller ensemble des parties du sujet et des parties de l'attribut ?

Il faut donc, suivant l'ordre direct, dans chaque sujet et dans chaque attribut, comme dans toute proposition, énoncer d'abord l'idée principale, puis celle qu'on y ajoute.

Or, dans tout sujet, cette idée principale est un nom, ou une phrase prise substantivement qui par là même devient le nom d'une idée, ou un pronom tenant lieu de ce nom ou de cette phrase; car on ne peut parler de rien sans le nommer; et dans tout attribut, l'idée principale est l'attribut commun, universel, nécessaire; c'est l'idée *d'être*, *d'exister*; car on ne peut dire d'aucune chose qu'elle est d'une certaine manière, sans dire auparavant qu'elle *est*, qu'elle *existe*. Nous avons déjà prouvé cela suffisamment.

L'ordre direct, l'ordre conforme à la marche de la pensée, est donc, non seulement que toute proposition commence par le sujet et finisse par l'attribut, mais encore que tout sujet commence par un nom et tout attribut par le verbe *être*; et ce principe s'étend et se retrouve dans toutes les propositions incidentes ou subordonnées qui se rencontrent dans les propositions principales.

Il faut, par suite, que chacune des idées accessoires du sujet et de l'attribut soit rapprochée de l'idée principale, à proportion du degré de liaison qu'elle a avec elle; et que, dans l'énonciation de celles dont l'expression est composée de plusieurs signes, ces signes soient rangés suivant l'ordre de leur dépendance les uns des autres.

Par la seule observation de ces règles, l'énonciation successive de nos idées commence déjà à être une peinture distincte de leurs combinaisons. Nos signes n'ont déjà plus seulement la valeur qui est propre à chacun d'eux; ils y ajoutent celle qui résulte de la place qu'ils occupent. C'est là tout le parti que nous pouvons tirer de la construction ou de l'ordre des signes. Je n'ai plus rien à en dire. Passons à la seconde partie de la syntaxe.

SECTION II

Des déclinaisons

On ne peut se dissimuler que la construction seule ne suffirait point pour répandre dans le discours une clarté parfaite. Les nuances de nos idées sont devenues si délicates, et par conséquent leur expression si compliquée, que le seul ordre des signes serait incapable de faire toujours sentir leurs rapports. D'ailleurs, mille causes nous font souvent un plaisir et même un besoin d'intervertir cet ordre. On a donc eu recours à d'autres expédients, et d'abord à celui de faire subir à ces signes différentes altérations qui indiquent leur concordance ou leur dépendance, et qui, en même temps, leur impriment certaines modifications, de temps, de nombres, de genres, ou d'autres circonstances qu'il faudrait, sans elles, exprimer par d'autres signes distincts et séparés. Ces altérations constituent ce que l'on appelle les déclinaisons et les conjugaisons. Cette autre partie de la syntaxe supplée à l'insuffisance de la construction et nous rend des services que nous ne pouvons attendre de celle-ci pour former un résultat général des valeurs particulières de chacun des signes qui composent nos propositions. Nous allons facilement en trouver les motifs et les règles dans ce que nous avons dit ci-dessus de la nature et des fonctions de chacun des éléments du discours.

Rappelons-nous d'abord que les idées qu'expriment les noms sont les seules qui soient considérées comme ayant, au moins dans notre esprit, une existence absolue et indépendante. Celles qui sont représentées par tous les autres éléments du discours sont considérées au contraire comme n'ayant qu'une existence relative à celles-là. Il s'ensuit que les variations qu'éprouvent les noms ne peuvent avoir pour objet que de modifier ou de déterminer diversement l'idée qu'ils représentent, indépendamment de toute autre, tandis que les altérations que l'on fait subir à d'autres signes ont pour but unique de marquer leurs relations avec les noms. Examinons donc d'abord les déclinaisons des noms; elles nous ferons connaître toutes les autres; et comprenons, sous ce nom de déclinaison, tous les changements que peut éprouver la forme primitive d'un nom.

PARAGRAPHE PREMIER

Des déclinaisons des noms

Quand on prononce le nom d'un être quelconque, on peut vouloir dire si on applique actuellement ce nom à un ou plusieurs objets de la même espèce : c'est ce qu'on appelle en déterminer le *nombre*; et si ces objets sont mâles ou femelles, ou ni de l'un ou de l'autre : c'est ce qui constitue les *genres*. Voilà donc déjà deux motifs pour faire varier la finale de ces mots. Ce seraient même là les seules causes possibles de leurs variations si les noms n'étaient jamais employés qu'à représenter les sujets de nos propositions; mais nous avons vu que souvent ils servent de compléments à d'autres noms, ou à des adjectifs, ou à des verbes adjectifs; et dans ce cas, il est utile de marquer leur dépendance de ces autres noms, de ces adjectifs et de ces verbes. Voilà une troisième raison pour leur donner différentes désinences, que l'on appelle des *cas*, du mot latin *casus* (chute).

C'est ici le lieu d'observer que tous les rapports entre les mots dont la manifestation est l'objet de la syntaxe se réduisent à deux, que l'on a, suivant moi, mal nommés, *rapport d'identité* et *rapport de détermination*;

car aucun mot n'est identique avec un autre, et tous déterminent la signification les uns des autres. Ainsi, l'une de ces dénominations est inexacte et l'autre est vague. Mais il est vrai de dire que tout mot employé dans une phrase est étroitement lié, intimement uni avec un autre mot, représente une idée qui vient se confondre avec celle représentée par cet autre mot, et former avec elle un nouveau tout; et, dans ce cas, il a avec ce mot un véritable *rapport de concordance*; ou il n'est destiné qu'à lui servir de complément, à exprimer une conséquence de sa signification; et, dans ce cas, il en est un appendice, il en dépend, il a avec lui un rapport que j'appellerai *rapport de dépendance*. C'est ainsi que l'on dit: les verbes et les adjectifs *s'accordent* avec leurs sujets et leurs substantifs, et *gouvernent* leurs régimes.

Maintenant, il est aisé de voir que les noms ne peuvent jamais avoir besoin d'exprimer ce rapport de concordance; car c'est avec eux que les autres mots qui en sont susceptibles viennent s'accorder et se réunir; mais ils peuvent, comme nous l'avons dit, avoir besoin de manifester le rapport de dépendance, puisqu'ils peuvent être complément; et c'est ce qu'ils font par le moyen des cas. Les seules variations possibles des noms sont donc les nombres, les genres et les cas. Cependant ce n'est pas à dire qu'ils éprouvent toutes ces variations dans toutes les langues; ils peuvent même n'en éprouver aucune. Leurs nombres et leurs genres peuvent, si cela est nécessaire, être marqués par des adjectifs; et même les genres qu'on leur donne sont souvent si arbitraires, et toujours si inutiles, qu'il vaut mieux qu'ils n'en aient pas. En effet, quoi de plus ridicule que de donner le genre féminin ou masculin au nom d'une chose qui n'est susceptible ni de l'un ni de l'autre; ou de donner l'un des deux, ou le neutre, également au mâle et à la femelle de la même espèce d'animal. Assurément c'est introduire dans les langues des difficultés bien inutiles. Quant au rapport de dépendance des noms, il n'en est pas de même; il faut qu'il soit marqué; mais il l'est souvent et il peut l'être toujours par des prépositions. L'usage des cas ne dispense même jamais totalement de l'usage des prépositions, si ce n'est dans une langue ou deux, qui ont autant de cas différents que les autres ont de prépositions. Depuis cette extrême multiplicité des cas, qui doit être très embarrassante, jusqu'à leur manque absolu, leur nombre varie dans les différentes langues; mais je ne m'y arrêterai pas. Ce détail appartient aux grammaires particulières. Il me suffit d'avoir dit les causes et les effets des déclinaisons des noms. L'ordre des idées exigerait que nous traitassions ensuite [des déclinaisons]* de leurs attributs, des verbes; mais comme elles sont compliquées par des circonstances relatives à l'idée d'existence qu'ils renferment, nous examinerons d'abord celles des adjectifs.

PARAGRAPHE II

Des déclinaisons des adjectifs

L'idée qu'exprime un adjectif, nous l'avons déjà dit, il ne nous la représente que comme pouvant exister dans celle exprimée par un nom, et non comme y existant réellement et effectivement, ainsi que le fait le verbe. Mais il ne s'ensuit pas moins que cette idée n'a point d'existence propre, qu'elle ne peut avoir de réalité que dans celle dont le nom est le signe. Il faut donc que tout adjectif fasse sentir son rapport de concordance avec un nom exprimé ou sous-entendu; et il ne saurait jamais indiquer trop clairement à quel nom précisément il se rapporte. Il est donc utile qu'il marque les nombres, les genres et les cas, si les substantifs les marquent. Il est même absolument nécessaire qu'au moins quelques-uns d'eux marquent les nombres, si les substantifs ne les indiquent pas; sans quoi, dans beaucoup d'occasions, rien ne les ferait connaître. Au reste, les adjectifs n'ont jamais à exprimer un rapport de dépendance qui leur soit propre. Le seul qui leur appartienne essentiellement est celui de concordance. S'ils changent de cas, c'est toujours pour se conformer au substantif exprimé ou sous-entendu auquel ils se rapportent. Aussi ils ne peuvent jamais avoir plus de cas différents que les substantifs de la même langue n'en marquent, soit par des désinences, soit par des prépositions. Par les mêmes raisons, ils doivent pouvoir passer successivement à tous les genres, puisqu'ils sont unis successivement à des substantifs de tout genre. A ce peu de mots se réduit tout ce que j'avais à dire sur les déclinaisons des adjectifs. Il est temps de passer à celles des verbes.

PARAGRAPHE III

Des déclinaisons des verbes

On appelle ordinairement conjugaisons les déclinaisons des verbes. C'est, dit-on, parce que plusieurs d'entre eux se conjuguent les uns comme les autres, sont rangés sous le même joug. Mais cette raison conviendrait

* Omis dans les éditions de 1817 et de 1825.

tout aussi bien ou tout aussi mal aux déclinaisons des substantifs et des adjectifs; et elle ne me paraît pas suffisante pour donner des noms différents à des choses aussi analogues. J'appellerai donc aussi déclinaisons les variations des verbes, et je comprendrai sous ce nom générique tous les changements qu'éprouve leur forme primitive, soit par des syllabes ajoutées à la fin ou au commencement, soit par des lettres intercalées dans le corps du mot, comme cela est usité dans certaines langues.

Les déclinaisons des verbes sont des moyens de syntaxe, c'est-à-dire de coordination, comme celles des noms et des adjectifs; mais elles ont des particularités remarquables qui naissent de la nature de cet élément de la proposition.

Le propre du verbe est d'exprimer l'existence, soit l'existence abstraite et en général, comme fait le verbe *être*, soit une existence particulière, une certaine manière d'être déterminée, comme font tous les verbes adjectifs. Quand ces verbes expriment purement et uniquement cette existence générale ou particulière sans ajouter aucun accessoire à sa simple énonciation, ils ne sont rien que le nom de cette existence; ils sont ce qu'on appelle *au mode infinitif. Etre* est le nom de cette qualité, de cette propriété qui consiste à être, à exister, à n'être pas le néant. *Aimer* est le nom de cet état particulier, de cette manière spéciale d'exister qui consiste à *être aimant*.

Si l'on modifie ces noms, ces infinitifs, si on leur donne une terminaison adjective qui représente la manière d'être qu'ils expriment non plus comme isolée et indépendante, mais comme pouvant et devant appartenir à un être quelconque, le verbe passe à ce que l'on appelle le *mode participe*. Il devient un véritable adjectif, il en fait les fonctions et n'en remplit point d'autres; seulement, comme les autres adjectifs, il est souvent employé substantivement.

Si au lieu de donner au nom verbal, à l'infinitif du verbe, une forme adjective, on lui en donne une qui marque qu'il est le second membre d'une proposition, que l'on prononce expressément que la manière d'être quelconque qu'il exprime appartient à un sujet, alors il n'est plus ni nom, ni adjectif, il est un véritable attribut, il remplit une fonction que le verbe ne remplit pas toujours, mais que lui seul peut remplir; il est à ce que l'on appelle un *mode défini*. Aussi avons-nous vu qu'il y a toujours proposition, énoncé de jugement dans le discours, quand il s'y trouve un verbe à un mode défini, et qu'il n'y en a jamais sans cela. Nous examinerons plus loin les différentes nuances des modes définis.

Voilà donc une première partie des déclinaisons du verbe qui n'a pas pour objet de marquer ses rapports avec les autres signes avec lesquels il est en relation[a], mais qui est destinée à changer ses fonctions et qui fait successivement du même mot, trois éléments du discours. Observons seulement que ce que nous venons d'expliquer, en partant du simple pour arriver au composé, dans la pratique, les hommes, qui commencent toujours par les masses, l'ont opéré en allant du composé au simple. Nous avons déjà vu qu'à l'instant où, par l'invention d'un nom, l'interjection cesse d'exprimer à elle seule la proposition tout entière, par cela même elle devient un attribut; et ce n'est qu'ensuite qu'on en fait un adjectif, et puis un nom[b].

Quoi qu'il en soit, dans ces trois états d'attribut, d'adjectif et de nom, le verbe est susceptible d'une seconde espèce de déclinaison, de celle destinée à marquer ses rapports avec les autres signes du langage. Seulement ces rapports étant d'une nature différente dans les trois cas, on sent bien que cette seconde déclinaison ne doit pas s'appliquer de la même manière au verbe dans ses trois différents états.

Ainsi, dans l'état de nom, le verbe est susceptible d'être d'un genre, et de marquer les nombres et les cas, non pas pour s'accorder avec les autres éléments du discours, mais pour, ainsi que les autres noms, exprimer ses propres modifications et, quand cela est nécessaire, un rapport de dépendance. Cependant, dans aucune langue, je crois, les infinitifs n'éprouvent ces sortes de variations, peut-être parce que ce sont des substantifs si abstraits, et toujours employés d'une manière si indéterminée, qu'on a jugé ces spécifications inutiles. Toutefois est-il vrai qu'ils en sont susceptibles[c].

a. C'est ce qui fait dire à Beauzée *que les modes des verbes, excepté les subjonctifs*, ne sont pas des moyens de syntaxe; mais il aurait dû en dire autant des temps des verbes, et des nombres et des genres des substantifs, et il aurait dû excepter tous les modes elliptiques, comme le subjonctif; car ils marquent des rapports avec des phrases sous-entendues; ainsi, ils sont aussi des moyens de syntaxe.

b. Aussi, des grammairiens savants dans les langues anciennes ont pensé que la vraie racine, la forme primitive des verbes latins, est la seconde personne du présent de l'indicatif, et Leibniz prétend que c'est la seconde personne du présent de l'impératif, laquelle, le plus souvent, ne diffère pas beaucoup de l'autre.

c. J'ajouterai que je pense, comme Beauzée, que les gérondifs latins sont de véritables cas de l'infinitif, et qu'il en est de même dans ces phrases françaises, *en disant*, *en faisant*, que nous appelons des gérondifs, à moins qu'on ne préfère de les regarder comme des cas du participe employé substantivement. Cela revient au même, car il est indifférent de dire que

Quand le verbe est dans l'état d'adjectif, il doit, comme les autres adjectifs, marquer les nombres et les cas, et il doit avoir les trois genres : et cela pour pouvoir s'accorder avec les substantifs, dans toutes les circonstances. Aussi les participes éprouvent-ils ces modifications dans les langues où les autres adjectifs sont déclinables.

Enfin, quand le verbe est attribut, il faut qu'il exprime le rapport de concordance avec son sujet.

Pour cet effet, il doit marquer les nombres; aussi les marque-t-il toujours dans les langues un peu perfectionnées.

Il est très peu utile qu'il marque les genres; aussi n'y a-t-il, que je sache, que la langue hébraïque et, je crois, la langue suédoise, dans lesquelles il les marque.

Il n'a pas besoin de marquer les cas, car il est de sa nature de n'avoir jamais à s'accorder qu'avec des noms au nominatif. Aussi ne les marque-t-il jamais.

En revanche, il doit marquer les personnes, et c'est une fonction qui lui est exclusivement réservée; aussi la remplit-il dans toutes les langues. Je crois même que d'avoir des personnes est le signe caractéristique que le verbe est attribut et que, quand on l'emploie, on prononce actuellement que l'idée qu'il exprime est jugée appartenir à un sujet.

Telles sont les modifications que le verbe, dans ces différents états, peut recevoir pour indiquer ses relations avec les autres parties du discours. Mais les verbes ont encore une autre cause de variations; et cette troisième branche de déclinaison n'est plus destinée à marquer leurs rapports avec les autres signes, mais à exprimer des modifications qui leur sont propres, et particulières à eux. En effet, qu'ils soient attributs, adjectifs ou substantifs, ils sont toujours susceptibles de temps, puisque toujours ils expriment une manière d'être, d'exister; que l'existence est susceptible de durée, et que la durée a nécessairement des époques et des périodes qu'il peut être utile de désigner. Aussi, dans toutes les langues, les verbes ont-ils des temps à

c'est le verbe dans l'état d'adjectif pris substantivement, ou le verbe dans son état de substantif. Ce qui est certain, c'est que c'est l'un ou l'autre, ou si l'on veut, l'un et l'autre. *En disant, en faisant*, est toujours l'équivalent de ceci, pendant l'action *dire*, pendant l'action *faire*, par le moyen de l'action *dire*, par le moyen de l'action *faire*.

C'est là sans doute la vraie raison pour laquelle les infinitifs sont indéclinables dans toutes les langues ; c'est que les déclinaisons des participes pris substantivement y suppléent.

tous les modes. Seulement ils en ont beaucoup plus aux modes définis, parce que c'est surtout lorsqu'ils sont attributs qu'il est nécessaire qu'ils expriment des nuances fines dans ce genre.

Voilà donc le tableau de tous les motifs des variations des verbes qui composent leurs déclinaisons. Ajoutons-y seulement, pour en rendre l'énumération plus complète, quelques éclaircissements sur les prétendus modes appelés définis.

On a pu voir déjà, par ce que nous venons de dire, combien sont vagues et insignifiants ces noms d'infinitifs, de participes, de modes définis et indéfinis. En effet, quoiqu'un verbe à l'état de substantif ne puisse pas avoir un sujet, son expression n'est ni infinie, ni indéfinie; la preuve en est qu'il peut lui-même être le sujet d'une phrase; et quand un participe s'accorde en genres, en nombres et en cas avec le nom auquel il sert d'adjectif, il est tout aussi défini qu'un temps de l'indicatif qui s'accorde avec son sujet en nombre et en personne. Ces dénominations n'ont donc aucun motif plausible. Au contraire, puisqu'un verbe devient successivement substantif, adjectif et attribut, sans cesser d'être verbe, sans cesser d'exprimer l'existence, sans perdre la propriété d'avoir des temps, qui est celle qui le distingue essentiellement de tous les autres éléments du discours, il me semble que ces trois fonctions sont bien des manières d'êtres différentes qui lui appartiennent, des modes distincts de son existence, et que ces modes seraient très bien nommés, *mode substantif*, *mode adjectif*, et *mode attributif*.

Ensuite, il s'agirait de déterminer quelles subdivisions l'on doit admettre dans le mode attributif. Mais nous avons déjà vu, dans le chapitre II, que tous ces soi-disants modes optatif, impératif, interrogatif, dubitatif, ne sont que des locutions abrégées, dans lesquelles, lorsqu'on remplit les ellipses, on ne retrouve toujours que les modes indicatif, conditionnel et subjonctif. Reste donc à examiner ceux-là.

Le verbe, dans ces trois modes, joue également le rôle d'attribut; il signifie également que l'idée qu'il exprime est comprise dans un sujet. Dans le premier, il le dit positivement et absolument; dans le second, il y ajoute une idée d'incertitude, et dans le troisième, une idée de dépendance d'un autre verbe. J'en conclus, 1°. que le mode conditionnel n'est qu'une nuance, qu'un usage particulier du mode indicatif, nuance qui est plutôt un changement de temps qu'un changement de mode; car le conditionnel a toujours quelque chose de futur, ou du moins d'éventuel, puisque ce qu'il énonce doit être, mais ne sera que quand une telle chose aura lieu; 2°. que le mode subjonctif est absolument le mode indicatif à un cas oblique, précisément comme *Petri* est le même nom que *Petrus*, en y ajoutant seulement l'idée de dépendre d'un autre nom. Car quand je dis, *je suis* et *je sois*, je dis exactement la même chose, à cela près que, dans le second cas, j'exprime que ce jugement dépend d'un autre. Cela est si vrai que, quand l'usage permet de négliger cette circonstance, en général peu intéressante, on se sert de la première expression dans les mêmes occasions où l'on emploierait l'autre. En français, on dit, *il faut que je sois*, et *je sens que je suis*, et assurément dans les deux cas cela veut bien dire l'idée *être* est l'attribut de l'idée *je*.

Le conditionnel et le subjonctif ne sont donc pas de vrais modes du verbe; mais l'un est une circonstance particulière, et l'autre un cas oblique[a] du mode indicatif. Ils font tous trois partie du mode attributif.

Je me résume donc, et je dis qu'il est dans la nature du verbe d'avoir trois modes, le substantif, l'adjectif et l'attributif; que dans le premier, il est susceptible de toutes les modifications qui forment les déclinaisons des substantifs; que dans le second, il éprouve toutes celles qui constituent les déclinaisons des adjectifs; que dans le troisième, il ne marque jamais les cas, rarement les genres, toujours les nombres, et de plus les personnes de son sujet; que dans tous trois, il marque les temps et que ce sont toutes ces altérations diverses qui composent ses déclinaisons.

Mon premier projet avait été de me borner à ces observations générales sur les déclinaisons des verbes, parce qu'elles suffisent pour bien montrer quel rôle ces déclinaisons jouent dans le discours comme moyens de syntaxe; et je ne voulais point entrer dans la discussion du système des temps qui a déjà excessivement occupé les grammairiens, et suivant moi sans beaucoup de fruit. Cependant, je fais réflexion que ce sujet est très

a. On peut ajouter que ce cas est tout aussi et peut-être encore plus inutile que le sont ceux des noms quand leur dépendance d'un autre mot est déjà marquée par une préposition; car la relation d'une proposition et de son verbe avec la proposition et le verbe dont ils dépendent est toujours suffisamment exprimée par la conjonction *que* qui les unit. Aussi y a-t-il des langues où l'on ne se sert point du subjonctif dans les mêmes occurrences où d'autres langues exigent qu'on y ait recours; et il peut y en avoir où on ne l'emploie jamais sans qu'elles y perdent rien du côté de la clarté. Voyez ce que nous avons dit dans le chapitre III de la conjonction *que*, qui est une véritable préposition de proposition, comme les prépositions ordinaires sont des prépositions de noms.

Il n'y a point de subjonctif ni dans l'hébreux, ni dans le suédois. Voyez Beauzée, Des modes.

curieux ; que tant que l'on ne s'en rend pas bien compte, on ne connaît pas totalement le mécanisme du discours dans des langages aussi compliqués que les nôtres et que, par conséquent, on n'a pas une théorie complète de la grammaire générale. Je vais donc, au risque d'échouer comme tous mes prédécesseurs, exposer mes idées sur ce point délicat ; et j'en ferai un article à part, que l'on pourra, si l'on veut, rejeter à la fin de cette *Grammaire*, pour qu'il n'en interrompe pas la suite et ne relâche pas la liaison de toutes ses parties.

DES TEMPS DES VERBES

Il y a trois manières principales de considérer l'existence, c'est de la regarder comme passée, comme présente, ou comme à venir. Les idées de passé et d'avenir ne sont que des idées relatives à l'idée de présent. C'est donc le présent qu'il faut d'abord déterminer. Or, dans la durée comme dans l'espace, on ne peut déterminer un point que par ses relations avec un point connu : il faut donc attacher l'idée de présent à une époque connue, pour distribuer autour d'elle le passé et l'avenir. Mais si l'on s'était avisé de l'unir invariablement à un instant précis de la série des siècles, qui servît éternellement de point de comparaison, il y a longtemps que nous serions inévitablement plongés dans l'avenir et que nous ne pourrions parler de rien de ce que nous voyons et éprouvons que comme de choses plus ou moins futures. Il est même vraisemblable qu'aucun de nos souvenirs ne remonterait jusqu'au temps présent, et encore moins jusqu'au passé qui l'aurait précédé. Cette idée peut paraître bizarre ; cependant je l'expose, parce que je la crois propre à bien faire sentir le mécanisme du discours relativement à la durée et aux temps des mots qui en désignent les époques.

Heureusement il n'a pas pu venir dans la tête des hommes de réaliser cette supposition. Quand on parle, c'est toujours pour exprimer ce que l'on pense à l'instant où l'on parle : il était donc indispensable que tout le discours se rapportât à cet instant et que les temps qui y sont destinés à représenter le présent s'appliquassent à ce moment-là. Le présent, dans le discours, est donc toujours l'instant de l'acte de la parole ; et cette époque est toujours la même dans tous les discours. A la vérité, elle est perpétuellement variable ; mais cela est indifférent, parce que toutes les autres qui sont énoncées sont toujours relatives à celle-là et se groupent autour d'elle.

L'idée de présent n'est susceptible ni de plus ni de moins : ainsi, il ne peut y avoir qu'un temps présent à chaque mode des verbes[a]. Le passé et le futur, au contraire, admettent divers degrés. Aussi les verbes, dans chacune de leurs manières d'être, ont-ils ou du moins peuvent-ils avoir plusieurs temps passés et plusieurs temps futurs. La question est de savoir combien l'on doit admettre de ces temps, quelle est leur véritable signification, quels sont leurs rapports entre eux, quels sont ceux qui sont réellement distincts, et s'il n'y en a pas qui ne soient qu'illusoires et de purs abus de l'esprit qui s'égare dans ses combinaisons. Or, cela n'est point aisé à démêler, parce que nos langues sont excessivement compliquées, parce qu'elles sont très irrégulières, et surtout parce que beaucoup de temps de leurs verbes ne se forment que par le secours d'autres verbes qui viennent mêler leur signification propre à l'expression qui résulterait naturellement de la formation du temps dans lequel ils entrent, et que par là la véritable valeur de ce temps se trouve déguisée. Néanmoins, je crois avoir trouvé un moyen sûr de réussir dans cette recherche.

Je remarque que le verbe *être* est vraiment le verbe auxiliaire, universel et nécessaire ; qu'il entre forcément dans la composition de tous les autres ; qu'il se retrouve dans tous leurs temps, même dans leurs temps simples, quand on les décompose ; et qui plus est, que c'est de lui seul qu'ils tiennent la possibilité d'avoir des temps, puisque c'est à lui seul qu'ils doivent la propriété d'exprimer l'existence. J'en conclus que ce sont les temps du verbe *être* que nous devons examiner ; qu'ils nous donneront la clé de tous les autres et que nous ne pouvons trouver dans ces autres verbes aucuns temps réels qui ne soient dans celui-là. En conséquence, je vais présenter au lecteur le tableau complet des temps du verbe *être* ; et afin que l'on voie mieux leurs diverses analogies, je les montrerai dans cinq langues : le français, le latin, l'italien, l'anglais et l'allemand. Cela sera d'autant plus utile que, dans trois de ces langues, la déclinaison du verbe *être* lui-même est encore altérée par le mélange d'autres verbes, dont il emprunte le secours. Mais au moins dans le latin, nous verrons tous ses temps

a. Cette seule réflexion suffirait pour m'empêcher d'adopter le système des temps de Beauzée. Je respecte ses lumières plus que qui que ce soit. Mais je ne comprends pas comment il n'a pas senti qu'il ne pouvait y avoir ni présent antérieur, ni présent postérieur. De tels présents ne sont présents que relativement à une autre époque que celle de l'acte de la parole, et lui-même venait de très bien prouver que c'est à celle-là que l'on doit rapporter tous les temps des verbes.

absolument simples et formés uniquement par des changements de désinences qui, en les distinguant, indiquent leurs rapports; et dans l'italien, nous les trouverons souvent composés, mais composés uniquement d'autres temps du même verbe qui en montrent clairement la vraie valeur, et qui présentent l'analyse exacte des temps correspondants du verbe latin, à peu près comme quand après avoir dit *j'aime*, on explique que c'est la même chose que *je suis aimant*.

Les ouvrages dont je me suis servi pour dresser ce tableau sont, pour le français, ceux de Condillac, de Girard, et la nouvelle méthode de Devienne; pour le latin, le rudiment de Lhomond[a]; pour l'italien, les grammaires de Corticelli et de Bencirechi; pour l'allemand, celles de Gottschedt et de Junker; et pour l'anglais, celles de Siret et de Mather-Flint. Il est aisé de voir déjà que dans l'arrangement de ce tableau, je n'ai distribué ni les modes, ni les temps suivant mes principes. Il ne m'a pas été possible non plus de suivre complètement aucun de ces grammairiens, parce qu'ils diffèrent beaucoup entre eux. Je me suis borné à recueillir exactement tous les temps dont ils parlent et à les arranger à peu près suivant la méthode qui m'a paru la plus généralement suivie et qui ne diffère pas beaucoup de celle suivant laquelle nous les présente Condillac. J'y ai pourtant fait quelques légers changements qui ont pour but de rendre certains rapprochements plus sensibles; mais ce seront nos propres observations sur ces modes et sur ces temps qui nous apprendront ce que nous devons en penser et qui nous conduiront à en dresser un tableau vraiment méthodique. Commençons donc par jeter un coup d'œil sur celui-ci.

(*Voyez le tableau ci-après*)

a. J'y ai trouvé avec plaisir une réflexion pleine de sens dont j'aime à lui faire hommage; c'est que dans une grammaire particulière, dans un rudiment, on doit enseigner comment l'on s'exprime dans une telle langue, et dans une grammaire générale, on doit montrer comment l'on doit s'exprimer. C'est là bien déterminer la nature de ces deux sortes d'ouvrages, que leurs auteurs mêmes confondent trop souvent. Je voudrais pouvoir ne pas étendre ce reproche jusqu'à Condillac.

TABLEAU DES TEMPS DU VERBE SIMPLE ET ABSTRAIT en français, en latin, en italien, en allemand et en anglais

NOMS DU VERBE	ÊTRE	ESSE	ESSERE	SEIN	TO BE
INFINITIF	Être	*Esse*, être	*Essere*, être	*Sein*, être, autrefois *wesen*	*To be*, être
	Avoir été	*Fuisse*, avoir été	*Essere stato*, être été	*Gewesen sein*, été être ou être été	*To have been*, avoir été
		Fore ou *futurum esse*, être devant être, devoir être	*Esser per essere* ou *Aver a essere*, être pour être, devoir être ou avoir à être		
		Futurum fuisse, avoir été devant être, avoir dû être			
PARTICIPE	Étant		*Essendo*, étant	*Seiend*, étant (inusité)	*Being*, étant
	Été		*Stato*, été	*Gewesen*, été	*Been*, été
	Ayant été		*Essendo stato*, étant été		*Having been*, ayant été
		Futurus, devant être			
INDICATIF	Je suis	*Sum*, je suis	*Io sono*, je suis	*Ich bin*, je suis	*I am*, je suis
	J'ai été	*Fui*, j'ai été, je fus	*Io sono stato*, je suis été	*Ich bin gewesen*, je suis été	*I have been*, j'ai été
	Je fus		*Io fui*, je fus		
	J'ai eu été		*Io fui stato*, je fus été		
	J'eus été				
	J'étais	*Eram*, j'étais	*Io era*, j'étais	*Ich war*, j'étais (je fus)	*I was*, j'étais (je fus)
	J'avais été	*Fueram*, j'avais été	*Io era stato*, j'étais été	*Ich war gewesen*, j'étais été	*I had been*, j'avais été
	J'avais eu été				
	Je serai	*Ero*, je serai	*Io sarò*, je serai	*Ich werde sein*, je deviens être, je serai	*I shall or I will be*, je dois, je veux être, je serai
	J'aurai été	*Fuero*, j'aurai été	*Io sarò stato*, je serai été	*Ich werde gewesen sein*, je deviens être été, je serai été	*I shall have been*, je dois avoir été, j'aurai été

NOMS DU VERBE	ÊTRE	ESSE	ESSERE	SEIN	TO BE
	J'aurai eu été				
CONDITIONNEL	Je serais	*Essem* ou *forem*, je serais	*Io sarei*, je serais	*Ich würde sein*, je devinsse être, je serais	*I should or would be*, je dusse être, je serais
	J'aurais été	*Fuissem*, j'aurais été	*Io sarei stato*, je serais été	*Ich würde gewesen sein*, je devinsse être été, je serais été	*I should or would have been*, je dusse avoir été, j'aurais été
	J'eusse été				
	J'aurais eu été				
	J'eusse eu été				
IMPÉRATIF	Sois	*Esto*, sois	*Sii*, sois	*Sei*, sois	*Be thou*, sois
	Aie été				
	Aie eu été				
SUBJONCTIF	Je sois	*Sim*, je sois	*Io sia*, je sois	*Ich sei*, je sois	*I may be*, je puisse être *I be*, je sois
	J'aie été	*Fuerim*, j'aie été	*Io sia stato*, je sois été	*Ich sei gewesen*, je sois été	*I have been*, j'aie été
	J'aie eu été				
	Je fusse	*Essem* ou *forem*, je fusse	*Io fossi*, je fusse	*Ich wäre*, je fusse	*I could, I should, I would, I might be, I were*, je dusse être, je fusse
	J'eusse été	*Fuissem*, j'eusse été	*Io fossi stato*, je fusse été	*Ich wäre gewesen*, je fusse été	*I should have, I might have, I had been*, je dusse avoir été, j'eusse été
	J'eusse eu été				

La seule inspection de ce tableau fait naître une foule de réflexions. Je remarque d'abord que tous les temps de ces verbes (à quelques exceptions près, dont nous expliquerons les irrégularités), quand ils sont composés, le sont au moyen d'un participe; et que même quand ils sont simples, on peut toujours les résoudre en un présent et un participe présent, passé ou futur. *Ero*, c'est *sum futurus*, je suis devant être, je serai. *Fore*, c'est *futurum esse*, être devant être. *Fui*, c'est *ich bin gewesen*, *I have been*, j'ai été, je suis été. *Fuisse*, c'est *essere stato*, avoir été, être été. *Sum* même, c'est je suis, je suis étant, existant actuellement. *Esse*, c'est être, être étant, être existant. Il en est de même de tous les autres dont nous rendrons compte par la suite.

Je remarque ensuite qu'aucun autre mode n'entre dans la composition du participe. Car l'expression *devant être*, dans laquelle on trouve un infinitif, n'est point la décomposition de *futurus*. C'est une périphrase dans laquelle on emprunte la signification propre du verbe *devoir*, pour faire un futur avec deux présents. Il faut bien prendre garde de ne jamais prendre ces sortes de locutions pour des temps d'un seul verbe, sans quoi on confondrait tout. Nous en verrons bien des exemples.

Les deux observations précédentes prouvent que quoique, comme nous l'avons dit, la forme adjective ne soit la forme primitive du verbe, ni dans l'ordre analytique, ni dans l'ordre synthétique, cependant, comme nous l'avons dit aussi, le caractère essentiel du verbe est d'être un adjectif qui devient un attribut ou un substantif, suivant les idées qu'on y ajoute ou qu'on en ôte; c'est pour cela que sa forme adjective se retrouve toujours dans tous ses modes.

Quoi qu'il en soit, puisque le mode participe ou adjectif entre dans la composition de tous les autres et qu'aucun d'eux n'entre dans la sienne, je commencerai par celui-là.

J'y vois d'abord un participe présent et un participe passé, et un troisième participe composé de ces deux-là, qui n'est pas un temps nouveau mais seulement une manière d'employer le participe passé. On dit, *Pierre ayant été*, *Pietro essendo stato*, pour unir simplement l'idée *Pierre* et l'idée *été*, et n'en faire qu'une de ces deux-là; comme on dit, *Pierre a été*, *Pietro è stato*, quand on veut exprimer formellement le jugement par lequel on sent que l'idée *été*, ou plutôt *être été*, *avoir été*, est comprise dans l'idée *Pierre*.

Cette forme se retrouvant dans toutes les langues où les participes présents et passés existent, il paraît qu'on s'est généralement accordé à ne pas employer le participe passé adjectivement tout seul. La raison en est peut-être que les hommes ayant senti confusément que les noms sont toujours au présent, comme nous l'avons vu, ils ont jugé qu'un adjectif ne pouvait pas être au passé et qu'il convenait qu'il fût accompagné d'un temps présent, pour montrer que c'est actuellement qu'il est uni au substantif. Cela est très croyable, car les usages des langues sont ordinairement fondés sur une métaphysique très fine et très juste, sans qu'on s'en aperçoive. Il est vraisemblable qu'on aurait toujours pris la même précaution pour se servir du participe futur si, dans les langues où il existe, il y avait eu un participe présent. En effet, le discours raconte des choses futures et des choses passées; mais, au fond, il est toujours au présent puisque toujours il exprime une impression actuelle. C'est pour cela que, dans tous les temps, on trouve un présent en le décomposant.

Quoi qu'il en soit, les deux premiers participes manquant en latin, et le premier étant inusité en allemand, le troisième ne s'y trouve pas; cela doit priver de beaucoup de locutions commodes. Il en résulte aussi qu'il ne saurait y avoir des temps composés passés en latin.

Après ces trois participes, il y a en latin un participe futur et il n'y en a point dans les langues modernes. C'est pour cela qu'elles n'ont point de futur au mode substantif et que leur futur, au mode attributif, est un temps simple, ou un temps composé incorrectement de deux présents, comme nous le verrons en allemand et en anglais.

Si du mode adjectif nous passons au mode substantif, nous trouvons partout un présent, qui est nécessairement un temps simple, et un passé, qui est encore un temps simple en latin et qui, partout ailleurs, est composé de l'infinitif présent et du participe passé.

En latin, il y a de plus un futur qui est un temps simple ou un temps légitimement composé de l'infinitif présent et du participe futur. En italien, et dans les autres langues, il se rend par une périphrase.

Quant au prétendu futur passé latin, ce n'en est point un; ou du moins, s'il en fait les fonctions, c'est par un véritable renversement d'idées, contraire à la saine analogie. En effet, *futurum fuisse*, c'est mot à mot *avoir été devant être*, avoir été celui qui sera, en un mot, avoir été dans un certain état. C'est un emploi particulier du passé de l'infinitif, un véritable temps passé. Pour lui donner une signification future, pour lui faire signifier, *être celui qui aura été*, *devoir être ayant été*, il faut transporter l'expression future du participe au passé de l'infinitif, et l'expression passée de l'infinitif au futur du participe. Un tel renversement d'idées peut être autorisé par l'usage, mais il n'est pas fondé en raison. Cependant, s'il n'avait pas lieu, *scio me futurum fuisse* voudrait dire exactement, je sais que j'ai été *devant être*, que j'ai été *celui qui sera*, et non pas je sais que je *serai* ayant été, que *j'aurai été.*

J'ai insisté sur cette observation, parce que pareille analyse est souvent très nécessaire pour avoir une idée juste de certaines locutions : ainsi, par exemple, *futurus sum*, je suis devant être, je serai, est bien un futur. Mais *futurus eram, futurus fui*, j'étais, j'ai été devant être, ne sont point des futurs ni des temps composés. Ce sont les temps *fui* et *eram*, suivis d'un autre temps séparé. De même, *futurus ero, futurus fuero*, mot à mot, *je serai, j'aurai été devant être* sont de vrais pléonasmes ; à moins que, dans la phrase, *futurus* n'ait sa signification particulière, se joignant à celle d'un autre mot et ne faisant point partie du temps du verbe. Mais c'est trop nous arrêter sur ce point. Venons maintenant aux modes attributifs.

La première chose qui nous frappe, c'est la multiplicité des temps que nous y trouvons ; et nous pouvons remarquer de plus que dans aucune langue cette multiplicité n'est aussi grande que dans la langue française. La raison en est que c'est quand le verbe est attribut que l'on a le plus besoin de marquer toutes les nuances de sa signification, et que c'est surtout dans notre langue que l'on recherche l'exactitude et la précision du discours. Cependant il nous faut examiner tous ces temps l'un après l'autre pour nous faire une idée juste de chacun d'eux, et voir s'il n'y en a pas d'inutiles et d'illusoires.

Je trouve d'abord un temps présent, *sum*, *io sono*, je suis. Il exprime l'existence positive, actuelle et absolue au moment où l'on parle. Il existe dans toutes les langues ; il est toujours un temps simple. S'il était composé, il ne pourrait l'être que du participe présent, comme ceux-ci, *io sono essendo*, *ich bin seiend*, *I am being*, je suis étant, existant. Mais ce serait un pléonasme ; et quand cette tournure serait usitée, comme d'autres semblables, elle n'en serait pas moins un pléonasme, c'est-à-dire une répétition inutile, ou ne servant qu'à dire la même chose avec plus de force et d'emphase.

Ensuite je vois un passé, *j'ai été*, *fui*, et plus exactement, *io sono stato*, je suis été, ou *je suis été étant.* Il exprime une existence passée *absolument.* Il n'indique par lui-même aucun rapport qu'avec l'existence présente, à laquelle il est opposé. Cela vient de ce qu'il est composé de l'indicatif présent, ou de l'existence actuelle et positive, transportée totalement dans le passé par l'adjonction du participe passé.

Ce temps ne désigne donc par lui-même aucune époque du passé et, sous ce rapport, il est bien nommé passé indéfini. Mais on peut, par des accessoires, le déterminer, et alors il n'est plus indéfini; au lieu qu'il est toujours passé complètement et absolument, et n'a aucune autre signification. Ainsi, il est mieux nommé *passé parfait* ou *absolu*[a].

Il a en français et en italien une autre forme qui ne se trouve pas dans les autres langues; c'est *je fus*, *io fui*. Ce n'est point là un temps nouveau. C'est le passé absolu, comme *j'ai été*. C'en est seulement une variété que l'on est convenu de n'employer que dans un cas particulier; dans celui où il s'agit d'une existence ayant eu lieu dans une période qui est finie au moment où l'on parle. Cette distinction vise à la subtilité. Car on ne doit pas dire, *j'ai été hier*, mais *je fus hier*; et cependant l'on dit bien, *j'ai été* cette semaine, dans laquelle pourtant *hier* est compris. Toutefois, ne blâmons pas cette délicatesse, puisqu'elle est d'usage en français; mais observons soigneusement, car cela est important, que *je fus* est au fond le même temps que *j'ai été*; que, par conséquent, il est très correct que, dans le latin qui dédaigne cette distinction minutieuse, *fui* signifie également *j'ai été* et *je fus*; mais qu'il est contre toute analogie qu'en allemand et qu'en anglais, ce soit *ich war* et *I was* qui signifient *je fus*. Il est absolument impossible qu'un même mot veuille dire à la fois *je fus* et *j'étais*, qui est un temps totalement différent et qui a une toute autre signification, comme nous le verrons bientôt. C'est donc *ich bin gewesen*, *I have been*, qui doivent représenter *je fus*, parce que c'est le même temps. C'en est seulement un emploi particulier.

Je ne prétends point être en état de disputer contre les grammairiens de ces deux nations sur les finesses de leurs langues; mais, quelles que soient leurs raisons, conduit par le fil de l'analyse et de l'analogie, je suis certain que je ne me trompe pas[b].

a. Au reste, ce nom de passé ou prétérit *indéfini* lui a surtout été donné par opposition, et pour le distinguer de *je fus*, dont nous allons parler, et que l'on nommait mal à propos prétérit ou parfait défini.

Le *Dictionnaire de l'Académie* dit, au contraire, que c'est celui dont nous parlons qui s'appelle *prétérit défini*; à la vérité, ajoute-t-il, peut-être improprement. La nomenclature grammaticale a varié continuellement, parce qu'elle n'a jamais été faite d'après des principes solides.

b. Après avoir écrit ceci, je vois avec plaisir que, pour l'allemand, j'ai en ma faveur la *Grammaire* de Gottschedt, septième édition, imprimée à Strasbourg en 1773, quoique Beauzée cite à l'appui de l'opinion contraire cette même *Grammaire*, première édition, imprimée en 1754.

Il y a sûrement bien quelque Anglais qui aura fait les mêmes réflexions.

Après ces deux formes d'un premier passé absolu, on voit, dans le tableau, un second passé absolu; c'est *j'ai eu été*. Il ne se trouve que dans le français. Des trois grammairiens cités, Condillac est même le seul qui en parle; et encore il dit qu'il manque au verbe *être*, quoiqu'il admette le temps *j'ai eu fait* dans la conjugaison du verbe faire, qu'il prend pour modèle de toutes les autres. Cependant, *j'ai eu fait* n'est autre chose que *j'ai eu été faisant*; et il ne saurait se trouver dans le verbe *faire*, si *j'ai eu été* n'était pas auparavant dans le verbe *être*.

Le vrai est que *j'ai eu été* n'est point un temps absolument chimérique. S'il existait en italien, on dirait, *io sono stato stato*. Il dit proprement, *j'ai été ayant été*. Il marque une époque passée, antérieure à une époque déjà passée. C'est un redoublement de *j'ai été*. A la vérité, ce redoublement est assez inutile; car, comme le passé parfait et absolu exprime l'existence passée absolue sans aucune autre relation, il embrasse toute l'étendue du passé. Ainsi, l'on peut bien se dispenser (et on le doit peut-être) de faire un nouveau temps d'une portion de ce passé, et laisser aux accessoires et à la signification propre des différents verbes à en fixer les parties. C'est ce qui justifie l'insouciance de toutes les langues, excepté le français, pour ce second passé absolu, et l'oubli où l'ont même laissé la plupart de nos grammairiens.

Mais ce qui prouve bien à quel point nous sommes souvent dupes des formes, c'est que Girard, qui ne parle point de *j'ai eu été*, admet comme un temps distinct *j'eus été*; que Condillac le reconnaît, en cette qualité, comme existant dans le verbe *être*, et que nous retrouvons en italien *io fui stato*, tandis que *io sono stato stato* n'y est pas. Cependant *io fui* étant l'équivalent de *io sono stato*, *io fui stato* est bien celui de *io sono stato stato*.

J'eus été est en effet le même temps que *j'ai eu été*; c'en est une seconde forme. Il dérive de *je fus*, comme *j'ai eu été* dérive de *j'ai été*; il est avec lui dans le même rapport. Il a donc la même valeur passée que *j'ai eu été*, en y ajoutant la petite circonstance de ne pouvoir s'appliquer qu'à une époque finie; circonstance toujours peu importante, et qui devient tout à fait illusoire quand il s'agit d'un passé antérieur à un autre passé; car, par cela même, la période dont il parle est nécessairement finie. *J'eus été* est donc complètement inutile et vide de sens, à moins que ce ne fût *j'ai eu été* que l'on préférât de proscrire, si l'on croyait devoir en garder un des deux. Je serais assez de cet avis. Quoi qu'il en soit, voilà sa valeur pleinement déterminée.

Après ces trois temps absolus, en voici trois autres d'une autre nature.

J'étais, *eram*, *io era*, *ich war*, *I was*, exprime une existence passée au moment où l'on parle; mais il l'exprime en même temps comme présente relativement à une autre époque que l'on fixe ou que l'on ne fixe pas. Par cette raison, il est bien nommé *passé imparfait*. On pourrait même, si ce n'était pas réunir deux idées contradictoires, l'appeler *passé présent*; car il est encore un présent sous un rapport. Aussi, dans toutes les langues, est-il un temps simple, marqué seulement par un changement de forme, et jamais un temps composé. Il ne pourrait l'être que par le participe passé, et alors il serait trop passé, passé trop absolument. On y peut joindre sans contresens le participe présent, et dire *io era essendo*, *ich war seiend*, *I was being*, *j'étais étant*; mais c'est un pléonasme. Toutefois, ce pléonasme même en fait sentir la vraie valeur. Ce temps est très utile, et on peut dire nécessaire; aussi existe-t-il dans toutes les langues.

Après *j'étais*, vient *j'avais été*, *fueram*, *io era stato*, etc. Il exprime aussi une existence contemporaine d'une existence passée, une existence présente dans une période passée, mais dans une période antérieure à une autre déjà passée. C'est un second passé relatif, un second degré du passé imparfait. Aussi, dans toutes les langues, a-t-il des formes qui rappellent ce premier passé relatif en y ajoutant une idée de passé de plus. Quand il est un temps simple, il est l'imparfait modifié par une forme tirée du passé parfait. Quand il est un temps composé, il est ce même imparfait joint au participe passé. En effet, *j'avais été* est exactement *j'étais ayant déjà été* dans tel temps. Ce temps, étant très utile, se trouve dans toutes les langues.

Enfin, vient un troisième passé relatif, *j'avais eu été*. Pour celui-là, Condillac seul y a pensé; encore n'en parle-t-il qu'à l'occasion du verbe *faire* et n'en fait-il pas mention dans le verbe *être*. Il est exactement dans le même rapport avec *j'avais été* que *j'ai eu été* avec *j'ai été*, et *j'eus été* avec *je fus*. Ce n'est point, si l'on veut, un temps chimérique; mais il est si inutile qu'il ne mérite pas de nous occuper et qu'on peut lui appliquer tout ce que j'ai dit des deux qui lui ressemblent.

Après ces trois passés qui sont en même temps présents sous un autre aspect et que, par cette raison, j'appelle temps relatifs, par opposition aux trois premiers, qui sont absolus, nous trouvons trois futurs.

Le premier, *je serai*, *ero*, *io sarò*, peint purement et simplement l'existence à venir. On pourrait l'appeler le présent du futur. Aussi le plus souvent est-il un temps simple. Quand il est composé, il devrait l'être du présent et du participe futur, comme en latin, quand on dit *sum futurus*. En anglais et en allemand, où il est composé, et où nous avons déjà remarqué qu'il n'y a pas de participe futur, on y supplée en formant ce temps de deux présents, dont l'un, par sa signification [propre]*, porte l'esprit dans l'avenir. *Je deviens être, je dois être*, est bien une espèce de synonyme de *je serai, je serai étant*. Cependant, ce n'est point là une analogie légitime; et il faut bien prendre garde de ne jamais mêler, dans l'appréciation de la valeur des temps, la signification propre à quelques-uns des mots qui les composent. C'est là un principe important dont nous avons déjà vu et dont nous verrons encore bien des applications.

Ce premier futur est suivi d'un second, qui est bien réellement un futur passé; car il exprime une existence qui sera passée lors d'une certaine époque à venir. Aussi est-il formé, quand il est un temps simple, du premier futur avec une marque des formes du passé; et quand il est composé, il l'est de ce premier futur en y ajoutant le participe passé. Cette analogie se retrouve même dans la vicieuse composition des futurs allemands et anglais.

Nous avons déjà vu, à propos du mode participe, que l'on ne remplirait pas le même objet en se servant d'un temps passé attributif et d'un participe futur, et que *futurus fui, futurus eram*, sont de purs passés et non des futurs passés. En effet, *j'aurai été, io sarò stato*, ne veulent point dire *j'ai été devant être*, mais bien exactement *je serai ayant été*.

Après ce futur passé, le tableau nous en présente un autre qui est encore plus passé. Mais celui-là est si inutile qu'on ne le trouve nulle part et que Condillac lui-même, qui multiplie si prodigieusement les temps, n'en parle point du tout dans la conjugaison du verbe *être*. Il dit seulement, dans celle du verbe *faire*, que quelques-uns l'admettent. Cependant j'en ai fait mention pour conserver l'analogie; car ce second futur passé est rigoureusement, avec le premier, dans les mêmes rapports que le second passé absolu avec le précédent; et il n'est pas plus absurde de dire *j'aurai eu été* de telle manière quand vous *aurez été* de telle autre, que de dire *j'ai eu été* déjà bien quand vous *avez été* mal. Voilà donc encore trois temps absolus dans le futur.

Actuellement, je passe de qu'on appelle le mode indicatif à ce que l'on appelle le mode conditionnel. Le premier temps que j'y trouve, c'est *essem* ou *forem, io sarei*, je serais. Ce qui me frappe d'abord dans ce temps, ce

* Omis dans les éditions de 1817 et 1825.

sont les analogies évidentes qu'il a à la fois avec la forme future, avec les temps imparfaits ou relatifs, et avec le mode subjonctif ou subordonné; analogies qui sont marquées avec la plus grande exactitude, même dans la singulière manière dont il est composé en allemand et en anglais. Toutes ces analogies cependant sont fondées en raison et elles vont nous faire trouver la véritable signification de ce temps.

En effet, *je serais* signifie je serai si une telle condition est remplie, ou quand une telle supposition se réalisera. C'est donc un futur à l'égard du moment de l'acte de la parole; car tout ce qui n'est pas arrivé est futur, mais un futur avec relation à une autre époque. Il exprime une existence à venir, mais qui sera contemporaine d'une autre existence, tout comme le passé imparfait exprime une existence passée qui a été contemporaine d'une autre. Il est donc naturel que *je serais* tienne des formes des temps futurs et des temps relatifs. De plus, comme l'existence qu'il exprime n'aura lieu qu'autant qu'une condition sera remplie, qu'une supposition sera réalisée, comme elle leur est subordonnée, il fallait encore que ce temps prît quelque chose des formes du mode subjonctif ou subordonné. C'est même là ce qui lui donne l'expression de conditionnel; et il n'aurait été guère convenable qu'un temps exprimant une existence qui doit être simultanée avec une existence qui n'est pas encore, fût aussi affirmatif que celui qui exprime une existence qui a été contemporaine d'une existence passée. Les temps dits conditionnels sont donc bien réellement *les temps relatifs* ou *imparfaits des temps à venir*; et ils sont composés avec beaucoup d'esprit, et le même esprit dans toutes les langues.

Je passe au second temps du mode conditionnel. *J'aurais été* est exactement la même chose que *je serais*, en y ajoutant une idée de passé. Il exprime une existence qui n'est pas, qui, en ce sens, est future, et qui, si elle avait lieu, serait passée et contemporaine d'une autre : c'est *je serais ayant été*, *io sarei stato*. Il est précisément à l'égard de *je serais*, comme *j'aurai été* à l'égard de *je serai* dans les futurs absolus, et comme *j'avais été* à l'égard de *j'étais* dans les passés relatifs. C'est un vrai futur passé relatif et subordonné à une condition.

Pour *j'aurais eu été*, dont le seul Condillac parle, et qu'il ne reconnaît que dans le verbe *faire* et non dans le verbe *être*, ce n'est qu'un degré de passé de plus dans la même catégorie de temps. Il est tout à fait analogue à *j'aurai eu été* et à *j'avais eu été*, dont nous avons suffisamment parlé. Il est inutile de nous y arrêter.

Quant à *j'eusse été*, qu'on ne trouve que dans Condillac, et à *j'eusse eu été*, qu'on ne voit absolument nulle part et dont je n'ai fait mention que pour conserver l'analogie, et je pourrais dire la symétrie de mes divisions, ce ne sont pas des temps. Ce sont, ou des formes parasites, imitées sans motif des formes de l'indicatif *je fus* et *j'eus été*, ou des temps du subjonctif, transportés mal à propos au mode conditionnel, puisqu'ils y sont représentés par *j'aurais été* et *j'aurais eu été*. En effet, il est évident que *j'eusse été*, conditionnel, ne présente pas à l'esprit une idée de plus que *j'aurais été*, et que *j'eusse eu été* est également identique avec *j'aurais eu été*. Nous pouvons donc et nous devons même supprimer absolument l'un et l'autre[a].

Nous avons donc enfin passé en revue tous les temps du mode indicatif et tous ceux du mode conditionnel, qu'un grand nombre de grammairiens regardent, et suivant moi avec beaucoup de raison, comme faisant partie du mode indicatif. Pour abréger autant que possible cette longue et fastidieuse énumération, je me contenterai de jeter un coup d'œil rapide sur les temps du subjonctif et de l'impératif.

Quant au subjonctif, il est aisé d'y remarquer six temps analogues, dans toutes les langues, à six temps de l'indicatif. Trois d'entre eux répondent à ses trois premiers temps absolus, et les trois autres ont plus de rapport avec ses trois derniers temps relatifs qui composent le mode conditionnel. D'où il suit qu'à leur signification il se mêle toujours une certaine expression de futur indiquée dans plusieurs langues par leur composition, et que, dans beaucoup de locutions, ils sont remplacés par des futurs indicatif. Le subjonctif ne doit même pas avoir d'autres futurs que ces temps-là; car il n'est pas convenable de parler de l'avenir d'une manière absolue dans un mode subordonné.

Les derniers temps de chaque espèce dans le subjonctif sont, comme dans l'indicatif, presque inutiles, et ne se trouvent qu'en français. Tous ont

a. Quand on dit en français, *si j'eusse été de votre avis l'autre jour, je vous aurais égaré*, on se sert d'un temps du subjonctif; et cela n'est pas étonnant, puisque *si* signifie *supposé que*, comme nous l'avons vu chapitre des conjonctions.

Condillac a cependant bien fait de parler de *j'eusse été* à l'article du mode conditionnel. Puisque Voltaire a dit :

J'eusse été près du Gange, esclave des faux Dieux,

et que beaucoup d'autres l'ont employé de même, il fallait, ou que le grammairien l'admît au mode conditionnel, ou qu'il avertît que c'est un temps du subjonctif transporté abusivement dans un autre mode. Il a pris le premier parti. J'aurais (ou j'eusse) pris le second, par les raisons que j'ai dites.

à peu près la même valeur que ceux auxquels ils correspondent et n'en diffèrent que par une modification qui exprime l'idée de dépendance ou de subordination. C'est cette expression de dépendance qui caractérise ce prétendu mode, qui fait que la valeur de ses temps n'a ni fixité, ni précision, parce qu'elle est toujours subordonnée au sens du verbe qui le régit. C'est aussi ce qui fait qu'il ne peut être employé que dans une phrase subordonnée et jamais dans une phrase principale; et c'est encore pour cela que, malgré l'opinion de quelques grammairiens, aucune des formes des verbes qui peuvent être employées dans une phrase principale ne doit être attribuée au mode subjonctif. On a vu ci-dessus les raisons qui me font regarder ce mode comme très peu utile.

A l'égard du mode impératif, il a trois temps en français. Si les autres langues négligent les deux derniers, c'est qu'elles y suppléent par des périphrases, ou qu'elles remplissent les ellipses; car on voit, au premier coup d'œil, que les trois temps prétendus de ce prétendu mode ne sont autre chose que les trois temps absolus du mode subjonctif, employés d'une manière elliptique, en sous-entendant la phrase indicative dont ils dépendent[a]. Ce peu de mots suffit pour faire connaître ce mode et justifier ce que nous en avons dit ailleurs. Je n'ajouterai donc plus rien, car cet examen des temps ne s'est que trop prolongé.

Je demande sincèrement pardon au lecteur de l'ennui qu'a dû lui faire éprouver cette longue suite d'analyses minutieuses. Mais je le prie d'observer qu'on ne saurait s'enquérir avec trop de scrupule de faits particuliers, quand on veut entreprendre de les systématiser et de les ranger dans des classes générales; et je me persuade qu'il sera dédommagé des peines qu'il a prises, quand il va voir le chaos des temps de nos verbes se débrouiller et la lumière briller dans l'obscurité de leurs conjugaisons. En effet, actuellement tout s'arrange de soi-même.

Il résulte de nos observations, 1°. que le verbe n'est verbe que parce qu'il exprime l'existence.

2°. Qu'il n'a réellement que trois manières d'être absolument distinctes, qu'il est adjectif, substantif, ou attribut, et que, par conséquent, nous ne devons partager ses déclinaisons qu'en trois modes.

a. Comme il s'agit ici du fond de l'idée et non de la forme du mot, cela est tout aussi vrai en latin et en grec, où l'impératif diffère un peu de la seconde personne du subjonctif, que dans les langues où il est composé exactement des mêmes lettres.

3°. Qu'au fond, son caractère essentiel est toujours d'être un adjectif, ce qui fait que ses formes adjectives se retrouvent dans la composition et la décomposition de toutes les autres, et qu'aucune des autres n'entre dans la formation de celles-là. Ce mode doit donc être mis à la tête de ses déclinaisons.

4°. Que le verbe a des temps dans tous ses modes; qu'il pourrait avoir tous les temps possibles dans chacun d'eux et que, s'il les avait tous dans le mode adjectif, il n'aurait plus besoin que d'un substantif présent et d'un attributif présent pour exprimer tous les temps imaginables dans toutes les circonstances.

5°. Que ce n'est qu'au verbe, faisant fonction d'attribut, que les hommes ont donné tous les temps dont il est susceptible, parce que ce n'est qu'alors qu'ils en ont senti le besoin; que, par conséquent, c'est dans ce mode que nous devons étudier la manière dont ils ont considéré l'existence pour en distinguer les époques et les circonstances.

Or, écartant pour le moment tous les modes elliptiques et le mode subordonné, et réunissant l'indicatif et le conditionnel, je vois dans le mode attributif, quand il est bien complet, douze temps réellement distincts, ni plus ni moins. De ces douze temps, cinq dérivent du présent, et sont des passés par rapport à lui; et cinq autres dérivent du futur, et sont aussi des passés par rapport à lui; en sorte que ces douze temps sont partagés en deux divisions bien séparées et qui se répondent exactement.

Cela me montre que les hommes, pour peindre tout ce qu'ils avaient à dire de l'existence, ont été conduits à la considérer sous deux aspects, comme *positive* et comme *éventuelle*. Sous chacun de ces deux points de vue, ils ont d'abord distingué trois époques, *je suis*, *j'ai été* et *j'ai eu été* dans l'existence positive, et *je serai*, *j'aurai été* et *j'aurai eu été* dans l'existence éventuelle. C'est ce qui a produit les six temps absolus. Mais ensuite, ils ont eu besoin de représenter l'existence dans chacune de ces six circonstances, comme étant en même temps contemporaine d'une autre existence. C'est ce qui a produit les six temps que j'appelle relatifs, *j'étais*, *j'avais été* et *j'avais eu été* pour l'existence positive, et *je serais*, *j'aurais été* et *j'aurais eu été* pour l'existence éventuelle; et comme une existence qui ne doit avoir lieu que quand une condition se remplira, ou quand une supposition se réalisera, est par là même éventuelle et contemporaine du moment où l'une de ces deux choses arrivera, il s'ensuit qu'elle doit nécessairement être exprimée par les trois derniers de ces temps relatifs, et que l'on a dû insensiblement s'habituer à mêler à leur signification une idée d'incertitude qui les a fait appeler conditionnels.

6°. Il résulte de ce que nous avons vu que le prétendu mode subjonctif n'est point un mode, mais seulement un cas oblique du mode attributif, cas dont la destination unique est de présenter l'existence unie à une idée de dépendance, et où, par conséquent, il est nécessaire de retrouver les mêmes modifications de l'existence que dans le cas direct, mais où il est fort inutile de la distinguer en existence positive et en existence éventuelle.

Aussi ce cas oblique n'a-t-il jamais que six temps, qui répondent également aux six temps des deux divisions du cas direct. Les trois premiers, *je sois*, *j'aie été*, *j'aie eu été*, sont absolus; et les trois autres, *je fusse*, *j'eusse été*, *j'eusse eu été*, sont relatifs. Ces temps n'appartiennent proprement ni au présent, ni au futur; ils sont essentiellement subordonnés à ce qui les précède; les trois époques qu'ils marquent datent de celle que désigne le sens du verbe dont ils dépendent.

7°. Enfin, nous avons vu que tous les autres prétendus modes ne sont que des manières abrégées et elliptiques d'employer quelques-uns des temps que nous venons de reconnaître dans les deux cas du mode attributif; qu'ils ne renferment aucun temps nouveau, et que, par conséquent, ils ne doivent pas venir surcharger et embarrasser les déclinaisons des verbes.

En conséquence de ces résultats, j'ai dressé le tableau ci-après de tous les temps du verbe *être*.

TABLEAU MÉTHODIQUE DE TOUS LES TEMPS RÉELLEMENT DISTINCTS DU VERBE SIMPLE ET ABSTRAIT en français, en latin, en italien, en allemand et en anglais

NOMS DU VERBE	ÊTRE	ESSE	ESSERE	SEIN	TO BE
MODE ADJECTIF					
PARTICIPES					
Présent	Étant		*Essendo*, étant	*Seiend*, étant (inusité)	*Being*, étant
Passé	Été		*Stato*, été	*Gewesen*, été	*Been*, été
Passé composé	Ayant été		*Essendo stato*, étant été		*Having been*, ayant été
Futur		*Futurus*, devant être			
MODE SUBSTANTIF					
INFINITIFS					
Présent	Être	*Esse*, être	*Essere*, être	*Sein*, être, autrefois *wesen*	*To be*, être
Passé	Avoir été, *être ayant été*	*Fuisse*, avoir été, être ayant été	*Essere stato*, être été	*Gewesen sein*, été être ou être été	*To have been*, avoir été
Futur		*Fore* ou *futurum esse*, être devant être			
MODE ATTRIBUTIF *Cas direct ou nominatif*					
EXISTENCE POSITIVE					
Temps absolus	Je suis	*Sum*, je suis	*Io sono*, je suis	*Ich bin*, je suis	*I am*, je suis
	J'ai été	*Fui*, j'ai été, je fus	*Io sono stato*, je suis été	*Ich bin gewesen*, je suis été,je fus	*I have been*, j'ai été, je fus
	Je fus		*Io fui*, je fus		
	J'ai eu été		*Io fuis stato*, je fus été		
	J'eus été				
Temps relatifs	J'étais	*Eram*, j'étais	*Io era*, j'étais	*Ich war*, j'étais	*I was*, j'étais
	J'avais été	*Fueram*, j'avais été	*Io era stato*, j'étais été	*Ich war gewesen*, j'étais été	*I had been*, j'avais été
	J'avais eu été				

EXISTENCE ÉVENTUELLE					
Temps absolus	Je serai	*Ero*, je serai	*Io sarò*, je serai	*Ich werde sein*, je deviens être, je serai	*I shall or I will be*, je dois, je veux être, je serai
	J'aurai été	*Fuero*, j'aurai été	*Io sarò stato*, je serai été	*Ich werde gewesen sein*, je deviens être été, je serai été	*I shall have been*, je dois avoir été, j'aurai été
	J'aurai eu été				
Temps relatifs	Je serais	*Essem* ou *forem*, je serais	*Io sarei*, je serais	*Ich würde sein*, je devinsse être, je serais	*I should or would be*, je dusse être, je serais
	J'aurais été	*Fuissem*, j'aurais été	*Io sarei stato*, je serais été	*Ich würde gewesen sein*, je devinsse être été, je serais été	*I should or would have been*, je dusse avoir été, j'aurais été
	J'aurais eu été				
		Cas oblique ou subordonné			
EXISTENCE SUBORDONNÉE					
Temps absolus	Je sois	*Sim*, je sois	*Io sia*, je sois	*Ich sei*, je sois	*I may be*, je puisse être *I be*, je sois
	J'aie été	*Fuerim*, j'aie été	*Io sia stato*, je sois été	*Ich sei gewesen*, je sois été	*I have been*, j'aie été
	J'aie eu été				
Temps relatifs	Je fusse	*Essem* ou *forem*, je fusse	*Io fossi*, je fusse	*Ich wäre*, je fusse	*I could, should, would, might be, I were*, je dusse être je fusse
	J'eusse été	*Fuissem*, j'eusse été	*Io fossi stato*, je fusse été	*Ich wäre gewesen*, je fusse été	*I should have, I might have, I had been*, Je dusse avoir été, j'eusse été
	J'eusse eu été				

Je prie que l'on y jette les yeux; et je me persuade que l'on y verra tout de suite la vraie distribution des temps, leur dérivation, leur analogie, leur valeur réelle et leurs justes rapports. J'ajouterai quelque chose de plus fort; c'est que c'est si bien là la véritable théorie de la formation des temps, que je défie qu'on en puisse imaginer un qui ne soit pas un de ceux-là. Je sais pourtant qu'il y a, dans certaines langues, des passés prochains, des futurs prochains, des aoristes[1] et d'autres temps semblables; mais je maintiens que, bien examinés, ils ne sont et ne peuvent être que des subdivisions des divisions que nous venons d'établir, ou des cas particuliers de quelques-uns de nos temps, comme *je fus*, pour *j'ai été*; mais qu'ils ne sauraient jamais être des temps réellement différents de ceux que nous venons d'observer et de classer.

Quant à ceux qui seraient composés de deux mots, comme ces phrases françaises, *je viens de faire*, *je vais faire*, et d'autres semblables, cela rentre dans l'explication de l'emploi des verbes auxiliaires, dont il nous reste à parler pour compléter l'histoire des déclinaisons des verbes et appliquer notre théorie des temps du verbe simple à ceux des verbes adjectifs, actifs, passifs, et autres.

On appelle verbes auxiliaires les verbes dont les différents temps servent à composer ceux des autres verbes. Les principaux, et les plus généralement employés, sont sans contredit le verbe *être* et le verbe *avoir*; mais on croit communément qu'il y en a beaucoup d'autres; qu'ils ne sont pas les mêmes dans les diverses langues et que les unes en ont beaucoup plus que les autres. C'est ce qu'il faut examiner.

Si les langues étaient parfaitement régulières, et si la composition de leurs signes suivait exactement la génération des idées qu'ils représentent, il n'y aurait pas de verbes auxiliaires, ou il n'y en aurait pas d'autres que le verbe *être*. Tous les autres verbes n'auraient, ou que des temps simples formés sur le modèle de ceux du verbe *être*, ou que des temps composés des temps de ce verbe unis à leur participe présent, lequel participe ne serait plus qu'un adjectif ordinaire, puisque la fonction d'exprimer l'existence ne lui appartiendrait pas. Si les choses étaient ainsi, on n'aurait jamais méconnu la nature des verbes. Il n'y aurait ni confusion, ni embarras dans leurs déclinaisons, ni doutes sur le nombre de leurs modes, ni incertitude sur la valeur de leurs temps. Or, les choses seraient ainsi si le verbe simple

1. Un aoriste est un temps de la conjugaison grecque indiquant un passé indéterminé. Le terme a été repris ultérieurement par certains grammairiens pour désigner le passé ou le prétérit défini.

avait été inventé le premier, et inventé complet. Mais ce n'est jamais par le simple, par les nuances fines, et par la vue d'un ensemble que les hommes commencent. C'est toujours par les masses, par leurs circonstances les plus frappantes, et sans apercevoir toutes leurs relations. De là vient que leurs premiers essais ont toujours besoin, non seulement d'être complétés, mais encore d'être rectifiés, et ralliés à une théorie qui se forme postérieurement.

Les verbes adjectifs ont été trouvés les premiers. Ils sont nés tout naturellement les uns après les autres, des différents cris inarticulés, à mesure qu'on a imaginé de donner un sujet à chacun de ces cris. Puis on a fait subir, tantôt aux uns, tantôt aux autres, quelques modifications grossières et disparates pour marquer les différences des temps et des modes, à proportion que le besoin s'en est fait sentir; et souvent on a fait servir ceux qui avaient déjà éprouvé ces modifications à la composition des autres. Le désordre a été au point que, quand accoutumé à l'usage de beaucoup de ces verbes qui expriment chacun une manière d'être différente, on a imaginé d'en créer un qui exprimât l'*être*, abstraction faite de toute manière d'*être* particulière, celui-là aussi a été irrégulier et a même souvent emprunté le secours d'un autre pour former ses temps, tandis que tous tiennent de lui seul la possibilité d'en avoir. Alors la confusion a été telle qu'il est devenu très difficile de démêler ce qui fait qu'un mot est un verbe, ce que valent quelques-uns de leurs temps, et même si certains temps composés appartiennent à un verbe ou à un autre; et, par conséquent, de savoir précisément ce qu'on dit quand on parle. C'est pourtant ainsi que nous parlons et raisonnons, souvent fort bien, mais toujours sans savoir comment. C'est là un des plus remarquables phénomènes de l'esprit humain. Nous en avons vu les causes[a].

Cependant, actuellement que nous avons reconnu et apprécié tous les temps réellement distincts du verbe *être*, nous avons, ce me semble, un moyen sûr de nous retrouver dans ce labyrinthe. C'est de ne jamais oublier que tous les verbes ne sont que le verbe *être*, plus un adjectif qui y est joint; que, par conséquent, ils ne peuvent pas avoir plus de temps que lui, ni d'autres temps que les siens. Ainsi, si nous voulons juger d'un de leurs temps simples, nous n'avons qu'à voir quel temps du verbe *être* il renferme, et nous connaîtrons sa valeur. Si c'est un temps composé, il faut de plus examiner à quel temps du verbe *être* répondent les temps qui entrent dans sa composition, et s'ils y jouent exactement le rôle qu'y joueraient les

a. Voyez tome premier, chapitre XVI, pages 236 et suivantes. [*Note des éditions de 1817 et de 1825*]

mêmes temps du verbe simple. Si cela est, le temps est un vrai temps composé et le verbe composant doit être regardé comme un véritable verbe auxiliaire. Si, au contraire, cela n'est pas, et si l'ensemble du temps analysé présente une valeur qui ne résulte pas de la réunion de la valeur particulière de chacune de ses parties, alors ce n'est pas un véritable temps composé; c'est une phrase dans laquelle deux verbes se trouvent juxtaposés, et à la signification totale de laquelle ils contribuent, non pas seulement par la valeur de leurs temps, mais encore par celle de leurs significations propres. Dans ce cas, celui des deux qui est au mode attributif ne fait pas plus fonction d'auxiliaire que dans toute autre locution. En suivant cette méthode, nous nous ferons facilement une idée très juste de toutes les formes possibles des verbes de toutes les langues qui s'offriront à nos regards. Si même l'usage avait donné à quelques-unes un acception qui fût fondée sur une fausse analogie, nous le découvririons à l'instant.

Ainsi, par exemple, notre verbe *avoir* en français est, comme tous les verbes adjectifs, formé du verbe *être* et d'un adjectif. *Ayant*, c'est *étant ayant*; *eu*, c'est *été ayant*; *j'ai*, c'est *je suis ayant*; *j'avais*, c'est *j'étais ayant*; *j'aurai*, c'est *je serai ayant*, etc. Il y a de plus des temps composés dans lesquels il se sert d'auxiliaire à lui-même, et il y joue bien réellement le rôle d'auxiliaire; car le temps au mode attributif qui y entre ne tire aucune valeur de sa signification propre d'*avoir*, de posséder; il ne fait précisément que le même effet que ferait le temps correspondant du verbe simple. *J'ai eu*, c'est exactement la même chose que *je suis* été ayant; *j'aurai eu*, c'est *je serai* été ayant, etc. L'un est un passé absolu, parce que c'est le présent uni au participe passé; l'autre est un futur passé absolu, parce que c'est le futur absolu joint au même participe passé. La valeur totale résulte légitimement de la valeur de chacune des parties. Il en est de même dans tous les temps de notre verbe *avoir*; et on peut dire la même chose de tous les temps où le verbe *avoir* se sert d'auxiliaire à lui-même, en italien, en allemand et en anglais.

C'est encore de même quand ensuite ce verbe *avoir* devient auxiliaire du verbe *être*. Vous voyez dans notre tableau que partout où il entre dans la composition du verbe *être*, il y joue le même rôle qu'y jouerait pareil temps de ce verbe *être*. Cela est bien évident, puisque tous les temps composés, français et anglais, où entre le verbe *avoir*, sont parfaitement analogues aux temps de même valeur, italiens et allemands, où le verbe *être* se compose lui-même. C'est là vraiment être auxiliaire.

On n'en peut pas dire autant des verbes *werden* en allemand, et *shall*, *will*, *may*, etc. en anglais. Dans *ich werde werden*, *ich werde sein*, je deviendrai, je serai, mot à mot, je deviens devenir, je deviens être, je suis devenant devenir, je suis devenant être, on ne trouve, comme nous l'avons déjà remarqué, qu'une série de temps présents qui forment une expression future, grâce à la signification propre à l'adjectif *devenant*. Il en est de même en anglais de *I shall be*, je dois être, je suis devant être; *I will be*, je veux être, je suis voulant être, pour dire *je serai*. Ce ne sont donc pas là des temps composés, mais des périphrases destinées à remplacer le manque d'un temps, comme si en français on disait, je suis destiné à être, je suis sur le point d'être. Les mêmes réflexions s'appliquent à ces phrases françaises, *je vais faire*, *je viens de faire*, que l'on a aussi voulu regarder comme des temps du verbe *faire*. Ce sont uniquement des manières d'employer le présent du verbe *aller* et du verbe *venir*. Toutes ces phrases ne sont point des temps composés, sans quoi il faudrait dire que *je sortirai* dans une heure, dans deux heures, dans trois heures, sont autant de futurs différents du verbe *sortir*; et que, je fais bien, mal, lentement, vite, etc., sont autant de modes du verbe *faire*.

Les verbes qui entrent dans ces locutions ne sont donc point des verbes auxiliaires. Il n'y a absolument dans le langage que deux verbes auxiliaires, *être* et *avoir*. Il ne devrait même y en avoir qu'un, qui est le verbe *être*; et il n'y en a deux dans beaucoup de langues que parce qu'on y est convenu d'employer le verbe *avoir* dans certaines occasions; précisément et exactement, comme s'il n'avait pas d'autre signification que le verbe *être*.

Cette observation va nous faire trouver la véritable analyse de tous les temps des verbes adjectifs de toutes les espèces; rendre manifeste ce que nous avons déjà indiqué, que c'est se méprendre étrangement de prendre pour le même verbe ce qu'on appelle la voie passive et la voix active, et nous apprendre ce que nous devons penser de tous ces prétendus participes passés passifs, gérondifs, supins, etc., qui ont tant embarrassé les grammairiens.

J'aime, *amo*, c'est je suis aimant, ou je suis étant aimant. C'est le présent du verbe *être* au mode attributif, avec le simple adjectif *aimant*, ou avec le présent du verbe *aimer* au mode adjectif, qui renferme le présent du verbe *être* au même mode. Ces deux analyses sont équivalentes l'une à l'autre. La seconde renferme un pléonasme, l'existence étant déjà suffisamment exprimée par le présent du mode attributif.

J'ai aimé, *ho amato*, *amavi*, équivalent à je suis été aimant. C'est le présent du mode attributif du verbe *avoir*, qui ne fait absolument pas d'autres fonctions que ne ferait le même temps du verbe *être*, et qui est joint au passé du mode adjectif du verbe *aimer*; et cela forme un passé absolu, parce que ce supin, ce participe passé actif, comme on voudra l'appeler, est réellement l'adjectif *aimant* réuni avec le participe passé *été* du verbe simple.

De même, je suis aimé, *sono amato*, *amor*, est le présent d'un mode attributif, parce que ce n'est autre chose que ce temps du verbe *être* uni à un adjectif. Aimé, *amato*, ne sont là purement et uniquement que de simples adjectifs, comme content, malheureux, ou tout autre. Dans les deux premières langues, ces locutions ne sont donc absolument qu'un emploi du verbe *être*. On peut et l'on doit dire qu'il n'y a qu'en latin qu'il existe un verbe adjectif, qui signifie *être aimé*. Mais ce verbe adjectif, *amari*, être aimé, n'est point du tout le même que *amare*, être aimant, puisque l'un est formé de l'adjectif *amans*, et l'autre de l'adjectif *amatus*.

J'ai été aimé, *io sono stato amato*, sont de même des passés absolus du verbe *être*, et non d'aucun verbe adjectif.

Maintenant, s'il est bien vrai, comme le disent les rudimentaires, que *amatus sum* et *amatus fui* veuillent également dire tous deux j'ai été aimé, je suis été aimé, il faut absolument reconnaître deux choses différentes dans le prétendu participe passé passif *amatus*. Il faut que dans *amatus sum*, il signifie *été aimé*, et que dans *amatus fui*, il signifie *étant aimé*, ou *aimé*, tout simplement. Il faut que dans le premier cas il soit participe passé, et dans le second participe présent, ou simple adjectif. Car, si dans le premier cas il était participe présent ou adjectif, *amatus sum* voudrait dire, je suis étant aimé, je suis aimé; et si dans le second il était participe passé, *amatus fui* voudrait dire, j'ai été-été aimé, je suis été-été aimé. La nécessité de la même distinction se retrouve dans les temps *amatus eram* ou *fueram*, j'avais été aimé, *amatus sim* ou *fuerim*, j'aie été aimé, et autres. On voit donc combien il est inexact de dire toujours indistinctement que *amatus* est un participe passé passif.

La même réflexion s'applique d'une autre manière à ce que les rudiments appellent, dans les verbes déponents, le participe actif passé. *Imitans* signifiant imitant, *imitatus* signifie non pas précisément, comme ils disent, *ayant imité*, mais plus exactement *été imitant*. Alors *imitatus sum* veut bien dire j'ai imité, je suis été imitant, comme ferait *imitans fui*, s'il était usité; mais *imitatus fui* doit nécessairement exprimer un degré de passé de plus, il doit signifier, j'ai eu imité, mot à mot, je suis été-été imitant; et la même gradation doit se retrouver dans les autres temps semblables. Au reste, en l'observant, cette gradation, *imitatus* ne change pas de valeur, il est toujours participe passé; il signifie toujours *été imitant* dans ces phrases. Mais dans celle-ci, *scriptura imitata*, ou *imitatione expressa*, et autres semblables, il signifie bien exactement *imité*: il est bien uniquement l'adjectif *imité*, *copié*. Ainsi, le mot *imitatus* se trouve précisément dans le même cas que notre mot français *imité*, qui dans *j'ai imité* signifie *été imitant* et est participe passé; et dans *je suis imité*, ne signifie que *imité*, et est un simple adjectif. Les grammairiens latins ont donc autant de tort que les grammairiens français de n'avoir pas distingué des choses aussi différentes. Cette attention aurait sauvé aux uns et aux autres bien des embarras.

La vraie valeur de ces supins, sur laquelle on a tant disputé, eût été trouvée tout de suite. Ils sont le vrai participe passé actif, employé substantivement, quoiqu'il n'existe pas adjectivement. Nous allons en trouver la preuve dans cette phrase de Tite-Live, si souvent prise pour exemple: *Diù non perlitatum tenuerat dictatorem*, mot à mot: *n'avoir pas fait pendant longtemps des sacrifices agréables aux Dieux avait retenu le dictateur*. En effet, que l'usage le permette ou non, *perlitare*, c'est *esse perlitans*. *Perlitans*, c'est *étant* faisant des sacrifices agréables; *perlitatus*, c'est *été* faisant, etc. *Non perlitatum*, sujet d'un verbe, c'est *non été faisant* pris substantivement, ou n'être pas été faisant des sacrifices agréables. Il n'y a pas la moindre difficulté. Si au contraire on confond dans le même mot la signification *sacrifié* et celle *été sacrifiant*, il n'y a plus moyen de s'y reconnaître.

Les gérondifs, tant français que latins, sont de même des cas de certains participes ou adjectifs verbaux, employés substantivement. *En lisant*, c'est pendant, ou par le moyen de la qualité *étant lisant*, prise substantivement; c'est *pendant être étant lisant*.

Cela nous fait voir en passant pourquoi Beauzée a eu raison de soutenir que les gérondifs et les supins latins, malgré leur forme, sont plutôt des cas de l'infinitif que du participe dont ils dérivent. C'est qu'ils n'appartiennent à ce participe qu'autant qu'il est pris substantivement. Or, l'infinitif est le verbe au mode substantif. Le participe est le même verbe au mode adjectif. Mais quand ce mode adjectif est pris substantivement, il devient parfaitement identique avec le substantif. Les supins et gérondifs sont donc autant des cas de l'infinitif que du participe; et ces participes eux-mêmes, pris substantivement, sont de vrais temps de l'infinitif.

Notre manière de voir nous fait aussi trouver tout de suite ce que nous devons penser de ce temps, *dictum est*. *Dictum*, soit adjectif, soit participe, est pris là substantivement, puisqu'il est le sujet de la phrase. Est-il simple adjectif? Signifie-t-il dit, dite? *Dictum est* est un présent, celui du verbe *être*. Cela veut dire, *dit est*, il est dit, on dit. *Dictum* est-il supin? (participe actif passé pris substantivement), signifie-t-il *été disant*? *Dictum est* est un passé. Il veut dire *été disant est*, il a été dit, on a dit.

Il serait peut-être plus simple, au reste, de regarder *dictum* comme un participe neutre ou indéclinable du verbe *être dit*; alors il faudrait seulement décider s'il en est le participe présent, ou s'il en est le participe passé. Cela rentre dans ce que nous avons dit des participes passifs.

En suivant nos principes, on voit facilement encore pourquoi, *je ferai cela* et *cela sera fait*, sont le même temps, quoiqu'ils aient une valeur différente. C'est qu'ils n'appartiennent pas au même verbe adjectif. L'un est le verbe *être faisant*, l'autre le verbe *être fait*: la différence de leur expression tient à celle propre à l'adjectif composant. Par la même raison, en sens contraire, j'aurai fait cela (je serai été faisant cela) équivaut à *cela sera fait*, et est un temps différent : c'est que l'adjectif *faisant* et l'adjectif *fait* sont deux choses très distinctes, dont l'une est nécessairement postérieure à l'autre, comme poursuivre et atteindre, mais cela ne fait rien au temps du verbe[a].

Nous trouvons encore dans la même source ce que nous devons penser de certaines locutions latines que l'on nous donne pour des temps composés, telles que celles-ci, *precaturus sum*, *precaturus eram*, *precaturus ero*. Je vois bien que la première est un vrai temps composé; c'est je suis devant prier. Il est équivalent à *precans ero*, je serai priant. Dans l'un, c'est le mode participe qui marque le futur et le mode attributif qui marque le présent, et dans l'autre c'est le contraire. Mais dans tous deux, je trouve un présent et un futur, et je puis les ramener à un temps unique du verbe *être* et à un simple adjectif (*je serai priant*). Mais je ne puis pas faire de même de *precaturus eram*, pas plus, au reste, que de *futurus eram*, j'étais devant prier, j'étais devant être. Là, il y a deux temps distincts que je ne puis pas fondre en un. Le temps attributif exprime une existence passée, contemporaine d'une circonstance énoncée. Cette circonstance consiste, à la vérité, à devoir être, à devoir faire quelque chose; j'en conviens. Mais cela est étranger au temps qu'exprime *eram*, j'étais; et comme tous les temps, dans le discours, doivent être relatifs au moment de l'acte de la parole, c'est

a. De même, *cette prédiction s'accomplira quand*...et *cette prédiction sera accomplie quand*...ont deux valeurs différentes, quoique ce soit le même temps. Mais l'un est un temps du verbe *accomplir, être accomplissant*, et l'autre un temps du verbe *être accompli*.

eram qui fixe cette relation comme passée, et elle ne peut devenir future. J'en conclus que ce n'est point là un vrai temps composé, mais deux temps distincts de deux verbes différents à la suite l'un de l'autre, comme si je disais, j'étais destiné à devenir un jour infirme. Assurément, personne ne regarderait cela comme un temps futur. En effet, rappelons-nous que dans tous nos discours, l'existence est considérée comme positive ou comme éventuelle; et il peut bien y avoir dans l'existence éventuelle des époques passées par rapport à d'autres, sans qu'elle cesse d'être éventuelle. C'est ce qui produit les futurs passés. Mais mêler ensemble, dans le même temps d'un verbe, l'existence passée par rapport à l'acte de la parole, et par conséquent positive, et l'existence future par rapport au même acte, et par conséquent éventuelle, c'est une chose contradictoire. Et même, admettre seulement des futurs dans les temps passés de l'existence positive, c'est donner naissance à une confusion inextricable. Il est bien plus simple de regarder ces locutions comme composées de deux temps différents de deux verbes distincts ou du même verbe, qui se suivent, mais qui ne sont pas réunis. Quant à *futurus ero* ou *precaturus ero*, il est bien visible que c'est un futur ajouté et non réuni à un autre futur: c'est, je serai devant être ou devant prier, j'aurai à être ou à prier. Ce n'est pas là un temps composé.

Je m'arrête, et ne m'étendrai pas davantage sur ces détails. On ne peut ni examiner tous les cas différents, ni discuter tous les idiotismes de toutes les langues; et j'ai peut-être déjà trop multiplié ces analyses particulières, dont quelques-unes d'ailleurs pourraient ne pas paraître satisfaisantes, sans que les principes généraux dussent être rejetés.

Or, ces principes se réduisent à ceci.

Tous les verbes, dans tous les langages possibles, ne sont toujours que le verbe *être* uni à un adjectif.

Cela posé, il est absolument impossible qu'ils aient d'autres temps et d'autres modes que ceux du verbe *être*.

Par conséquent, ce sont les modes et les temps de ce verbe que nous devons chercher à déterminer; et quand nous les aurons trouvés, nous connaîtrons ceux de tous les autres.

Ce verbe est essentiellement un adjectif qui, suivant les occasions, devient substantif ou attribut, ce qui fait qu'il a trois modes réels, l'adjectif, le substantif et l'attributif, et qu'il n'en peut pas avoir d'autres.

Il peut avoir tous les temps possibles à chacun de ces modes; mais comme d'une part le discours exprime toujours une pensée actuelle, et comme de l'autre le caractère essentiel du verbe est d'être un adjectif, en décomposant ces temps on trouve toujours qu'ils se réduisent à un présent et à un temps du mode adjectif.

Par conséquent, si son mode adjectif était complet, il suffirait, pour l'expression de toutes les modifications de la pensée, qu'il eût un présent substantif et un présent attributif; mais il n'en est point ainsi; et au contraire, ce n'est qu'au mode attributif que nous lui trouvons tous les temps dont il est susceptible.

Ils sont au nombre de douze, tous relatifs au moment de l'acte de la parole.

Six expriment des modifications de l'existence positive, et six autres des modifications de l'existence éventuelle; et dans chacune de ces deux classes, trois de ces temps expriment de plus un rapport de simultanéité avec une autre existence désignée ou non.

Le prétendu mode subjonctif n'est qu'un cas oblique du mode attributif, que l'on emploie dans des phrases gouvernées par la conjonction *que*, et, dans certaines langues, dans des phrases gouvernées par d'autres conjonctions, mais qui renferment toujours la conjonction *que*, comme nous l'avons vu chapitre III, § 7.

Il est si vrai que le subjonctif n'est qu'un cas oblique du mode attributif que dans les langues où l'on emploie la locution appelée par les rudimentaires le *que retranché*, le subjonctif est remplacé par le mode substantif ou adjectif mis à l'accusatif. C'est ainsi que l'on doit considérer ces expressions : *credo me esse felicem*, *credo me futurum esse felicem*, je crois moi être heureux, je crois moi devant être heureux, remplaçant celles-ci, je crois que je suis, que je serai heureux.

La destination du subjonctif étant uniquement d'exprimer l'existence subordonnée, il n'y a pas lieu à la distinguer en existence positive et existence éventuelle. C'est pourquoi il n'a jamais que six temps, qui répondent également aux deux classes des temps du cas direct.

Ce cas oblique du mode attributif est aussi inutile que le sont ceux des noms, quand leur dépendance d'un autre nom est déjà marquée par une préposition ; car la dépendance du verbe subjonctif est déjà exprimée par la conjonction *que*, qui est une véritable préposition de proposition.

Au contraire, les cas des modes substantif et adjectif sont utiles, comme ceux des autres substantifs et des autres adjectifs.

Le supin et les gérondifs sont des cas de ces modes et ne sont ni des modes, ni des temps particuliers.

Tous les autres prétendus modes du verbe *être* ne sont que des manières elliptiques d'employer ceux dont nous venons de parler; et ainsi, voilà l'état exact de tous les temps possibles du verbe simple.

En outre, ce verbe simple est le seul verbe vraiment et nécessairement auxiliaire de tous les autres.

Il n'y a un autre auxiliaire, le verbe *avoir*, que parce qu'on est convenu de l'employer dans les temps composés, sans aucun égard pour sa signification propre, et absolument comme s'il n'en avait pas d'autre que le verbe *être*.

Tous les autres verbes regardés, mal à propos, comme auxiliaires, mêlant à la valeur réelle de leurs temps, qui ne sont autres que ceux du verbe *être*, qu'ils renferment, une valeur particulière tirée de la signification propre de l'adjectif qu'ils y ajoutent, ne forment point avec le mode adjectif ou substantif d'un autre verbe de véritables temps composés, mais des phrases où deux verbes se trouvent juxtaposés et ne sont pas réunis en un.

Ainsi, il y a autant de verbes adjectifs distincts qu'il y a d'adjectifs différents unis au verbe simple.

Par conséquent, c'est une grande erreur et une source de confusions nombreuses de reconnaître dans un verbe une voix active et une voix passive, et de prendre pour le même verbe deux verbes si différents.

Enfin, toutes les fois qu'on décompose un temps quelconque d'un verbe adjectif, on y trouve toujours un présent du verbe *être*, substantif, adjectif ou attribut, un temps du mode adjectif de ce même verbe *être*, et enfin un adjectif simple, exclusivement propre au verbe décomposé, et qui n'appartient à aucun autre.

Au moyen de ce petit nombre d'observations, tout se dénoue, s'éclaircit et se simplifie dans les conjugaisons des verbes, et toutes les règles de syntaxe qui y sont relatives s'expliquent d'elles-mêmes. J'aurais pu peut-être arriver plus directement à ces résultats; mais j'ai voulu laisser voir par quel chemin j'y ai été conduit, et montrer que s'ils présentent la théorie des conjugaisons des verbes sous un jour absolument nouveau, c'est que, jusqu'à présent, on ne l'avait fondée que sur l'érudition et sur des analogies trompeuses, et on avait toujours négligé de l'aller chercher dans la nature même de cet élément du discours. Il est vrai que, pour prendre cette route, il fallait auparavant avoir pleinement éclairci la génération des idées et celle de leurs signes; et c'est ce qu'on n'avait pas encore fait complètement, quoique dès longtemps on ait senti que c'était la seule manière d'arriver à la vérité. J'avoue que je crois y avoir réussi, et je suis persuadé que si jamais dans les rudiments et les grammaires particulières on prend ces idées pour bases des explications, on verra tout s'enchaîner dans un ordre admirable et toutes les anomalies apparentes venir se ranger d'elles-mêmes sous le joug des lois générales. Du moins est-il certain que quand j'ai pris la plume, je n'étais moi-même décidé pour aucun système. Je ne cherchais qu'à exposer les conséquences des vérités établies précédemment et à voir ce qui en résulterait; j'ai été conduit comme par la main et j'ai souvent été surpris de trouver à quel point tout s'enchaînait et se confirmait réciproquement, et combien tout le système du mécanisme du langage devenait simple et *un* à mesure qu'il se complétait.

Mais il est temps de revenir à la syntaxe, dont cette discussion nous a éloignés.

SECTION TROISIÈME

Des prépositions, des conjonctions et des repos

Cette longue digression sur les temps des verbes nous a fait perdre de vue notre sujet et à peine pouvons-nous retrouver où nous en étions quand nous nous en sommes éloignés. Cependant, rappelons-nous que nous avons dans le langage, considéré comme combinant, c'est-à-dire calculant nos idées, trois moyens de syntaxe ou de coordination entre les signes de ces idées, savoir, la construction, les déclinaisons, et l'usage de certains signes ou notes uniquement destinés à marquer le rapport des autres signes. Nous avons suffisamment expliqué les deux premiers, il nous reste à dire un mot du troisième.

Ces signes ou notes, qui n'ont absolument aucune utilité que comme moyens de syntaxe, sont les prépositions, les conjonctions et les repos que dans tout discours nous observons à la fin de chaque phrase partielle ou complète, et qui, en la séparant de ce qui précède et de ce qui suit, unissent plus intimement entre eux tous les signes qui la composent.

Nous avons déjà parlé longuement des prépositions dans le chapitre des éléments de la proposition. Nous avons vu leur origine, leurs propriétés et leurs usages. Nous avons reconnu que tant qu'elles demeurent inséparables des mots qu'elles modifient, ce sont elles qui constituent leurs déclinaisons, et que, quand elles en deviennent séparables et forment un élément du discours, elles remplacent ces déclinaisons, au moins en ce qui regarde le cas, et produisent le même effet qui est de marquer le rapport de dépendance où un nom est d'un autre signe. Nous avons de plus observé que vraisemblablement ce n'est qu'à une seconde époque du langage que l'on s'est avisé de ce nouveau moyen de syntaxe : du moins, plus les langues sont anciennes et primitives, plus en général nous y trouvons l'usage des cas et moins elles ont celui des prépositions. Nous n'avons donc plus rien à ajouter à cet égard et nous connaissons suffisamment la nature de ce moyen de syntaxe.

Il en est de même des conjonctions, ou plutôt de la conjonction *que*, à laquelle toutes les interjections conjonctives et tous les adjectifs conjonctifs doivent leur qualité de conjonction, comme tous les verbes doivent au verbe *être* leur qualité de verbe. Nous avons vu que, quelle que soit son étymologie, c'est un mot dont la signification propre est d'exprimer qu'un verbe au mode attributif est régi par un autre, qu'une proposition dépend d'une autre ; que, par conséquent, *que* doit être regardé comme une préposition d'un genre particulier, dont le conséquent est toujours une proposition tout entière, et dont l'antécédent est toujours un verbe, quand elle est seule ou comprise dans une autre conjonction, et toujours un nom, quand elle est unie à un adjectif déterminatif qui en fait un adjectif conjonctif. Nous avons même vu, dans les déclinaisons des verbes, que cette préposition verbale exige que le verbe qui la suit soit à un cas oblique du mode attributif, comme les autres prépositions exigent que les noms qu'elles régissent soient à un cas oblique, dans les langues où ils ont des cas ; et nous avons remarqué que, quand cette conjonction *que* est supprimée (ou *retranchée*, comme disent les rudiments), le nom qui aurait été le sujet du verbe qu'elle aurait gouverné est mis à un cas oblique, et le verbe lui-même est mis au même cas oblique de son mode substantif ou de son mode adjectif, et s'accorde avec ce nom, comme ferait un autre nom ou un autre adjectif. Nous connaissons donc bien la nature et les effets de ce moyen de syntaxe et il est inutile de nous y arrêter davantage.

Quant aux pauses plus ou moins marquées, que nous ne manquons jamais de faire de temps en temps dans toute émission de signes, il ne sera pas nécessaire de nous en occuper bien longtemps. Il est aisé de voir que, partageant en différents groupes une longue série de signes, elles produisent l'effet de séparer chaque sens partiel ou complet et de le rendre plus distinct. Dans les langues orales, les inflexions de voix qui annoncent le commencement et la fin de chaque phrase, et celles qui, en appuyant sur le mot principal, le font remarquer, sont encore des moyens de syntaxe du même genre.

L'utilité de ces pauses et séparations est si sensible que, même dans les langages composés de signes transitoires, elles sont souvent marquées par des signes exprès. Dans les langages de gestes, il n'est pas rare que chaque phrase soit terminée par un signe uniquement destiné à en marquer la fin; et même quelque chose d'analogue se retrouve dans les langues parlées par des peuples grossiers. Ces mots, *je dis* et *j'ai dit*, par lesquels les sauvages commencent et finissent si fréquemment leurs discours, et même chaque partie de leurs discours, n'ont guère d'autre objet.

A l'égard des langages composés de signes permanents, et des langues orales, quand elles acquièrent cette propriété par le moyen de l'écriture, pour peu que leur grammaire soit perfectionnée, ces séparations y sont toujours notées avec soin. C'est à cet usage que sont destinés nos virgules, nos points et nos divisions en alinéa, paragraphes, chapitres, sections, etc.

Il est pourtant à remarquer que l'écriture de la langue hébraïque, celle de plusieurs manuscrits anciens, et celle de nos langues modernes dans les temps d'ignorance, n'avaient pas de ponctuation, ce qui en rend souvent la lecture très pénible, et ce qui prouve, en même temps, que cette invention est une des dernières dont les hommes se soient avisés pour porter la clarté dans leurs discours; invention qui est même encore loin d'être aussi perfectionnée qu'elle pourrait l'être. Cependant, je n'entrerai point dans le détail des règles de ponctuation. On ponctue toujours suffisamment bien en écrivant, comme on marque toujours convenablement les repos en lisant et en parlant, quand on entend ce qu'on dit. C'est même ce qui prouve encore que cela sert à le faire comprendre aux autres. J'ai donc dû faire mention de la ponctuation pour compléter l'énumération de tous nos moyens de syntaxe.

C'est ici que finit ce que nous avions à dire de la grammaire vraiment générale, c'est-à-dire ce qui est commun absolument à tous les langages possibles, de quelque nature que soient les signes qui les composent. Maintenant, nous devons considérer ces langages comme divisés en deux grandes classes; l'une, formée de ceux qui sont composés de signes fugitifs et transitoires, l'autre de ceux composés de signes permanents et durables; et il nous reste à voir comment les premiers ont produit les derniers (car il n'est pas douteux qu'ils les ont précédés); quels sont les effets et les propriétés de ceux-ci, et quelles sont leurs relations avec ceux dont ils émanent. Quand nous aurons encore éclairci ces différentes questions, nous aurons, je pense, traité de toutes les parties de notre sujet; et nous pourrons en tirer quelques conséquences pour l'amélioration de nos langues et pour la composition d'une langue vraiment philosophique. Alors, je crois que nous aurons achevé l'histoire de l'expression de nos idées. Si nous l'avons bien faite, celle de leur déduction s'ensuivra tout naturellement; parlons donc actuellement des signes durables et permanents.

CHAPITRE V

DES SIGNES DURABLES DE NOS IDÉES, ET SPÉCIALEMENT DE L'ÉCRITURE PROPREMENT DITE

Après avoir parlé si longuement des temps des verbes et d'autres détails presque minutieux de nos langues articulées, l'on aura peut-être été surpris de m'entendre dire en finissant que tout ce qui précède est commun absolument à tous les langages, de quelque espèce qu'ils soient. Cependant, rien n'est plus exact et il est facile de s'en convaincre. En effet, sans remonter jusqu'à la première partie de ces *Éléments*, dont celle-ci n'est que la continuation, et sans répéter ici ce que nous avons dit de la création des signes artificiels de nos idées, de leurs diverses espèces, de leurs fonctions et de leurs propriétés communes, rappelons-nous seulement que tout système de signes est un discours. Le discours est donc toujours la représentation plus ou moins parfaite de nos pensées. Or, toutes nos pensées ne consistant qu'à *sentir* et à *juger*, tout discours doit être composé de propositions; ces propositions, de sujets et d'attributs; ces sujets et ces attributs, d'idées principales et de compléments; et, par conséquent, il faut nécessairement que nous retrouvions, dans tous les langages possibles, quelque chose d'analogue aux éléments de la proposition et aux moyens de syntaxe dont nous venons de rendre compte.

Si toutes ces parties sont plus développées et si toutes leurs nuances sont mieux marquées dans le langage articulé que dans tout autre, c'est que, par diverses causes, les sons de la voix sont, de tous nos signes naturels, les plus commodes et les plus perfectibles[a], et que, par ces motifs, ils ont été les plus employés et les plus perfectionnés. Mais il n'en est pas moins vrai que quand nous avons recours aux gestes, aux attouchements ou même à d'autres signes totalement d'imagination, que nous composons sur le modèle de ceux-là, nous ne pouvons les composer et les arranger que suivant une méthode tout à fait semblable à celle qui préside au langage articulé, parce que cette méthode ne dépend pas de notre choix; qu'elle nous est dictée par l'opération même de la pensée qu'il s'agit d'exprimer; en un mot, qu'elle est nécessaire et non pas arbitraire. Tout ce que nous en avons dit est donc d'une vérité générale et même universelle, et n'est particulier à aucun langage.

Il n'en est pas de même du sujet que nous avons à traiter actuellement. Tous les signes naturels de nos idées sont momentanés. Ils se laissent apercevoir un instant et s'évanouissent aussitôt. Devenus artificiels, ils n'en demeurent pas moins fugitifs et transitoires, et tous ne sont pas également susceptibles d'être convertis en signes durables et permanents. Les uns ne le peuvent qu'à l'aide d'une traduction pénible, les autres se prêtent à une représentation directe et facile. Par conséquent, ce qui est vrai des uns ne l'est pas des autres et on ne peut point établir ici des vérités universelles. J'ai déjà indiqué cette observation dans les chapitres XVI et XVII des *Éléments d'idéologie* et j'ai annoncé que je la développerais davantage quand je parlerais de l'écriture et de l'orthographe. C'est ici le lieu de remplir cet engagement; mais pour y réussir, il faut encore nous reporter un moment à l'origine du langage.

Tous les hommes, je dirai plus, tous les être animés parlent naturellement le langage d'action; ou plutôt leurs actions parlent pour eux sans qu'ils le veuillent et manifestent leurs pensées à tous les êtres organisés à peu près de même qui, voyant que quand ils ressentent certaines affections ils font certaines actions, en concluent que leurs semblables, quand ils font les mêmes actions, éprouvent les mêmes affections. De cette observation, que chacun fait de son côté, il résulte bientôt que tous les individus, surtout dans la race humaine, font ces mêmes actions, non plus seulement pour les faire et pour l'effet immédiat qui en résulte, mais pour manifester ce qu'ils pensent. Alors ces actions, de signes naturels involontaires, deviennent signes volontaires institués. Leur signification

a. Voyez-en les raisons, chapitres XVI et XVII [du premier volume] des *Éléments d'idéologie*. En tout, il est utile de relire ces deux chapitres en entier avant de commencer celui-ci.

est un secret surpris qui devient un secret confié; et son indice irrécusable se change en un moyen de le communiquer. On a le plus grand besoin et, par conséquent, le plus grand désir de faire connaître ses pensées; on en perfectionne tous les moyens. Heureusement la tentation et l'art de dissimuler ne naissent qu'après l'envie de se manifester. De là vient l'institution du langage dès l'origine du genre humain et l'usage perfide qu'on n'en a fait que trop souvent dans la suite.

Ce langage d'action s'adresse à trois sens, le tact, la vue et l'ouïe. Il est composé de trois espèces de signes, les attouchements, les gestes et les sons. On emploie plus ou moins chacune de ces trois parties du langage d'action, selon les occasions; mais on se sert toujours de toutes trois concurremment, surtout des deux dernières. Tout cela a déjà été observé.

Cependant, quoiqu'on emploie concurremment ces diverses branches du langage d'action, il n'en est pas moins vrai que chacune d'elles (et principalement les deux dernières), étendue et perfectionnée par des conventions successives, est susceptible de devenir, chacune séparément, un langage artificiel très complet et d'exprimer nos idées de toute espèce jusque dans leurs moindres détails. Ainsi voilà trois classes de langages artificiels bien distincts, qui émanent directement du langage naturel; et chacune de ces classes peut se subdiviser encore en une multitude d'idiomes différents.

Mais tous ces langages divers ne sont toujours composés que de signes fugitifs qui disparaissent aussitôt qu'ils sont perçus, qui se succèdent et se remplacent avec rapidité, qui s'effacent les uns les autres, et qui ne produisent que des impressions momentanées, toujours très difficiles, souvent impossibles à rappeler avec exactitude. Les hommes n'ont donc pu se servir longtemps de ces signes sans désirer de les rendre durables. Ils n'ont pu recevoir ces impressions sans souhaiter de les prolonger et de les renouveler pour y réfléchir et les combiner. En un mot, ils n'ont pu jouir longtemps de l'avantage de se communiquer leurs idées, immédiatement et passagèrement, sans souhaiter d'en conserver l'expression pour des temps et des générations à venir, et de la transmettre à des distances éloignées. Il s'agit de voir comment ils y sont parvenus.

Ce motif leur a fait d'abord ériger des monuments, ficher des clous dans des murailles, comme les Romains; nouer des cordelettes, comme les Péruviens; percer des arbres d'une certaine manière, ou en planter de nouveaux, comme certains sauvages; puis les a conduits à imaginer des peintures, des sculptures, des gravures, des plans et des dessins de toute espèce, pour perpétuer, au moins en masse, le souvenir d'hommes, d'événements, de sentiments, de faits, ou de lieux qu'ils voulaient préserver d'un oubli total. J'écarte, pour le moment, ces divers genres de signes, ainsi que ceux inventés depuis, et qui sont exclusivement propres à l'arithmétique, à l'algèbre, à la chimie, à l'astronomie et à diverses autres sciences. J'ai, ci-devant, considéré tout cela comme autant de langues, ou plutôt de portions de langues; et j'ai eu raison, puisque ce sont des systèmes de signes. Mais ce ne sont que des systèmes incomplets, puisque chacun d'eux ne s'applique qu'à un petit nombre d'idées très peu analysées, ou à une classe particulière d'idées; ainsi, ils n'ont pas pu remplir pleinement l'objet dont il s'agit.

Cherchons donc de quels expédients les hommes ont pu s'aviser pour rendre durable la série complète des signes de leurs idées dans tous ses détails; et quoique bien sûrement, par toutes les raisons que nous avons dites plusieurs fois, les langues usuelles des hommes aient toujours été des langues vocales, examinons successivement les trois hypothèses où elles seraient dérivées d'une des trois branches différentes du langage naturel, les attouchements, les gestes et les cris, et voyons, dans chacun de ces cas, ce qu'on aurait pu faire pour rendre permanents ces signes fugitifs. Cela nous fera mieux sentir l'esprit de cette opération, en quoi précisément elle consiste, et jusqu'à quel point chaque espèce de signes naturels s'y prête ou s'y refuse.

Supposons d'abord que la langue usuelle, tirée du langage d'action, soit une suite de gestes convenus, ayant pour principes et pour racines les gestes naturels et involontaires, et en dérivant plus ou moins immédiatement. Il est évident que dans cette hypothèse on ne pourrait faire autre chose que d'imaginer une suite correspondante de figures tracées n'importe sur quelle matière ni par quels moyens; d'établir entre elles les mêmes dérivations, les mêmes analogies, et des formes de composition et de décomposition analogues à celles des gestes; et d'attacher à chacune de ces figures une idée déjà liée à un des gestes de la langue usuelle, en y reconnaissant les mêmes éléments du discours et les mêmes lois de coordination ou de syntaxe.

Mais cette série de figures elle-même, comment devons-nous la considérer? Il est clair que c'est une seconde langue visuelle, puisque c'est un second système de signes, s'adressant comme les gestes au sens de la vue, seulement d'une manière plus durable. Mais c'est une seconde langue à la création de laquelle on n'est pas conduit immédiatement, comme à celle de la première, par des décompositions successives des premiers signes naturels. Les signes qui la composent n'ont de valeur que celle qu'on y attache au moyen des gestes auxquels on convient qu'ils correspondent. Leur signification ne se manifeste jamais que par le secours de ces gestes et elle n'est connue que par ceux que l'on voit faire à celui qui [la dicte ou à celui qui] * l'explique.

Ces observations, au reste, n'empêchent pas que cette seconde langue ne remplît en partie son but, de rendre durables les impressions produites par la première et ne fût déjà d'une grande utilité; mais il ne faut pas les perdre de vue, parce que nous verrons qu'elles ont bien des conséquences.

Maintenant, supposons que la langue usuelle, dérivée du langage d'action, soit une suite d'attouchements convenus. Il est évident encore qu'on ne pourrait les convertir en signes fixes et permanents qu'en les représentant de même par le moyen d'une suite de figures tracées. Là, il y aurait un changement de plus; ce serait l'usage d'un sens qui serait substitué à celui d'un autre, puisque les attouchements s'adressent au tact et les figures tracées à la vue; mais cette circonstance est indifférente. L'effet serait le même que dans le premier cas.

Actuellement, rentrons dans l'hypothèse réelle et supposons que la langue usuelle et habituelle dérive principalement, comme cela est en effet dans tous les pays et dans tous les temps, de la troisième branche du langage d'action, des cris, et est composée d'une suite de sons convenus. Il n'est pas douteux que c'est encore là une collection de signes fugitifs qu'on peut rendre durables en employant le même moyen, en attachant à une figure tracée chacune des idées représentées par chacun des mots de la langue parlée. Il suffit pour cela, comme dans les deux premières suppositions, de créer autant de figures qu'il y a de signes différents dans la langue usuelle et d'y observer les mêmes analogies et le même ordre de composition. Ainsi, il faut autant de ces figures que de mots dans la langue parlée, les assujettir aux mêmes lois et retenir fidèlement la valeur des unes et des autres. Ce sont deux langues parallèles et correspondantes. Pour pouvoir traduire de l'une dans l'autre, il faut qu'elles soient équivalentes et qu'on les sache bien toutes deux; c'est tout simple. Mais il ne faut point oublier que la valeur de la seconde ne lui est jamais imprimée directement; qu'elle n'est que représentative de celle de la première et qu'elle ne se manifeste à qui que ce soit que par le moyen des signes de cette première. C'est là un point très remarquable.

* Omis dans l'édition de 1825.

Telle est la manière usitée par les anciens Égyptiens, par les Chinois, les Japonais et généralement par tous les peuples qui se servent des figures que nous appelons hiéroglyphiques ou symboliques, et de celles qui en dérivent; en un mot, par tous les hommes qui ont une langue parlée et une langue peinte. Avec ce procédé, ils auraient, comme nous venons de le voir, représenté, figuré également leur langue usuelle, quand même elle aurait été composée de gestes ou d'attouchements.

Mais les langues parlées, pour rendre durables les signes fugitifs qui les composent, offrent un autre moyen qui leur est particulier et qui présente bien plus d'avantages. Quelque nombreux que soient les mots qu'elles emploient, tous sont les résultats de la fréquente répétition d'un assez petit nombre de sons. Les voix, les tons et les articulations différentes qui constituent ces sons sont faciles à distinguer jusqu'à un certain point. Il est donc aisé de représenter, par des figures tracées, chacun des sons qui émanent de l'organe humain; et s'ils le sont exactement et fidèlement, il n'en faut pas davantage pour rendre sensibles à la vue, d'une manière durable, non seulement tous les mots actuels d'une langue parlée et tous ceux qu'elle peut adopter dans la suite, mais encore tous ceux de toutes les langues parlées possibles, passées, présentes et à venir. C'est là ce que font plus ou moins bien nos écritures proprement dites, soit syllabiques, soit alphabétiques. C'est là ce que l'on appelle spécialement *écrire*; et c'est une opération à laquelle les langues orales seules peuvent donner lieu, puisqu'il s'y agit uniquement de représenter les sons.

Je parlerai bientôt de la différence de l'écriture syllabique et de l'écriture alphabétique, des causes de la supériorité de cette dernière, de l'inutilité de nos différents alphabets, de la nécessité d'en avoir un seul qui soit complet, des vices de toutes nos orthographes et de la possibilité de les améliorer. Pour le moment, je m'en tiens à l'idée fondamentale.

Celle de l'écriture proprement dite est de copier les sons et celle de l'écriture hiéroglyphique est de représenter les idées. L'une est la copie figurée de la langue parlée, et rien de plus. L'autre est une nouvelle langue et une langue secondaire qui n'a point de valeur propre et dont la signification n'est jamais déterminée et manifestée que par les signes fugitifs de la langue usuelle.

Malgré ces différences, auxquelles même on ne fait pas toujours attention, il paraît, au premier coup d'œil, que ces deux moyens de peindre la parole reviennent à peu près au même et doivent remplir à peu près également le but qu'on se propose, qui est de rendre l'expression de nos idées *durable* et *transportable*, si l'on peut parler ainsi. Cependant, si nous les examinons avec attention, nous trouverons qu'ils diffèrent par la nature de l'opération à laquelle ils donnent lieu, par la manière de l'exécuter et par les effets qui en résultent; nous reconnaîtrons que ces différences, auxquelles on n'a pas assez pris garde, ont des conséquences si prodigieuses qu'elles suffisent pour décider du destin des nations et pour expliquer des phénomènes moraux et politiques dont on n'a jamais bien rendu raison; et nous serons étonnés qu'un seul petit fait, en apparence bien peu remarquable, puisse avoir tant d'influence sur le sort des hommes : ce qui prouve bien que les moindres observations sur les opérations de notre esprit sont de la plus haute importance et portent une vive lumière sur l'histoire du genre humain.

Parlons d'abord de l'opération en elle-même. Avec l'écriture alphabétique, elle est purement mécanique et de la plus grande simplicité, si l'on fait abstraction de l'imperfection de nos alphabets et de l'irrégularité de nos orthographes. Elle se réduit, quand il s'agit d'écrire, à bien noter les sons que l'on entend prononcer et, quand il s'agit de lire, à prononcer exactement ceux que l'on voit écrits. Il n'y a pas changement de signes; il n'y a que deux représentations différentes des mêmes signes convenus et usités. Il ne peut pas y avoir lieu à erreur; la preuve en est que, pour écrire un discours prononcé et pour lire un discours écrit (toujours abstraction faite des irrégularités de l'orthographe), il n'est pas du tout nécessaire de les entendre. Celui qui tient un discours écrit par le moyen d'un alphabet est donc bien sûr d'avoir la pensée de celui qui l'a dicté, pure et sans mélange.

Il n'en est pas de même de l'écriture hiéroglyphique. Il y a toujours double changement de signes. Il y a traduction, véritable interprétation quand on l'écrit, et nouvelle traduction, seconde interprétation quand on la lit. La preuve en est qu'on ne peut faire ni l'un ni l'autre sans comprendre les deux langues employées, la langue parlée et la langue peinte. Voilà donc déjà deux sources d'erreurs, deux causes d'incertitude. Pour que celui qui entend lire ou qui lit l'écriture hiéroglyphique fût certain d'avoir précisément la pensée de celui qui l'a dictée, il faudrait qu'il eût la preuve que les signes de la langue parlée qui lui en expriment le sens sont exactement ceux dont s'est servi l'auteur. Or, c'est une satisfaction qu'il ne peut se procurer qu'en voyant l'auteur lui-même, et réduisant à rien la confiance accordée à l'écrit. Voilà donc déjà une grande différence tirée de la nature même de l'opération. Passons à la manière de l'exécuter.

Pour écrire et lire toutes sortes de langues au moyen de l'écriture alphabétique, il suffit d'avoir l'intelligence d'un très petit nombre de caractères (je crois qu'un alphabet bien complet, et même très scrupuleux à marquer les nuances les plus fines, en comprendrait une quarantaine). Or, c'est là un petit talent très facile à acquérir, surtout si l'orthographe était régularisée; et tellement facile qu'avec une bonne organisation sociale, au bout de très peu d'années, il n'y aurait presque pas un individu, dans une nation policée, qui fût privé de cet avantage [1].

Il faut au contraire que l'écriture ou plutôt la langue hiéroglyphique ait autant de signes que la langue parlée a de mots; et il faut avoir la connaissance de tous ces signes pour l'écrire et la lire; c'est une nouvelle langue à apprendre, et une langue dont on ne peut pas acquérir l'intelligence par l'usage habituel de la société. C'est une véritable langue morte, qu'on ne peut connaître que dans les livres (c'est même une langue morte d'une espèce particulière, de la vraie valeur de laquelle il est impossible qu'on ait jamais de monuments, puisque cette valeur ne se manifeste jamais que par le moyen des signes fugitifs de la langue usuelle). C'est donc l'étude de toute la vie que de la savoir à peu près, comme l'expérience le prouve à la Chine; et par conséquent, toute la masse de la nation est privée de l'usage de tout signe durable de ses idées; et le petit nombre des hommes qui se livrent à l'étude, et en même temps aux affaires publiques, puisque eux seuls sont capables de les faire, passe tout son temps à étudier l'art de s'exprimer, sans y réussir complètement et sans qu'il lui reste de loisir pour apprendre à penser. Maintenant, voyons les effets que tout cela produit.

1°. Quand on a surmonté toutes ces difficultés, on ne peut encore représenter en signes durables que les langues que l'on comprend. La cause en est manifeste : on ne peut traduire sans entendre.

2°. On ne peut même représenter que celle sur laquelle la langue écrite, la langue secondaire, a été formée et calquée, ou tout au plus celles qui ont avec la première les plus grandes analogies d'étymologie et de syntaxe. Pour peu qu'elles en diffèrent, on ne peut les rendre, dans la langue écrite, que par des à peu près et des équivalents qui les défigurent nécessairement. Voyez un peu ce que ce serait que du français écrit avec la

1. Si Destutt de Tracy considère dans ses textes sur l'éducation et l'instruction, écrits entre l'an 7 (1799) et l'an 9 (1801), que la formation des enfants de la classe savante constitue la priorité de la période historique qui est la sienne, il n'en est pas moins un partisan d'une diffusion généralisée des lumières. Dans son *Commentaire sur* L'Esprit des lois *de Montesquieu*, il se fait l'avocat du *gouvernement représentatif pur* qui a vocation à répandre l'instruction dans toutes les couches de la société (voir l'introduction aux écrits *Sur l'éducation et l'instruction publique*, dans *Œuvres complètes*, vol. 1, notamment p. 106-113).

construction, la syntaxe, la formation des verbes, les étymologies, les tropes et les autres idiotismes de la langue anglaise ou allemande, et même de la langue italienne. Ce serait un patois ridicule et souvent inintelligible. C'est là ce qu'est une langue parlée quelconque, écrite avec une langue peinte qui n'est pas modelée sur elle, qui n'a pas été faite pour elle.

3°. Il est à remarquer que les figures tracées, quelque nombreuses et quelque embarrassantes qu'elles soient à former, à distinguer et à retenir, sont bien loin de se prêter, comme les signes vocaux, aux moindres nuances et aux plus légères modifications. Il est donc impossible qu'il y en ait autant que de mots et que de différentes formes de chacun de ces mots; et quand on supposerait, bien gratuitement, que des nations qui se servent d'un moyen si désavantageux ont poussé la grammaire générale jusqu'au dernier terme de la perfection; qu'elles ont fait une application rigoureuse de ses principes à leur langue parlée et qu'elles l'ont amenée au point de n'avoir aucune anomalie, de n'employer que les mots et les moyens de syntaxe réellement nécessaires, de ne modifier les premiers que de la manière la plus régulière et la plus avantageuse, et par conséquent de réduire le nombre de leurs signes et de simplifier leurs relations autant que possible; quand, dis-je, on ferait toutes ces suppositions, assurément bien peu fondées, il ne se pourrait pas encore que la langue écrite rendît toutes les formes d'une langue parlée, et qu'elle n'altérât pas, en la représentant, même celle sur laquelle et pour laquelle elle aurait été composée, et à plus forte raison toutes les autres.

4°. Enfin, il y a une dernière observation à faire sur cet usage de représenter une langue parlée au moyen d'une autre langue écrite qui lui correspond, observation à laquelle on n'a jamais fait assez d'attention, au moins que je sache, et qu'il n'est pas aisé de présenter de manière à la rendre très sensible : la voici. Ces deux langues, chacune de leur côté, sont sujettes à des variations. La langue écrite n'a point été inventée tout de suite dans toute sa perfection et avec tous ses développements, et elle a dû recevoir de différents écrivains des altérations et des améliorations successives. En un mot, elle a nécessairement beaucoup de variantes. La langue parlée, de son côté, comme toutes les langues parlées, surtout celles qui ne sont point fixées par des ouvrages généralement répandus et marqués au coin de la perfection, doit éprouver de fréquents changements; par conséquent, leurs rapports ont perpétuellement varié : or, rien ne le constate. Car la langue parlée n'est nulle part écrite par elle-même; ainsi personne ne sait ce qu'elle a été; et la signification de la langue écrite n'est jamais manifestée que par les signes vocaux, tels qu'ils sont au moment et dans les lieux où l'on s'en sert pour la traduire en la lisant; ainsi on ne sait pas non plus ce qu'elle était, ni à quoi elle répondait quand l'écrit a été fait. Donc, d'une part on n'a nulle trace de ce qu'a été la langue parlée dans les temps antérieurs; et un Chinois, un Japonais peuvent à peine savoir comment parlait leur bisaïeul[a]. Et de l'autre, quand on voit dans la langue écrite un signe tombé en désuétude, ce n'est que par tradition, ou par des conjectures plus ou moins heureuses, que l'on peut savoir s'il répondait à un mot ou à une locution abandonnés, ou s'il existe encore sous une nouvelle forme, c'est-à-dire remplacé par un signe nouveau; [et au contraire, quand on y voit un signe nouveau,]* on ne peut pas être sûr non plus s'il est seulement le remplaçant d'un signe réformé ou s'il est une nouvelle création répondant à un nouveau signe de la langue parlée. Ces deux langues parallèles sont deux quantités perpétuellement variables qui se mesurent l'une l'autre, sans aucun type certain auquel les rapporter. Avec de tels moyens, il est impossible de jamais procéder avec pleine assurance.

Nous avons de la peine, nous autres occidentaux, à nous faire une idée d'une pareille anxiété, parce qu'enfin, dans les plus mauvais manuscrits de nos plus anciens langages, nous sommes sûrs d'avoir la peinture fidèle des sons tels qu'ils étaient proférés et que nous en retrouvons la filiation et la dégénération : mais supposons pour un moment que les lettres sont aussi nombreuses et aussi variables que les mots et les tournures de phrase et jugeons où nous en serions. C'est là le sort des peuples qui se servent à la fois d'une langue parlée et d'une langue peinte.

La différence des dialectes doit produire à peu près les mêmes effets que la différence des temps et multiplier les incertitudes.

Si vous ajoutez à tout cela l'incapacité de la plupart des écrivains, c'est-à-dire des traducteurs, incapacité qui est inévitable, puisque leur art est très conjectural et très difficile à acquérir, et qui doit causer de nombreuses fautes, lesquelles augmentent beaucoup la confusion, vous ne serez pas surpris que les voyageurs nous disent qu'à la Chine la moindre convention ou le plus simple ordre de l'empereur donnent souvent lieu à une multitude de commentaires et d'incertitudes, comme chez nous un passage obscur

a. Tout ce que je dis des Chinois est encore plus vrai des anciens Égyptiens, puisque leurs hiéroglyphes paraissent plus imparfaits encore, et moins propres à figurer scrupuleusement la langue parlée dans ses détails.

* Omis par erreur dans l'édition de 1825.

d'une langue morte[a], et vous conclurez de plus avec assurance qu'il est inévitable que les livres ainsi écrits deviennent très promptement absolument inintelligibles, à moins qu'on ne prenne souvent la précaution de les recopier, ce qui est une autre source d'erreurs, puisque ces copies sont autant de traductions.

Tout ce que nous venons de dire est un peu abstrait et a exigé beaucoup d'attention, parce qu'il est assez difficile de se bien transporter dans une situation dans laquelle on n'a jamais été; délassons-nous actuellement à voir les conséquences qui résultent de ces faits. Il me paraît que les voici.

D'abord, il est certain que si les hommes ne peuvent presque pas penser sans avoir converti quelques-uns de leurs signes naturels en signes artificiels, ils ne peuvent non plus faire presque aucun progrès sans avoir trouvé un moyen quelconque de rendre durables ces signes artificiels primitifs, qui sont tous passagers et fugitifs.

Secondement, il n'est pas moins sûr que quand, pour son malheur, un peuple a pris le parti de fixer ces signes transitoires au moyen d'une seconde langue représentant directement les mêmes idées d'une autre manière, il doit arriver :

1°. Que la presque totalité de la nation demeure inévitablement incapable d'apprendre cette seconde langue, et par conséquent absolument privée de l'usage de tout signe durable et de la possibilité d'acquérir les connaissances les plus simples.

2°. Que le très petit nombre de gens qui ont le temps de se livrer à de longues études doivent le consumer tout entier à apprendre l'art de s'exprimer, et en avoir très peu de reste pour acquérir de vraies connaissances.

3°. Qu'ils doivent y faire très peu de progrès, étant à peu près réduits chacun à leurs propres forces, parce que les moyens de communiquer entre eux sont difficiles et qu'ils ne sont jamais sûrs de se comprendre complètement par écrit.

a. Voyez la relation de l'ambassade de Lord Macarthney. [*Diplomate anglais, George Macartney (1737-1806) reçut en 1792 mission de son gouvernement d'ouvrir des relations commerciales avec la Chine. Ses papiers servirent de base à l'ouvrage de George Staunton,* Voyage dans l'intérieur de la Chine et en Tartarie dans les années 1792, 1793 et 1794 par Lord Macartney, *traduit de l'anglais par J. Castera, Paris, F. Buisson, an 6 (1798), 5 volumes.*]

4°. Qu'en supposant qu'un d'eux fasse réellement une découverte précieuse ou une observation importante, elle doit facilement s'oublier ou du moins s'obscurcir, parce que les livres deviennent promptement inintelligibles.

5°. Qu'il doit en être de même des connaissances qu'ils pourraient recevoir des étrangers, surtout si elles sont d'un ordre un peu relevé; et qu'au bout d'assez peu de temps on ne doit plus les retrouver chez eux que dans l'état de fragments et de débris, ou comme des formules dont on a conservé l'usage, mais sans en connaître ni l'esprit, ni les motifs, encore moins les moyens de les retrouver si on les perdait.

6°. Qu'une telle nation doit avoir bien peu de communication avec les étrangers et, en conséquence, concevoir bientôt pour eux une aversion et un mépris stupides, parce qu'il leur est excessivement difficile d'apprendre sa langue[a], et qu'elle a aussi beaucoup de peine à apprendre les leurs, devant toujours commencer à apprendre à lire et à écrire.

7°. Que les savants ou demi-savants du pays, voyant que malgré tous leurs efforts ils ne peuvent faire aucun progrès réels et que, au contraire, toutes les lumières qu'ils ont reçues en dépôt s'éteignent, ou du moins s'obscurcissent entre leurs mains, ils doivent bientôt se pénétrer d'un respect superstitieux pour l'antiquité et pour leurs devanciers, et ils doivent imprimer ce sentiment au peuple et par suite l'horreur de tout changement; et ce dernier point surtout avec d'autant plus d'énergie qu'ils sentent que

a. Quand un Européen veut apprendre le chinois, il faut, ou qu'il se borne à la langue parlée, et alors il est privé du secours de tout signe permanent, et précisément dans la même position qu'un homme qui voudrait apprendre une langue étrangère sans savoir lire; ou qu'il entreprenne en même temps d'apprendre la langue écrite, et alors il a, comme nous l'avons vu, des difficultés prodigieuses à surmonter, après quoi il n'a encore entre les mains qu'un instrument extrêmement incommode, comme les naturels.

Cela me persuade que ce qu'il aurait de mieux à faire en pareil cas, serait de se faire prononcer, autant qu'il le pourrait, tous les mots de la langue parlée, de les écrire pour son usage avec son alphabet, de bien observer leurs dérivations, leurs analogies et la manière de les employer, et de leur créer, pour son usage, un vocabulaire et une syntaxe.

Ensuite, s'il croyait que les livres et les écrits en valussent la peine, il faudrait qu'il fît exactement la même chose pour la langue peinte; et je ne doute pas qu'il ne trouvât ses analogies et sa syntaxe souvent peu analogues à celles de la langue parlée.

Si un tel travail était une fois fait, je suis convaincu que bientôt il deviendrait très utile aux naturels eux-mêmes et qu'au bout de peu de temps il les aiderait à se démêler des obscurités de certaines écritures qui déjà les embarrasseraient. Mais qui aura jamais le courage de se charger d'une telle tâche? Il faut être idéologiste pour seulement en avoir l'idée.

tout changement dans les mœurs en apporte dans la langue et que tout changement dans la langue confond et anéantit toute leur science.

Tel est le résumé des conséquences qui dérivent nécessairement de l'usage des signes hiéroglyphiques; et il est remarquable que c'est en même temps l'exposé exact de ce que tous les historiens nous apprennent des anciens Égyptiens et de ce que tous nos voyageurs nous rapportent des Chinois. La théorie est donc bien prouvée par les faits, et les faits suffisamment expliqués par la théorie. Car, quand nous voyons les mêmes phénomènes moraux produits constamment pendant des milliers d'années, chez des peuples aussi éloignés l'un de l'autre, et observés dans des temps et par des hommes si différents, nous sommes bien autorisés à conclure qu'ils sont l'effet d'une institution qui leur est commune et que nous savons d'ailleurs devoir nécessairement produire ces résultats. Il est donc bien inutile de recourir à d'autres causes pour nous en rendre raison.

Ainsi, si depuis la plus haute antiquité, nous trouvons toujours en Égypte et à la Chine les connaissances dans un état stationnaire ou même rétrograde, et resserrées dans un petit nombre de mains, nous n'avons pas besoin d'en faire honneur à la politique bien ou mal entendue des gouvernants et des prétendus sages de ces deux nations; il nous suffit de savoir que c'est l'effet nécessaire de l'insuffisance des moyens qu'elles ont de cultiver ces connaissances et de les répandre.

De même, si leurs sciences nous présentent toujours une apparence occulte et ténébreuse, et ne se montrent jamais qu'enveloppées dans l'ombre du mystère, nous ne devons pas attribuer cet effet à la sombre jalousie de leurs prêtres et de leurs lettrés, et à un système bien combiné de leur part pour se rendre impénétrables pendant des milliers de siècles; de tels secrets sont impossibles à garder, quand ils sont faciles à apprendre. Mais quand on voit quelle est la langue soi-disant savante de ces prétendus adeptes, on reconnaît clairement que leur plus grand art pour ne pas se laisser deviner est d'avoir la plus grande peine à s'expliquer et de ne comprendre eux-mêmes que très imparfaitement les écrits dont ils sont les dépositaires. C'est assurément un secret bien gardé que celui que personne ne sait complètement.

Par les mêmes raisons, je dirai que quand nous trouvons chez ces peuples des connaissances d'un ordre très relevé, nous pouvons prononcer hardiment qu'ils ne les ont point découvertes, parce que cela est impossible avec les signes dont ils ont l'usage; et comme nous trouvons toujours entre leurs mains ces connaissances, comme des possessions déjà anciennes et mal conservées, dont il ne reste que des fragments et des débris, nous sommes, ce me semble, inévitablement conduits à conclure que ces nations, quelque antiques qu'elles soient, ont été précédées par d'autres qui, se servant de meilleurs signes, étaient beaucoup plus éclairées, et qu'elles en ont autrefois tiré des lumières qu'elles n'ont pas même pu conserver entières, bien loin de pouvoir les accroître, avec le mauvais moyen qu'elles ont pour les constater et les transmettre.

Je crois que c'est là le plus fort argument que l'on puisse faire en faveur de l'existence d'un peuple éclairé, antérieur à tous ceux que nous connaissons : je crois même qu'il en démontre la nécessité d'une manière irréprochable, car elle est prise dans la nature de l'esprit humain et de ses moyens de connaître.

Quoi qu'il en soit, je crois avoir prouvé, et c'était l'objet de cette analyse, 1° que les hommes ne peuvent presque pas penser sans avoir converti les signes naturels de leurs idées en signes artificiels ; 2° qu'ils ne peuvent avoir que des connaissances infiniment restreintes tant qu'ils n'ont pas su rendre permanents ces signes artificiels fugitifs ; 3° qu'ils ne peuvent encore faire presque aucun progrès quand ces signes permanents, au lieu d'être la représentation directe et immédiate des signes fugitifs, sont une seconde langue distincte de la langue usuelle.

C'est cependant à ce dernier expédient qu'ils seraient réduits si leurs langues usuelles étaient composées d'attouchements ou de gestes ; mais les langues orales donnent lieu à une méthode qui a des résultats bien plus avantageux ; et cette propriété suffirait seule à justifier la préférence universelle donnée à ces langues, quand il n'y aurait pas en leur faveur beaucoup d'autres raisons tirées de notre organisation. Cette méthode est celle qui consiste à représenter, à noter seulement les sons dont les mots de ces langues sont composés, sans s'embarrasser du tout des idées qu'ils expriment. Tout peuple qui a une langue parlée et qui néglige ce moyen de la convertir en signes permanents, par cela seul se condamne à une inutilité absolue. Son existence, quelque longue qu'elle soit, est aussi stérile que celle des peuples qui n'ont aucun signe permanent et demeure absolument nulle pour les progrès de l'esprit humain. Elle peut et doit même leur nuire, en contribuant à en faire méconnaître la marche et en induisant à erreur sur les moyens de les favoriser.

C'est donc, pour une réunion d'hommes en société, une détermination bien importante et qui doit avoir la plus grande influence sur leur destinée que celle d'adopter l'usage de l'écriture hiéroglyphique ou celui de l'écriture proprement dite. Mais cette détermination, comme la plupart de celles qui décident du sort des hommes, n'a jamais pu être prise après mure délibération; car, pour se décider avec connaissance de cause, il faudrait avoir déjà l'expérience du parti qu'on préfère et la connaissance des effets qu'il peut produire après une longue suite de siècles. D'ailleurs un usage, un procédé général n'est jamais, surtout dans l'enfance des nations, adopté de dessein prémédité et par l'effet d'une volonté expresse. Il naît, il s'introduit sans qu'on sache comment; puis il prend faveur et devient prédominant, sans que personne le veuille. Cherchons donc comment des nations ont pu être conduites à se servir de l'écriture hiéroglyphique ou de l'écriture proprement dite.

On a beaucoup dit que les hommes avaient commencé par employer les hiéroglyphes, les peintures symboliques et allégoriques et qu'ensuite, à force de les perfectionner, ils en étaient venus à inventer les lettres et les alphabets. Pour moi, j'avoue que je ne le crois pas. Premièrement, cette opinion n'est appuyée sur aucun fait positif: car l'histoire, au moins que je sache, ne nous a transmis le souvenir d'aucun peuple qui ait abandonné l'usage des hiéroglyphes pour celui de l'écriture alphabétique. Au contraire, nous voyons de nos jours les Chinois, qui depuis longtemps parlent concurremment deux langues, le chinois et le tartare mantchou, qui ont pour cette dernière une écriture alphabétique qui pourrait également leur servir pour la première, et qui sont bien à même d'en sentir tous les jours les avantages. Cependant, ils continuent toujours à représenter le chinois au moyen d'une langue peinte et le tartare avec des caractères alphabétiques; et cela ne tient point uniquement à la répugnance que cette nation a pour tout ce qui est nouveau; cette répugnance est, dans cette occasion, un effet bien plus qu'une cause. La vraie raison est que réellement il est extrêmement difficile à un peuple de changer une pareille habitude. Le jour où il s'en aviserait, il faudrait que tout le monde rapprît à lire; que tous ses instituteurs quelconques changeassent leur enseignement; ses tribunaux, leurs procédés; et qu'il renouvelât totalement et sans retard tous ses livres, tous ses registres, tous ses actes publics et privés jusqu'aux moindres affiches, tous ses documents, tous ses manuscrits. Un pareil jour serait pour lui le commencement d'une ère absolument nouvelle et certainement l'époque d'une révolution prodigieuse, source d'événements si considérables, que la mémoire ne pourrait s'en être perdue entièrement. Or, puisque l'histoire ne nous l'apprend pas positivement, cela me suffit pour croire qu'un pareil changement n'a jamais eu lieu chez aucun peuple. D'ailleurs, ce n'est point ainsi que procède l'esprit humain. Un changement brusque et complet ne s'opère jamais parmi les hommes en société : trop d'habitudes y résistent. Les nouveautés s'introduisent petit à petit, quand elles ne sont pas diamétralement opposées aux usages antérieurs ; et les rendre vulgaires est l'ouvrage du temps, que lui seul peut exécuter.

Ma seconde raison pour être persuadé qu'un pareil changement n'a jamais eu lieu dans aucun pays, c'est que ces deux procédés sont fondés sur deux vues de l'esprit totalement différentes. L'une consiste à entreprendre de représenter les idées, l'autre à essayer de peindre seulement les sons ; en sorte qu'il est absolument impossible que le projet de réaliser l'une conduise jamais à exécuter l'autre. En effet, une figure hiéroglyphique est toujours une peinture. C'est la représentation d'un objet ou d'une action, ou plutôt de l'idée que nous en avons : car, répétons-le toujours, nous n'exprimons jamais que nos idées. Supposez cette figure aussi perfectionnée, aussi modifiée, ou si vous voulez aussi altérée et aussi dénaturée qu'il vous plaira, elle deviendra ce que sont les caractères chinois, les chiffres de l'arithmétique, les signes de l'algèbre, les symboles astronomiques, chimiques et pharmaceutiques. Elle deviendra la peinture, l'emblème, la représentation d'idées très compliquées, très travaillées, très abstraites, très éloignées des objets sensibles ; mais jamais elle ne deviendra la note d'un son d'une langue parlée, qui soit toujours le même à quelque mot qu'il appartienne. Or, c'est là ce qu'est un caractère syllabique ou alphabétique. Jamais donc l'hiéroglyphe ne subira cette métamorphose.

Ces motifs me portent à croire que les hommes ont été réunis longtemps en corps de nation, ayant l'usage d'un langage articulé, peut-être même assez perfectionné, sans avoir trouvé le moyen de rendre permanent et de peindre exactement chacun de ces signes si utiles et malheureusement si fugitifs. Dans ce long intervalle de temps, ils auront inventé plusieurs arts, fait les premiers essais de la peinture, de la sculpture, de la gravure, et de tous les arts qui tiennent au dessin, pour perpétuer le souvenir des événements qui avaient influé sur leur destinée et des êtres qui leur étaient chers. Ils auront créé de même la musique, pour animer leurs danses, pour chanter leurs plaisirs et leurs malheurs, pour donner plus d'énergie à leurs récits et augmenter la facilité de s'en ressouvenir. Ils y auront eu d'autant plus de facilité que les langues naissantes dérivant immédiatement des cris de la nature, ne sont presque elles-mêmes que de la musique. Les tons et les temps y sont extrêmement marqués. Ils y jouent au moins un aussi grand rôle que les articulations et les voix, et il suffit de moduler le langage d'une manière un peu plus prononcée pour que le discours devienne un chant. Cette musique, dans son origine, est monotone ; elle a peu de tons différents. On aura pu facilement attacher un signe durable à chacun d'eux. De là l'invention des notes, dont effectivement on retrouve des traces dans les monuments de la plus effrayante antiquité.

Alors des hommes ingénieux, voulant représenter d'une manière durable les moindres détails du discours, auront eu le choix de deux moyens. Ou ils auront essayé de séparer les différentes parties d'une ou de plusieurs figures exprimant un court récit, une phrase, et d'affecter l'une de ces parties à exprimer le sens d'un des mots et l'autre à exprimer celui d'un autre. Dans cette hypothèse, ils auront profité des métaphores et des analogies déjà employées dans le langage oral. On avait dit le cœur pour dire le sentiment, ils auront peint un cœur enflammé pour dire l'amour, un cœur flétri pour dire le chagrin, etc., et petit à petit, ils se seront réduits à quelques traits, dont l'étymologie même sera devenue presque impossible à retrouver.

Ou bien, au lieu de décomposer l'idée de la phrase, ils auront essayé d'en décomposer les sons. Leurs notes marquaient déjà les *tons*, peut-être même les *temps*; quelques autres auront marqué les *articulations* et les *voix*. Cette dernière précaution de marquer les voix n'est même pas indispensable, puisque plusieurs langues anciennes, et nommément l'hébreu, se sont longtemps écrites en ne marquant que les articulations et les accents (c'est-à-dire les tons), et laissant à l'intelligence du lecteur à suppléer les voyelles.

Ce fait prouve bien ce que je viens de dire, que les langues naissantes sont tout près des cris naturels; qu'elles ne diffèrent presque pas de la musique; et que leur discours n'est presque qu'un chant, puisque, pour le représenter, il a paru important de marquer les tons et inutile de marquer les voix. Une pareille écriture n'est autre chose que nos notes, auxquelles on ajouterait des consonnes; et elle montre bien clairement qu'il a été aisé d'arriver jusqu'à l'écriture par le moyen de la musique.

Au moment où une nation s'est donné des signes permanents, il aura donc dépendu absolument du hasard, c'est-à-dire des circonstances particulières que nous ne pouvons plus apercevoir, de décider à qui, des sectateurs de la peinture ou de ceux de la musique, sera restée la gloire de figurer le langage, et si l'on préférerait de le peindre ou de le noter; car l'un de ces deux usages peut être, comme on le voit, tout aussi anciennement imaginé que l'autre. Mais, je le répète, une fois un de ces deux partis pris, on n'aura jamais pu passer insensiblement à l'autre, ni même y venir de dessein prémédité. C'aurait été la subversion de la société tout entière.

Si jamais il est arrivé que dans le même pays un de ces deux usages ait remplacé l'autre, cela n'aura pu s'effectuer que comme nous allons peut-être voir cette grande révolution s'opérer à la Chine : c'est-à-dire qu'une nation se servant d'une langue peinte aura été subjuguée par une autre ayant une écriture. Le peuple vaincu aura conservé longtemps sa langue et ses hiéroglyphes, et le vainqueur aura même été obligé de se servir de ceux-ci toutes les fois qu'il aura écrit la langue de ses nouveaux sujets, sans quoi ils n'auraient pu le lire. Mais à la longue, la langue des conquérants se sera toujours répandue davantage, tandis que celle des sujets aura été de plus en plus négligée et enfin oubliée, et avec elle la langue peinte qui y correspondait ; mais l'une n'aura jamais pu disparaître sans l'autre.

Je suis convaincu que c'est là ce qui est arrivé dans l'ancienne Égypte et que c'est ce qui rend absolument insurmontable la difficulté que nous éprouvons à comprendre ses hiéroglyphes, parce que non seulement la clef de ce chiffre est perdue[1], mais même le souvenir de la langue dont il était la représentation est totalement oublié. Je sais pourtant qu'Hérodote et Diodore de Sicile nous disent qu'il existait en même temps dans ce pays une écriture mystérieuse qui était hiéroglyphique et une écriture vulgaire qui était alphabétique, et qu'ils ne font point mention que ces deux écritures se rapportassent à deux langues différentes. Mais il est à remarquer que ces récits sont ceux d'hommes qui n'ayant pas profondément réfléchi sur la nature de ces signes, croient que l'obscurité de tout ce qui est écrit en hiéroglyphes tient uniquement à la jalouse inquiétude des prêtres et pensent que l'on peut passer tout naturellement et par gradations successives, des caractères hiéroglyphiques aux alphabétiques. Or, ces deux suppositions sont également fausses. On peut donc, et l'on doit suivant moi, sans nier les faits, révoquer en doute l'explication de la manière dont ils sont arrivés. Je pense que c'est un sujet à soumettre tout de nouveau à la discussion, malgré les grands travaux de Warburton[2] et du comte de Caylus[3], et qu'il serait également curieux et utile d'examiner si ce n'est point aussi à la cause que j'indique que tient la disparition de quelques

1. Rappelons que ce n'est que vingt ans plus tard que Jean-François Champollion procédera au déchiffrement des hiéroglyphes dans sa *Lettre à M. Dacier sur les hiéroglyphes phonétiques* (1822) et son *Précis du système hiéroglyphique des anciens Égyptiens* (1823).

2. Théologien anglais, William Warburton (1698-1779) a écrit l'*Essai sur les hiéroglyphes des Égyptiens*, trad. en français par Léonard de Malpeines, Paris, H.L. Guérin, 1744. L'ouvrage a été réédité par P. Tort : Paris, Aubier-Montaigne, 1978.

3. Archéologue, le comte de Caylus (1692-1765) est l'auteur d'un *Recueil d'antiquités égyptiennes, étrusques, grecques et romaines*, Paris, Desaint et Saillant, M.N. Tilliard, 1752-1767, en 7 volumes.

anciennes langues de l'Inde et la difficulté de deviner certaines écritures. Je suis tenté de le croire; car il me paraît impossible que l'usage d'une langue peinte ait été abandonné autrement que par l'abolition de la langue parlée à laquelle elle correspond. Au reste, il serait encore plus impossible qu'un peuple ayant joui des avantages d'une véritable écriture y renonçât pour adopter une langue peinte; et c'est sans doute cette considération qui a établi l'opinion que ce dernier procédé est le plus ancien, quoique je ne voie aucune raison de le croire.

Quoi qu'il en soit, le jour où une nation a choisi entre ces deux manières de rendre permanents les signes de ses idées, le jour où elle a adopté l'une des deux, elle a décidé de son sort à jamais. Si elle a préféré les hiéroglyphes, elle s'est ôté à elle-même tout moyen d'accroître ses connaissances et même de conserver dans leur pureté celles qu'elle pourrait recevoir d'ailleurs; elle a prononcé que son existence, quelque longue qu'elle fût, serait presque aussi inutile aux progrès ultérieurs de l'esprit humain que si elle n'avait point du tout de signes permanents de ses idées; elle a fait de son histoire comme de celle des peuples sauvages, une lacune plus ou moins longue dans l'histoire du genre humain. Elle s'est fait un rameau inutile de ce grand arbre, pouvant porter quelques feuilles, mais incapable de produire aucun fruit. Nous ne chercherons donc pas à pénétrer plus avant dans la connaissance de l'écriture hiéroglyphique et à en déterminer les règles et les procédés. Il nous suffit d'avoir montré son origine et ses propriétés, ou plutôt sa privation absolue de toutes propriétés utiles : et nous allons nous occuper exclusivement de l'écriture proprement dite, de celle qui note les sons sans songer à représenter les idées, de celle en un mot qui est la langue parlée elle-même rendue permanente, et non pas une autre langue qui aspire à lui correspondre et n'y réussit jamais complètement[a].

On divise ordinairement l'écriture proprement dite en deux branches, la syllabique et l'alphabétique. On regarde la première comme la plus ancienne; il semble que ce soit le premier pas dans l'art de décomposer les sons; il paraît qu'on commence par distinguer dans un mot les différents sons qui forment les syllabes et que ce n'est que par une seconde analyse que l'on découvre dans chacune de ces syllabes une articulation et une

a. Ajoutons encore que c'est l'écriture proprement dite qui, à raison du petit nombre de ses caractères, se prête presque exclusivement à nous faire jouir du bienfait immense de l'imprimerie; car l'inestimable invention des caractères mobiles ne peut être d'aucune utilité réelle quand il en faut autant que de mots. Aussi dit-on que les Chinois savaient depuis longtemps en graver et en fondre, et n'en faisaient aucun usage. Je le crois d'autant plus aisément que c'est moins là une faute de leur esprit que des moyens qu'ils ont entre les mains.

voix, et qu'on les représente par des caractères séparés. Mais le vrai est que ces deux procédés se retrouvent bien souvent mêlés ensemble dans toutes les écritures, comme nous le verrons bientôt. Au reste, l'écriture syllabique a absolument les mêmes propriétés que l'écriture alphabétique; seulement elle exige un bien plus grand nombre de caractères, parce qu'il y a bien plus de syllabes différentes que d'articulations et de voix distinctes, puisqu'il résulte une syllabe de chacune des nombreuses combinaisons que l'on peut faire de ces articulations et de ces voix en les réunissant.

La manière d'écrire l'hébreu, dont nous parlions tout à l'heure, est en grande partie une écriture syllabique; car quand d'une syllabe on n'indique que l'articulation (je laisse à part l'accent ou le ton, que dans les deux cas on peut marquer ou ne pas marquer), et quand on laisse à l'intelligence du lecteur à suppléer la voix, il ne s'agit, à la vérité, que d'ajouter un signe qui indique cette voix, pour être tout à fait à l'écriture alphabétique; mais tant que cette addition n'est pas faite, le caractère qui exprime l'articulation exprime à lui seul toute la syllabe. C'est un véritable caractère syllabique.

On en peut dire autant des alphabets de la plupart des langues orientales. Non seulement la forme de leurs lettres est excessivement incommode et très difficile à tracer; elles sont surchargées de points, de traits et de notes hors ligne qui sont une source perpétuelle d'erreurs; mais encore, comme dans l'hébreu, une partie des sons n'est point exprimée. On laisse à l'intelligence du lecteur à la suppléer; et qui plus est, la valeur de ce qui est écrit est souvent changée par l'influence de ce qui ne l'est pas; en sorte qu'il faut savoir la langue et sa syntaxe pour pouvoir lire et que, comme le dit très bien M. de Volney, la lecture est une divination perpétuelle. On ne saurait trop méditer ce qu'il a écrit sur ce sujet. Il a très bien vu que si les Orientaux en général sont l'opposé des Occidentaux presque en tout, depuis les moindres usages jusqu'aux opinions les plus importantes, cela vient de la difficulté de la communication des idées entre ces deux classes d'hommes, et que cette difficulté tient bien moins à la différence des langues usuelles ou des signes fugitifs des idées qu'à l'imperfection des alphabets ou des signes permanents. En conséquence, il propose de commencer par écrire ces langues avec notre alphabet, en y ajoutant quelques caractères; et il prouve parfaitement qu'en employant ce moyen, non seulement on apprendrait beaucoup plus vite les langages de ces peuples, mais encore qu'il serait plus aisé et moins cher de publier et de répandre le peu de manuscrits et de livres qu'ils possèdent, qu'en continuant à se servir de leurs caractères et que par là on arriverait, avec le temps, jusqu'à leur faire adopter à eux-mêmes une écriture perfectionnée[a].

Je crois cette idée excellente; et si je m'y suis arrêté plus qu'il ne semble que j'aurais dû le faire, ce n'est pas seulement parce qu'elle vient parfaitement à l'appui de ce que j'ai dit ci-dessus relativement à la langue peinte des Chinois, mais parce que je suis persuadé qu'elle sera exécutée tôt ou tard et qu'elle aura des conséquences extrêmement importantes, et dont il est impossible d'assigner le terme. En effet, le sort des peuples dépend uniquement de l'état de leurs lumières; et celui-ci tient essentiellement au degré de perfection et de commodité des signes permanents qu'ils ont su se procurer. C'est par ceux-là seuls que les connaissances se perpétuent, s'accroissent et se répandent. Or, les nations dont il s'agit sont, il est vrai, préservées, bien heureusement pour elles, de l'usage des langues hiéroglyphiques; mais elles en sont au premier pas dans l'art d'écrire. C'est à celles qui sont plus avancées à leur faire faire de nouveaux progrès; sans cela elles resteraient longtemps en stagnation; car, dans toutes les sociétés, c'est toujours du dehors qu'est venue l'impulsion des grandes et utiles innovations. L'histoire fait foi que tout peuple livré à lui-même arrive et reste à un certain terme qu'il ne passe plus; et le grand avantage des modernes Occidentaux est que les connaissances sont cultivées en même temps dans plusieurs États rivaux qui se secourent mutuellement et se relaient pour ainsi dire. Quand l'un d'eux commence à se ralentir, l'autre, en le devançant, l'entraîne avec lui dans la carrière : c'est ce qui affermit et perpétue leur marche progressive. Faisons donc participer à cet avantage nos premiers maîtres et reportons dans l'Orient les améliorations que les Grecs et leurs successeurs ont faites à l'écriture qu'ils ont reçue de ces contrées.

a. Voyez son *Voyage en Syrie* [*Voyage en Syrie et en Égypte*, Paris, Volland et Desenne, 1787; rééd. en 1792 puis, chez Dugourd et Durand, en l'an 7 (1799)] *et* sa *Simplification des langues orientales* [*Simplification des langues orientales, ou méthode nouvelle et facile d'apprendre les langues arabe, persane et turque avec des caractères européens*, Paris, Imprimerie de la République, an 3 (1795)]. La thèse que soutient cet excellent observateur y est très bien établie ; et il est, suivant moi, évidemment prouvé que si les jésuites avaient pris ce moyen et avaient mieux choisi les livres qu'ils ont fait imprimer dans leurs missions, l'imprimerie serait à cette heure complètement établie chez les Maronites et, par suite, peut-être chez beaucoup de nations de l'Orient; or, il est impossible de déterminer les conséquences qu'un tel état des choses eût eu lors de l'expédition d'Egypte et de Syrie.

Je ne prétends point, au reste, affirmer que l'alphabet que propose M. de Volney soit irréprochable dans ses détails ; c'est aux orientalistes à discuter ces questions ; mais le fond de l'idée, je le répète, me paraît au-dessus de toutes les objections.

Quoi qu'il en soit, notre écriture européenne, dérivée des alphabets grec et romain, est le dernier état des choses; et quoiqu'elle ne soit pas parfaite, elle est, jusqu'à présent, ce que les hommes ont imaginé de mieux dans ce genre. C'est donc elle dont il faut actuellement nous occuper; nous trouverons dans ses défauts mêmes les moyens de l'améliorer encore. Mais, pour en bien juger, pour voir nettement et complètement ce que nous en devons penser, pour démêler avec exactitude en quoi elle mérite le nom d'alphabétique, et jusqu'à quel point elle est encore syllabique sans que nous nous en doutions, il faut commencer par examiner avec attention la parole elle-même dont elle est la représentation et dont elle doit être la représentation fidèle pour être parfaite. C'est, j'ose le dire, ce qui n'a jamais été bien fait.

Les grammairiens, même les plus scrupuleux en analyses, commencent par dire que les *voix*, représentées par les voyelles, sont une espèce de sons, et que les articulations, représentées par les consonnes, sont une autre espèce de sons; comme s'il pouvait y avoir dans la nature une articulation sans voix et une voix sans articulation[a]. Ce premier faux pas fait, cette première erreur commise, il leur a été impossible de voir avec lucidité comment une écriture répond à la parole, quand un caractère est réellement alphabétique ou véritablement syllabique, et ce que c'est qu'une syllabe; et ils n'ont pu démêler avec netteté tous les différents sons qui composent le discours et qui se succèdent avec tant de rapidité dans la prononciation.

Or, en quoi consiste cette erreur fondamentale? Dans la faute qui est la source de toutes les erreurs philosophiques et, je pourrais ajouter, de toutes les autres. Elle consiste à prendre une abstraction pour une réalité, à personnifier une idée abstraite, à croire qu'une qualité que nous remarquons dans un sujet est un être réel et physique, comme le sujet auquel il appartient. Les voix et les articulations ne sont point des sons, mais les qualités inhérentes aux sons; et aucun son réel ne peut être dépourvu ni de l'un, ni de l'autre. Revenons donc aux faits.

Tout langage oral est composé de mots; ces mots sont composés de sons qui se succèdent. Chacun de ces sons est un effet physique produit par l'organe vocal sur l'organe auditif; il résulte de l'émission d'une certaine

a. Voyez Beauzée, *Grammaire générale*, p. 5 et 6. Il avait commencé par faire comme l'abbé Girard, par ne donner le titre de *sons* qu'aux *voix*, ce qui n'est pas plus juste; et la manière dont ensuite il définit l'articulation, p. 67, semble conséquente à cette première opinion, comme nous le verrons.

Ces inexactitudes et ses variations, montrent qu'il y a là quelque chose de mal démêlé et viennent de la cause que j'indique.

quantité d'air qui sort de la gorge, pendant que le système entier de l'organe vocal est disposé d'une certaine manière. Quand cette disposition de l'organe change en tout ou en partie, d'une manière ou d'une autre, ce n'est plus le même effet qui est produit; ce n'est plus le même son qui se continue, c'en est un autre qui lui succède. Chaque son, chaque émission d'air réellement distincte d'une autre, réellement différente d'elle par quelque circonstance que ce soit, forme une syllabe naturelle ou physique. Ces syllabes naturelles ou physiques sont toujours séparées l'une de l'autre par un mouvement quelconque dans l'organe, par un changement dans sa disposition qui interrompt l'émission de l'air ou seulement la modifie. Si ces syllabes naturelles ou physiques ne sont pas exactement les mêmes que celles qui sont reconnues et avouées par les grammaires, les rhétoriques et les poétiques des différentes langues, et qu'on peut appeler syllabes conventionnelles ou artificielles, la raison en est que les premières (ou les sons réels) ne sont pas toujours aisées à démêler et que plusieurs de ces syllabes physiques s'unissent ou se confondent facilement avec celle qui les suit ou qui les précède, parce qu'elles sont ou très brèves ou très sourdes, ou que le mouvement organique qui les sépare est très peu sensible. De là vient que l'on en a souvent réuni plusieurs ensemble sans s'en apercevoir; et que les syllabes conventionnelles varient dans les divers idiomes et dans les différentes époques d'une même langue, tandis que les syllabes naturelles sont et seront éternellement les mêmes dans tous les langages. C'est ce que nous allons voir plus clairement en les examinant.

Dans chacune de ces émissions d'air, dans chacun de ces sons, il y a plusieurs choses à remarquer, savoir, la *voix*, la *durée*, le *ton*, le *timbre*, et l'*articulation*. Ce ne sont point là autant d'espèces de sons, mais ce sont autant de circonstances par lesquelles un son diffère d'un autre et peut en être distingué. Toutes ne sont pas également utiles, ni même également possibles à représenter; mais elles sont bonnes à observer pour ne pas les confondre et pour s'en faire une idée juste.

J'appelle la *voix* cette circonstance du son qui fait qu'il est un *a* ou un *i* plutôt qu'un *o* ou un *u*; c'est elle qui détermine principalement la nature des sons les plus remarquables dans nos langues, et il n'y a point de langage où on n'en tienne compte. Une langue qui n'aurait qu'une seule voix ou voyelle toujours la même[a] serait un ramage insupportable et serait en contradiction perpétuelle avec la nature de notre organisation, qui nous fait

a. Voyelle est le nom de la lettre qui marque la voix du son.

produire des voix différentes suivant les différentes impressions dont nous sommes affectés.

La *durée* du son est ce qui fait qu'il est long ou bref. Tout son émis est en soi susceptible d'être plus long ou plus bref; cependant, ceux qui mettent l'organe dans une situation difficile à changer ont, par cela même, plus de dispositions à se prolonger. Tels sont, en général, les sons que nous appelons *graves* et ceux qui sont précédés ou suivis d'une articulation pénible. Il n'y a point de langues où il n'y ait des syllabes longues et brèves, et même des longues plus longues et des brèves plus brèves que d'autres; et encore, outre cela, de ces *schéva* ou *e* muets que l'on n'a pas toujours assez remarqués entre les articulations qui paraissent se suivre, parce qu'ils sont plus brefs que les plus brèves des syllabes plus sonores. Mais souvent ces différences de durée sont si faibles qu'elles sont presque insensibles et tout à fait impossibles à noter. Ce sont elles qui constituent la mesure et la cadence du discours; plus elles sont marquées, et plus la langue est mesurée et cadencée. En général, elles le sont d'autant plus que l'on remonte plus près de l'origine du langage. Cela doit venir de deux causes : la première, c'est que quand l'organe n'est pas assoupli, il s'arrête nécessairement davantage sur les sons qu'il a de la peine à produire, et glisse sur ceux qui sont faciles. La seconde, c'est que ces différences de durée étant impossibles à représenter exactement par l'écriture, elles doivent insensiblement s'affaiblir à mesure que les signes permanents étant plus employés, la prononciation est influencée par l'usage de la lecture. Ce qu'il y a de certain, c'est que les brèves et les longues sont extrêmement marquées dans les langues anciennes et dans celles des peuples sauvages, et qu'elles sont presque insensibles dans la plupart des langues modernes.

Les brèves et les longues doivent aussi, toutes choses égales d'ailleurs, se conserver plus marquées chez un peuple où l'on parle beaucoup à haute voix en public; car elles contribuent puissamment à rendre la parole plus distincte et plus susceptible d'être entendue à une grande distance, et aussi elles sont plus aisées à observer dans la prononciation soutenue qu'exige un semblable emploi du discours.

Le *ton* d'un son est ce qui fait ce qu'il est ce que nous appelons *aigu* ou *grave*, qu'il occupe un rang plus ou moins élevé dans l'échelle de la gamme. C'est la note qui marque le *ton*, comme c'est la voyelle qui marque la *voix*. Mais ces différences de ton, qui sont assez grandes dans la musique pour être appréciées par toute oreille sensible et exercée, sont souvent à peine assignables dans le discours, et toujours impossibles à marquer avec exactitude; on ne peut que les indiquer à peu près par certains signes accessoires qui ne sont jamais rigoureusement comparables entre eux comme les notes. Ces signes sont les accents, et ceux-là seuls méritent vraiment et complètement le nom d'accent, *accentus*, qui vient de *ad cantum* et signifie servant au chant.

Il ne faut pas confondre avec ces accents, des signes auxquels on a donné abusivement ce nom et qui, dans beaucoup d'écritures, remplissent des fonctions absolument différentes, comme de modifier l'articulation ou la voix qui est écrite, ou de suppléer une lettre supprimée, ou de marquer soit l'étymologie, soit la nature grammaticale d'un mot, etc. Tels sont, suivant moi, tous les prétendus accents dont nous nous servons en français. Par exemple, nous mettons ce que nous appelons un accent aigu sur le troisième *e* de *fermeté*, pour indiquer qu'il est fermé; un accent grave sur le premier *e* de *il tète*, pour indiquer qu'il est bref; et un accent circonflexe, c'est-à-dire aigu et grave successivement sur le premier *e* de *tête*, pour indiquer qu'il est ouvert. Aucun de ces signes n'est un véritable accent; le second est purement un signe de quantité. Le premier et le troisième modifient uniquement la voix et, suppléant au manque d'un caractère, ils font que la même voyelle représente successivement deux voix différentes; mais aucun d'eux n'a aucun rapport au ton de la syllabe, et n'est par conséquent ni aigu, ni grave, ni circonflexe. Il en est de même de celui que nous mettons sur le mot *à* quand il est préposition. Celui-là est purement grammatical, il ne fait rien du tout à la prononciation; il est vrai qu'il y a des cas où l'effet de ces accents peut induire à erreur: et voici pourquoi. De même que nous avons remarqué que certains sons sont naturellement plutôt longs que brefs, de même il y en a qui ont plus d'analogie avec les tons graves qu'avec les tons aigus, et réciproquement. Ainsi, par exemple, l'*o* de *cotte*, espèce de jupe, et celui de *côte*, espèce d'os, sont bien réellement deux voix différentes; et, à la rigueur, toutes deux peuvent se chanter sur tous les tons de la gamme. Il en est de même de l'*a* de *patin* et de celui de *pâtée*. Cependant, il est vrai de dire que le premier de ces *o* et le premier de ces *a* ont plus de disposition à être brefs et aigus, et que les deux derniers sont plus naturellement longs et graves. Ainsi, les accents qui déterminent ces voix paraissent en fixer le ton; mais on voit que ce n'est qu'accidentellement, comme ils en fixent la durée; et, si l'on voulait avoir égard à ces effets secondaires, on pourrait tout aussi bien regarder ces signes comme des signes de quantité que comme des signes de chant, des accents. Quoi qu'il en soit, voilà ce que c'est que le *ton*; et c'est une circonstance des sons tout à fait différente de la *voix* et de la *durée*, quoiqu'elle n'en soit pas absolument indépendante.

Remarquons, en finissant, qu'il en est du *ton* des sons comme de leur *durée*. Il est d'autant plus remarquable que l'on se rapproche davantage de l'institution du langage. Plus les langues sont près de leur origine, plus elles sont accentuées et chantantes, comme elles sont plus mesurées et cadencées. La raison en est la même; elles tiennent encore beaucoup des cris primitifs. L'organe n'est pas encore assoupli; l'homme chante plus qu'il ne prononce; il soupire ou s'écrie plutôt qu'il ne parle; ce n'est que petit à petit qu'il se plie à toutes les nuances fines et difficiles à saisir des voix et des articulations, et qu'il s'habitue à y attacher plus d'importance qu'au ton. L'usage des signes permanents fortifie toujours de plus en plus cette habitude, parce que, comme nous l'avons vu, ces signes ne peuvent représenter que très imparfaitement le ton, tandis qu'ils peignent beaucoup mieux la voix et l'articulation. Ainsi, avec le temps, la tradition de l'un s'obscurcit et s'affaiblit, tandis que celle des autres se perpétue et se répand. Ajoutons cependant que l'usage de parler en public doit faire, sur les tons des sons, le même effet que sur leurs durées, c'est-à-dire faire qu'ils demeurent plus marqués dans la prononciation, parce qu'ils servent beaucoup à rendre la parole plus éclatante et plus distincte de loin, et qu'ils sont aussi plus sensibles dans la prononciation soutenue.

Après le *ton*, j'ai cru devoir remarquer dans les sons ce que je nomme le *timbre*. J'appelle ainsi cette circonstance du son qui fait que nous distinguons la voix d'un homme de celle d'un autre, bien qu'ils prononcent tous deux la même voix avec la même force, la même articulation et le même ton; de même que dans un son musical nous reconnaissons qu'il est produit par deux instruments de différente espèce, ou même par deux instruments différents de la même espèce, bien qu'ils soient parfaitement à l'unisson, et que toutes les autres circonstances paraissent exactement les mêmes. Ce sentiment si fin de notre sens auditif, on ne peut nier qu'il n'existe et qu'il ne soit fondé sur des impressions encore plus délicates que celles qui nous font distinguer les voix et même les tons. Je ne rechercherai point ici quelles sont les propriétés physiques de l'organe de la voix et de l'organe de l'ouïe, qui en sont la cause; et je crois qu'il n'est au fond que le résultat d'une multitude de petites différences inaperçues, mais senties, dans les qualités du son que nous avons déjà examinées. Je le crois d'autant plus que souvent l'émission d'un seul son ne suffit pas pour le faire naître, et que quand plusieurs se succèdent, il ne manque pas de se manifester. D'ailleurs, je ne vois pas comment un son vocal pourrait être différent d'un autre autrement que par la voix, le ton ou l'articulation, si on les suppose de même force et de même durée. Quoi qu'il en soit, on sent bien que ce que j'appelle le *timbre* du son est encore plus impossible à noter que le ton; et d'ailleurs, cela est tout à fait inutile. Ainsi, cette circonstance du son est entièrement étrangère à l'histoire des signes permanents. Je n'en ai fait mention que pour rendre plus complète l'énumération de toutes les parties du sujet qui nous occupe et pour faire mieux sentir ce que l'on doit penser de ce que quelques grammairiens appellent l'accent pathétique ou oratoire, et l'accent national ou provincial. En effet, si même ce que j'appelle le timbre du son ou plutôt de l'organe ne doit pas être regardé comme une qualité élémentaire qui appartienne à chaque son en particulier, mais plutôt comme le résultat d'une foule de petites différences inaperçues dans la voix, la durée, le ton, l'articulation, la force des sons qui se succèdent, il est encore bien plus certain que ce qui constitue ce que l'on appelle l'*accent général* des différentes passions et des différentes nations, est un effet composé des modifications habituelles de ces mêmes circonstances, et que ce n'est qu'une analyse superficielle qui peut s'y arrêter. Nous ne nous en occuperons donc pas et nous n'ajouterons rien à ce que nous avons dit du *timbre*. Passons à l'articulation.

L'*articulation* est de toutes les circonstances du son vocal, celle dont il est le plus difficile de se faire une idée nette et précise. Les hommes qui n'y ont jamais pensé, et c'est le plus grand nombre, ne se doutent pas qu'on puisse éprouver la moindre peine à se rendre compte de la signification de ce mot et sont très convaincus de la comprendre parfaitement. Mais, quand on y réfléchit avec attention, on sent bien vite que la chose n'est pas si simple qu'elle le paraît; et si l'on consulte les grammairiens, leurs diverses définitions prouvent toutes qu'ils y ont été bien embarrassés et qu'ils ont fini par ne pas résoudre la question. Plusieurs ne l'ont même pas abordée. Cependant, c'est parce qu'on a toujours démêlé incomplètement ce que c'est que l'articulation, que l'écriture n'a jamais été qu'une représentation plus ou moins imparfaite de la parole et qu'il est arrivé que, dans toutes les langues, les syllabes conventionnelles sont plus ou moins différentes des syllabes naturelles.

L'ancienne *Encyclopédie* ni le *Dictionnaire* de l'Académie ne nous disent rien sur ce point. La *Grammaire générale* de Port-Royal élude la difficulté en parlant tout de suite de voyelles et de consonnes, sans avoir dit un seul mot ni des voix ni des articulations.

L'abbé Girard décide, sans examen, que les *articulations ne sont autre chose que les mouvements organiques par lesquels le son de la voix est agité au moment de son passage et de son impulsion hors de la bouche*. Or, il est bien clair que l'articulation du son est l'effet du mouvement organique et n'est pas le mouvement lui-même. Ainsi, le savant académicien ne nous apprend rien.

Beauzée, toujours plus scrupuleux et plus exact que ses prédécesseurs, même lorsqu'il laisse encore à désirer, commence par ces mots[a] : *On a coutume de dire que les articulations sont des modifications de la voix, produites par le mouvement subit et instantané de quelqu'une des parties mobiles de l'organe* ; et il se plaint, avec raison, du vague de cette définition ; car la voix et le ton du son sont aussi des modifications de la voix humaine produites par des mouvements organiques ; et si par le mot *voix* employé dans la définition, il faut entendre, non pas la voix humaine en général, mais la circonstance du son appelée la voix, celle que représentent les voyelles, le ton du son est aussi une modification de la voix, prise dans ce sens, produite par des mouvements organiques. Ainsi, la définition convient également au ton et n'est pas exclusivement propre à l'objet défini, l'*articulation*. Ensuite Beauzée discute longuement et judicieusement ce que c'est que l'articulation. Il prouve que l'aspiration doit être regardée comme une véritable articulation et sa conclusion est que *les articulations sont les différents degrés distinctifs d'explosions que peuvent recevoir les voix élémentaires de la parole, par le moyen des diverses opérations de l'organe pendant l'émission.* J'avoue que cette pénible phrase ne me satisfait point encore absolument, et je crois que les lecteurs penseront comme moi ; car les articulations, les modifications du son que représentent les consonnes, ne sont point *les différents degrés d'explosions*, mais les effets de ces différents degrés ; et ces effets, ce n'est pas la voix du son qu'ils modifient, puisque la voix ne change pas, c'est le son lui-même à qui ils font subir une modification qui n'est ni un changement de voix, ni un changement de ton. Sans donc discuter davantage les opinions des autres, et sans m'arrêter plus longtemps à chercher des autorités, je vais tout simplement exposer ma façon de voir.

Je n'examine point de quels mouvements de l'organe vocal le son est le résultat. Je le considère comme un effet produit ; et cela me suffit. Cet effet produit varie, éprouve différentes modifications, en conséquence des différentes manières de le produire. Nous avons déjà examiné deux de ces modifications, l'une que nous appelons la *voix*, l'autre que nous nommons le *ton*. Celles-là affectent le son pendant tout le temps de sa durée. Mais les différentes manières dont le son est produit lui impriment diverses modifications qui ne sont ni la voix ni le ton, qui n'altèrent point celles-ci,

a. Voyez *Grammaire générale* et *Encyclopédie méthodique*, article *Articulation*.

et qui, de plus, en diffèrent en ce qu'elles n'affectent le son qu'au premier moment de son émission, et qu'ensuite elles cessent de s'y faire remarquer pendant tout le temps qu'il se prolonge. Ce sont ces diverses modifications instantanées que j'appelle les diverses articulations du son, puisque ce mot est en usage. Je n'aime point cette dénomination, parce qu'elle dérive de l'idée de liaison, de jointure, et que les articulations sont si loin d'être les liaisons des sons qu'au contraire ce sont elles qui séparent un son de celui qui le suit, et que deux sons sont d'autant plus distincts que l'articulation qui les sépare est plus forte et plus prononcée, jusqu'au point que, quand elle est très marquée, elle produit un petit silence entre le son qui précède et celui qui suit. L'articulation serait donc, suivant moi, mieux nommée production, confection, organisation, prononciation du son; mais je ne me permettrai pas de changer le terme reçu. Il me suffit d'avoir bien expliqué la signification que je crois qu'on doit lui donner. L'articulation est donc, suivant moi, une modification du son, qui n'en est ni la voix ni le ton, qui ne les altère point, et qui en diffère en ce qu'elle n'affecte le son qu'au moment où il commence et qu'ensuite elle ne s'y fait plus remarquer pendant tout le temps qu'il se prolonge. *C'est proprement la manière dont le son commence à nous affecter, le résultat de la manière dont il commence à être produit.*

J'ajouterai que si parmi les modifications du son qui, n'étant ni la voix ni le ton, méritent d'être regardées comme des articulations, il en est d'inaperçues qui se prolongent ou se répètent après le premier moment de l'émission du son, et continuent à l'affecter pendant le reste de sa durée, ce sont elles qui constituent la qualité du son dont j'ai parlé sous le nom de *timbre*. Mais je persiste à penser qu'il n'y en a point de telles, et que le *timbre* n'est point une qualité d'un son en particulier, mais une qualité de l'organe qui consiste en ce qu'il emploie plutôt certains sons que d'autres et qu'il les dispose, et varie leur volume, leur force et leur durée d'une manière qui lui est propre. Quoi qu'il en soit, je crois avoir donné une notion nette et précise de ce que j'entends par l'articulation du son; et je pense que l'idée que je m'en fais est conforme à la nature des choses.

On voit par ce que j'en ai dit que je ne crois pas qu'il y ait de son sans articulation. Effectivement, je n'imagine pas qu'il puisse y en avoir, parce que je ne conçois rien qui n'ait un commencement et une manière de commencer. Non seulement je regarde l'aspiration comme une articulation, mais je pense que cette espèce d'articulation a toujours lieu plus ou moins, quand il n'y en a pas d'autre dans l'émission du son. Je crois que quand nous nous figurons prononcer une voyelle toute seule, nous n'émettons pas plus une voix sans une articulation quelconque que sans un ton quelconque, et que cette articulation est une aspiration faible qui ne diffère que du plus au moins d'une aspiration forte et représentée par un *h*. Cela est si vrai que, dans beaucoup de langages, les simples voyelles sont aussi fortement *prononcées*, aussi fortement *articulées*, que le sont dans d'autres celles que l'on nomme *aspirées* et qui dans l'écriture sont précédées par un *h*. Cela dépend uniquement des habitudes des différents peuples. Je pourrais d'ailleurs appuyer mon opinion de détails anatomiques qui la confirmeraient, mais il me suffit de dire que je ne conçois pas plus un son dépourvu d'une manière quelconque de commencer à nous affecter, que je ne conçois ce qu'il serait, dépourvu de toute voix ou de tout ton quelconque; et je crois que tout le monde est comme moi.

J'observe, en finissant, que l'articulation est, de toutes les qualités, de toutes les circonstances du son, celle sur laquelle l'habitude a le plus d'influence et qui acquiert le plus de variétés et de perfectionnements par l'effet de l'usage et de l'exercice, parce que c'est celle qui dépend d'un plus grand nombre de mouvements organiques. On remarque dans toutes les langues naissantes peu de consonnes différentes et un usage rare de ces consonnes; elles sont toutes en voyelles, et en voyelles fortement prononcées, fortement aspirées. Ces aspirations véhémentes, ces articulations gutturales, sont d'autant plus fréquentes que l'organe est moins assoupli, et que les autres articulations, labiales, linguales, dentales, palatales, etc., sont plus pénibles et plus rares. Ces langues sont articulées d'une manière rude et uniforme par les mêmes causes qui font qu'elles sont fortement accentuées et fortement cadencées. Tout cela tient également à la rigidité de l'organe. Petit à petit, tout s'adoucit, s'efface, s'assouplit, s'organise et se lie par des articulations plus variées et plus composées, produites par des mouvements plus compliqués et plus agiles, résultats d'un exercice plus longtemps prolongé et plus fréquemment répété. L'usage des signes permanents y contribue aussi beaucoup, en ce qu'ils représentent plus exactement les différences des diverses articulations que les degrés de l'articulation gutturale; en sorte que pendant que la tradition des premières se conserve, celle des nuances de celle-ci va toujours en s'affaiblissant, ce qui nécessite toujours plus d'avoir recours aux autres. C'est le même effet que nous avons vu, que ces signes permanents produisent sur le ton et sur la durée du son.

Ici se termine ce que j'avais à dire de l'articulation; et cela complète l'analyse des sons qui composent le langage oral, ou plutôt l'examen des circonstances qui accompagnent toujours chacun d'eux, et dont nous devons tenir compte quand nous entreprenons de les représenter par des figures tracées.

Cet examen était fort nécessaire pour nous faire une idée juste de ce que c'est que l'articulation, la voix, le ton, et la durée du son. Il nous montre que ce sont là autant de qualités dont chaque son vocal est nécessairement revêtu, sans lesquelles il ne peut exister, et qui ne peuvent exister sans un son auquel elles appartiennent; de même que la figure, la grandeur, la pesanteur d'un corps ne peuvent avoir lieu sans ce corps, comme aussi ce corps ne peut exister sans être grand, figuré, pesant d'une certaine manière et à un certain degré. Ces circonstances, ces qualités du son peuvent bien être par la pensée séparées les unes des autres, et du son auquel elles appartiennent; mais alors ce sont de pures abstractions de notre esprit. Ce ne sont plus des êtres réels. J'ai donc eu raison de dire en commençant que le langage oral est composé de mots; que ces mots sont composés de sons; que chaque son vocal résulte d'une émission d'air modifiée d'une certaine manière qui lui donne certaines qualités appelées articulation, voix, ton et durée; que chacun de ces sons forme une syllabe naturelle et physique, et que ce sont là les éléments matériels de la parole.

Il suit de là qu'il n'y a aucun son qui mérite d'être appelé plutôt une articulation ou une voix, qu'un ton ou une durée. Nous pouvons bien avoir un caractère particulier pour figurer chacune de ces quatre qualités d'un son; mais il faut la réunion de ces quatre caractères pour exprimer le son tout entier, pour le déterminer complètement, comme il faut l'énumération de toutes les qualités d'un corps pour en composer la description complète. Quand donc nous écrivons le caractère *a*, qui ne figure que la voix d'un son, et que, pour le lire, nous proférons le son que nous appelons *a*, nous nous trompons grandement si nous croyons ne faire que prononcer une voix toute seule, car cela est impossible. A cette voix qui est représentée, nous ajoutons une articulation (aspiration plus ou moins forte), un ton, une durée qui ne sont point figurés; et cela forme un son complet et réel qui est la seule chose que notre organe vocal puisse produire. Car quand il ne rend pas un son quelconque, il ne fait rien qui puisse affecter le sens de l'ouïe. De même, quand nous écrivons un *p* ou un *k*, qui marquent une articulation, et que nous les prononçons, nous leur donnons une voix, un ton et une durée qu'ils n'expriment point. Il en est encore de même d'une note de musique quand nous la chantons. Là, c'est le ton et souvent la durée qui sont marqués par la position et par la forme de la note, et c'est la voix et l'articulation que nous suppléons. Ceci bien entendu, nous allons découvrir avec la plus grande facilité tout l'artifice de l'écriture, son origine, sa formation, ses perfectionnements successifs, et les défauts qui lui restent.

Dans tout sujet de recherches, quand on est bien remonté jusqu'à un premier fait pris dans la nature, on voit bientôt tous les autres en dériver tout naturellement, tandis que quand on s'est arrêté aux faits secondaires, on ne peut ni en sentir les liaisons, ni en saisir l'ensemble.

C'est à mon avis ce qu'ont toujours fait jusqu'à présent les grammairiens, même ceux qui sont le plus justement estimés et à qui nous devons les lumières les plus précieuses sur beaucoup de choses de détail. Quand ils ont voulu nous expliquer la théorie générale du langage, ils se sont arrêtés aux mots qu'ils ont trouvés en usage dans les langues orales déjà perfectionnées. Ils ont employé tous leurs efforts à les classer et à les dénommer méthodiquement. N'étant guidés que par des principes qu'ils s'étaient faits arbitrairement, ils ont tous été d'avis différents. Les formes de ces éléments du discours leur faisant illusion, ils n'ont pu en démêler complètement la nature et les fonctions; et ils ont fini par en méconnaître si bien l'origine et la génération que plusieurs d'entre eux ont imaginé qu'il fallait qu'un être surnaturel eût donné aux hommes un langage tout formé, ce qui n'est autre chose qu'avouer qu'on ne sait pas comment les hommes sont parvenus à le composer; tandis que si on était remonté jusqu'aux premiers cris qui nous sont dictés par la nature, on aurait vu qu'ils expriment une proposition tout entière, que bientôt on a séparé le sujet et l'attribut de cette proposition, que le nom a représenté l'un, que le verbe a représenté l'autre, et que tous les autres mots sont des compléments, des développements et des dérivés de ceux-là.

De même, quand on a voulu rendre raison de la théorie de l'écriture, on ne s'est occupé que des caractères qu'on trouvait inventés. On les a partagés sans examen en syllabiques et alphabétiques, en consonnes et en voyelles. On ne s'est pas aperçu de la similitude des fonctions des notes de la musique et des accents de l'écriture. On n'a pas vu qu'une note, quand elle est chantée, une voyelle seule, une consonne seule, quand elles sont prononcées, sont de vrais caractères syllabiques, et qu'il en est de même d'une consonne placée devant une autre, à moins qu'elle ne se fonde avec cette autre, pour ne former qu'une seule et même articulation, qui dès lors devrait être représentée par un seul caractère. Tout cela a été si bien brouillé que parmi les hommes les plus habiles qui s'en sont occupés, les uns ont cru que l'écriture proprement dite n'était qu'une dérivation, une dégénération de l'écriture hiéroglyphique, ce qui est méconnaître complètement l'esprit de l'une et de l'autre; les autres ont pensé que cette écriture était une sorte de don du hasard, une espèce de trouvaille fortuite que rien n'avait préparée. Ils ont été jusqu'à se persuader, malgré les faits et les monuments, qu'elle avait dû naître toute parfaite; et ils ont soutenu que le premier alphabet n'avait pu manquer d'être exempt de tous défauts, quoique tous les nôtres en fourmillent encore. C'est encore bien là avouer son impuissance, et faire, comme à l'opéra, intervenir une divinité pour dénouer l'intrigue dont on ne peut se tirer[a].

Pour nous, d'après les observations que nous venons de faire, nous n'avons pas besoin de faire de ceci une pantomime à machines, ni de rêver des miracles; nous voyons très clairement comment tout s'est passé et que, dans cette invention comme dans toute autre, l'esprit humain a procédé progressivement et a suivi en tout sa marche ordinaire.

Le langage oral est composé de sons. Ces sons vocaux sont doués de qualités que nous appelons articulation, voix, ton et durée. Les hommes n'ont certainement pas commencé par faire de ces sons une analyse aussi exacte et par démêler aussi nettement leurs diverses qualités, puisque de nos jours même, je ne crois pas que cela ait encore été fait avec autant de précision. Mais ils ont remarqué d'abord dans chacun de ces sons celle de ces qualités qui les affectait le plus et qui était la plus frappante. Ils l'ont représentée par une figure tracée, ils l'ont figurée au moyen d'un caractère; et cette figure, ce caractère, a été tout de suite le signe du son auquel appartenait la qualité observée et dans lequel d'abord on n'en considérait pas d'autres[b].

Très vraisemblablement, comme je l'ai dit, le ton aura été la première qualité distinguée dans les sons vocaux. Car les différences des tons sont extrêmement remarquables dans le chant. Ce sont même elles qui constituent tout le plaisir qu'on y trouve. D'ailleurs, quoique les langues

a. Un homme de beaucoup d'esprit m'a dit, avec raison, qu'on ne comprend jamais bien une chose quand on ne voit pas comment elle a pu être faite. Cette réflexion, qui est de mon collègue Laromiguière (car pourquoi ne lui en ferais-je pas honneur?), est fondée sur une profonde connaissance de nos opérations intellectuelles, et elle m'a fait attacher le plus grand intérêt à éclaircir complètement l'origine du langage et celle de l'écriture.

b. Les enfants appellent un *sent-bon* tous les corps qui sont remarquables par leur bonne odeur. Les hommes ont nommé *tons* les sons qui ne les frappaient que par cette qualité; *articulations*, ceux où ils ne remarquaient que l'articulation, et *voix*, ceux qui les affectaient principalement par leur voix. Ils auraient appelé de même *durée* un ton remarquable par sa durée, s'ils n'avaient pas senti que cette qualité est trop universellement commune à tous les êtres, pour être le signe distinctif d'aucun d'eux; encore appelle-t-on en musique *tenue* un son qui se prolonge exagérément, quelles que soient ses autres propriétés.

naissantes ne soient presque qu'une espèce de chant, cependant les sons sont encore plus distincts dans le chant que dans le discours; il y a donc apparence qu'on aura imaginé de noter le chant avant d'écrire la parole. On aura donc créé un signe, une note quelconque, pour représenter chaque ton. J'ajouterai qu'il est assez naturel que cette première notation ait été dans le genre de la nôtre, c'est-à-dire qu'on ait placé les signes des tons aigus au-dessus de ceux des tons graves, parce que cela est analogue à ce qui se passe dans l'organe, où les premiers paraissent résonner dans le haut du palais et les derniers dans le fond de la gorge, ce qui fait qu'involontairement nous baissons la tête pour émettre ceux-ci et la levons pour émettre ceux-là. C'est sans doute pour cela aussi qu'on appelle les uns des tons hauts et les autres des tons bas. Quoi qu'il en soit, voilà les notes inventées.

Ces notes n'expriment que le ton : bientôt on a pu leur ajouter un petit signe pour marquer leur durée. Mais dans un cas comme dans l'autre, dès que nous les chantons, ce sont de vrais caractères syllabiques; car quand nous les solfions, nous revêtons le ton qu'exprime chacune d'elles des voix et des articulations qui forment les noms *ut*, *ré*, *mi*, ou tels autres que nous leur avons donnés. Quand nous chantons des paroles sur l'air que forment ces notes, ce sont les voix et les articulations de ces paroles que nous ajoutons aux tons des notes; et même quand nous ne faisons que chanter l'air sans paroles ni noms de notes, nous joignons encore nécessairement à chaque ton une voix quelconque et une articulation plus ou moins marquée, ou au moins cette légère aspiration qui est l'articulation de tous les sons qui n'en ont pas une autre plus prononcée. Voilà donc une première espèce de caractères imaginée; et ces caractères, bien que n'exprimant expressément qu'une seule circonstance d'un son, sont, par le fait, syllabiques, puisque l'on dit nécessairement toute une syllabe, un son tout entier, pour prononcer chacun d'eux.

Ces premiers caractères étant inventés, et le chant étant ainsi noté tant bien que mal, on a dû naturellement chercher à noter aussi la parole, au moins à peu près; et on a pu s'y prendre de deux manières différentes, que nous allons examiner successivement.

D'abord il est possible que l'on n'ait remarqué *dans le discours* que les syllabes en masse, sans distinguer dans chacune d'elles les différentes qualités du son dont elles sont formées et qu'on ait figuré ces syllabes, ou au moins les plus sensibles, par autant de caractères différents. Cette méthode aura produit une écriture vraiment syllabique, telle qu'on dit qu'est celle en usage en Éthiopie; et cette écriture se sera perfectionnée et complétée successivement par l'addition de nouveaux caractères, à mesure qu'on aura distingué avec plus de sagacité les différentes syllabes du langage, et qu'on aura partagé en deux ou plusieurs celles qu'on n'avait prises d'abord que pour une. Bien des gens croient que c'est ainsi que l'art d'écrire a dû toujours commencer, et que par cette route on aura été bientôt conduit à l'écriture alphabétique. J'avoue que je ne partage ni l'une ni l'autre de ces deux opinions : et voici mes motifs.

Premièrement par les raisons que j'ai dites, la notation du chant a dû précéder celle de la parole. Cette notation est fondée sur l'observation spéciale d'une qualité particulière dans chaque son (le ton). Elle consiste à représenter par le même caractère deux sons différents d'ailleurs, s'ils ont le même ton, et par des caractères différents, deux sons semblables à tous autre égards, s'ils diffèrent par le ton. Elle n'a donc pas dû conduire naturellement à ne considérer les sons qu'en masse et à noter par des signes différents ceux mêmes qui se ressemblaient par cette qualité qu'on était accoutumé à considérer exclusivement. Il y a là cessation de toute analogie. De plus, quand on a adopté ce moyen d'écrire, il a dû conduire très difficilement à l'écriture alphabétique; car pour y arriver, il a fallu revenir à la route suivie dans la notation du chant et recourir de nouveau à l'observation des différentes qualités d'un même son, pour en noter la voix par un caractère et l'articulation par un autre. Or, c'est encore là une de ces interruptions brusques, un de ces sauts, si l'on peut parler ainsi, que l'esprit humain fait difficilement. Je crois donc que l'écriture rigoureusement syllabique, telle que nous venons de l'expliquer, a dû être très rare, si même elle a jamais existé[a]; et que si elle a existé, les peuples qui l'auront adoptée auront toujours suivi la même route et auront toujours été augmentant successivement le nombre de leurs signes, jusqu'à un excès extrême, à chaque nouvelle syllabe qu'ils auront distinguée dans leur langage, mais ne seront revenus qu'avec une peine infinie à une écriture alphabétique, c'est-à-dire notant dans les sons leurs différentes qualités, et non pas seulement leur effet en masse. Il me paraît bien plus vraisemblable que l'art d'écrire a commencé partout par la seconde des méthodes que nous avons indiquées et qui amène tout de suite et directement à une espèce d'écriture telle à peu

a. Je dis *si elle a jamais existé*, quoique je vienne de citer l'écriture éthiopienne, parce que je croirais nécessaire de la soumettre à un nouvel examen, d'après les vues que nous venons d'exposer, pour prononcer affirmativement si elle est bien réellement syllabique dans le sens que nous venons d'expliquer, ou si elle ne rentre pas dans la classe de ces écritures orientales dont nous allons parler. Au reste, si elle est rigoureusement syllabique, elle est une nouvelle preuve de mes deux assertions, puisque l'on n'en cite point d'autres dans le même cas et que, quoique très ancienne, elle n'a point encore engendré en Éthiopie une écriture alphabétique.

près que nous la voyons encore dans les différents alphabets des langues orientales. Voici en quoi consiste ce procédé qui n'est que la continuation de la notation du chant.

Le discours, la parole, surtout dans l'origine, n'est qu'un chant où les tons sont moins marqués et où les articulations et les voix le sont davantage. On avait figuré quelques sons du chant en représentant leur qualité la plus remarquable, le ton. Il est tout naturel que l'on ait figuré quelques sons du discours en ne représentant de même que leur qualité la plus remarquable, l'articulation ou la voix, et surtout l'articulation, parce qu'en général elle est la plus frappante. Souvent la voix se confond presque avec le ton et est même à peu près déterminée par lui : certaines voix, comme nous l'avons observé, ayant beaucoup plus d'analogie avec les tons graves, et d'autres avec les tons aigus. Voilà donc de premiers caractères imaginés pour la parole sur le modèle de ceux précédemment inventés pour le chant. Ces caractères, que depuis nous avons nommés avec raison *consonnes*, parce que rigoureusement ils ne représentent pas le son tout entier, mais seulement son articulation, n'en ont pas moins d'abord été le signe du son lui-même désigné par sa qualité la plus remarquable, l'*articulation*, comme les notes étaient et sont encore les signes des sons du chant, qu'elles désignent par leur qualité la plus importante, le *ton*, laissant les autres à l'arbitraire. Ces premières consonnes sont donc de véritables caractères syllabiques représentant tout un son dont elles marquent exactement l'articulation, et dont elles laissent dans le vague toutes les autres circonstances. C'est dans cet état que nous les voyons encore de nos jours dans les alphabets orientaux et que nous les retrouverons aussi fort souvent dans les nôtres, quand nous les examinerons de près. Cet état est précisément celui des notes dans la notation du chant.

On avait déjà imaginé de varier la forme de ces notes, ou de leur ajouter un petit signe pour marquer leur durée ; on a pu aisément songer à ajouter aux consonnes un signe de quantité.

Ensuite le ton de leur son n'était pas, il est vrai, aussi saillant que ceux du chant ; on n'a pas pu précisément leur adjoindre une note ; mais il a été facile de leur attacher un accent qui marquât le ton, au moins à peu près. Ainsi, voilà déjà certains sons du langage notés par un seul signe principal, unique, et par conséquent vraiment syllabique ; et cependant fixés par leur articulation, leur durée et leur ton, c'est-à-dire mieux déterminés et avec plus de scrupule qu'ils ne le sont souvent dans nos écritures, que nous croyons si parfaites. Les monuments font foi que tout cela s'est fait.

Après ces premiers sons, d'autres, qui n'avaient pas une articulation très prononcée, se sont pourtant fait remarquer par une voix fort distincte. On les a désignés aussi par un caractère; on a pu adjoindre de même à ce caractère un signe de quantité et un accent; ainsi, voilà d'autres caractères syllabiques encore qui marquent la voix, le ton, la durée, et ne laissent à l'arbitraire que l'articulation. Ils sont absolument semblables à toutes les voyelles de nos alphabets quand elles seules forment une syllabe, avec la différence, au désavantage de celles-ci, que le plus souvent elles ne sont pas accompagnées de signes qui marquent le ton et la durée.

Dans cet état de choses, on a pu facilement observer que le caractère *p*, par exemple, muni de son accent et de son signe de quantité, pouvait et devait, selon les circonstances être prononcé *pa*, *pâ*, *pé*, *pè*, *pe*, *peu*, *pi*, *po*, *pô*, *pu*, *pou*, *pan*, *pin*, *pon*, *pun*, et que l'on avait un caractère pour exprimer chacune de ces voix, ou au moins les plus remarquables d'entre elles quand elles se trouvaient dans le discours sans être précédées d'aucune articulation marquée; et l'on aura pu aisément conclure qu'il était utile de joindre le caractère représentatif d'une de ces voix au caractère *p*, pour déterminer avec plus de précision le son qu'il indiquait. Alors ces deux caractères réunis sont devenus vraiment alphabétiques, l'un étant restreint à ne marquer que l'articulation, et l'autre à ne marquer que la voix d'un même son, qui, par là, se sera trouvé complètement représenté et délimité rigoureusement.

Cela paraît très simple, et cela l'est en effet. Mais les choses les plus simples, quand elles passent l'absolu nécessaire, l'esprit humain les opère très difficilement, surtout quand des habitudes antérieures et contraires ont eu le temps de prendre la place et de s'enraciner. Aussi voyons-nous que ce qui nous paraît si simple et si raisonnable n'est presque jamais exécuté dans beaucoup d'écritures et ne l'est que très incomplètement dans les nôtres. Toutefois nous avons si bien trouvé la route que l'on a suivie, qu'on devait suivre et qu'on ne pouvait pas manquer de suivre tôt ou tard, que nous ne sommes plus étonnés, comme les grammairiens nos prédécesseurs, du point où l'on est arrivé, mais bien plutôt qu'on n'ait pas été plus loin et qu'on se soit arrêté en si bon chemin.

En effet, n'est-il pas étonnant, d'une part, que quand nous avons au moins quinze voix bien distinctes, non seulement nous ne nous soyons donnés la peine d'en figurer que cinq, mais que nous ne nous soyons pas même aperçus que ces voyelles ne peuvent pas être prononcées seules; et que, quand elles sont écrites seules, nous leur prêtons l'articulation qui leur manque, ainsi que le ton et la durée, qui ne sont pas marqués? D'un autre côté, n'est-il pas tout aussi surprenant que, depuis que nous nous servons des consonnes, nous continuions à brouiller et à confondre la plupart des articulations, au point que nous ne voyons pas qu'une consonne ne peut jamais être prononcée sans une voyelle? En sorte que, quand elle n'est suivie de rien, il y a une voyelle quelconque sous-entendue; et quand elle est suivie d'une autre consonne, elle doit ou en être séparée par une voyelle, tant brève soit-elle, ou se fondre avec elle pour ne faire qu'une seule et même articulation, qui alors devrait être représentée par un seul caractère toujours le même.

Assurément, quand j'écris *il*, et que je le prononce, il y a une articulation, une aspiration faible devant *i*, et une voix faible, un *e* muet, un *schéva* après *l*, sans quoi *l* serait inutile.

Quand j'écris *Psiché*, je prononce *pe-si-ché*. Il y a trois syllabes, dont la seconde est la seule écrite régulièrement. L'articulation *p* devrait avoir une voyelle, et l'articulation *ch* devrait être écrite avec un seul caractère.

Quand j'écris *axe*, je dis *ha-ke-se*. Pour tout représenter régulièrement, il faudrait une consonne devant *a*; il faudrait partager en deux la consonne *x*, qui vaut à elle seule deux articulations successives, et il faudrait mettre une voyelle quelque brève qu'elle soit, après la première. Sans cela, elle est impossible à prononcer.

Dans *accent*, je prononce *ha-ke-sen*. L'*a* doit avoir une articulation. Le premier *c* est un *k*, et doit avoir une voyelle; le second *c* est une *s*; et le *t* une lettre sans valeur aucune, un simple signe d'étymologie.

De même, quand, j'écris *craquer*, il est bien clair que je prononce *ke-ra-ker*. Pour peu que l'organe soit empâté, cela est manifeste; et quelque agile qu'il soit, cela se sent encore. On voit, de plus, qu'un seul caractère devrait faire l'effet du *qu*, et que si je ne prononce pas l'*r* finale, elle est inutile; si je la prononce, il faut qu'elle soit suivie d'un *e* muet.

De même encore dans *gnome*, je prononce nécessairement *gue-no-me*. Ce qu'on appelle l'*n* mouillée forte est évidemment deux articulations successives que l'on confond, quoique séparées réellement par un *schéva*. Il n'en est pas ainsi de l'*n* mouillée faible; c'est une articulation unique qui devrait être représentée par un seul caractère. Quand j'écris *ignorant*, je dis réellement *i-gno-rant*. Mais il devrait y avoir une consonne devant l'*i*, le *gn* devrait être représenté par une consonne unique, et le *ant* par une seule voyelle. Ainsi, il n'y a pas une des trois syllabes qui soit figurée correctement.

Beaucoup de grammairiens ont, il est vrai, fait presque toutes ses observations et beaucoup d'autres du même genre; mais ils n'en ont pas déduit toutes les conséquences qui en dérivent, parce que, comme nous l'avons vu, ils n'avaient pas complété l'analyse du son vocal et n'étaient pas remontés jusqu'au premier fait. Pour nous, ces réflexions, qu'on pourrait prodigieusement multiplier s'il en était besoin, nous conduiront tout naturellement à trouver toutes les imperfections de nos alphabets et de nos orthographes, et les moyens de les rectifier.

Néanmoins, ce n'est pas l'objet que j'avais en vue pour le moment; je ne voulais encore que faire voir comment est née l'écriture proprement dite, comment elle s'est améliorée graduellement, dans quel sens il est vrai de dire qu'elle a commencé à être syllabique, jusqu'à quel point elle l'est encore dans les alphabets orientaux; et surtout je voulais montrer avec évidence qu'elle est encore bien plus syllabique que nous ne pensons dans tous nos alphabets occidentaux dérivés de ceux des Grecs et des Romains, et prouver que c'est l'effet de la manière imparfaite dont on a toujours analysé les sons vocaux, et que c'est de l'imperfection de cette analyse que naît la différence qui existe entre les syllabes naturelles ou physiques et les syllabes artificielles ou conventionnelles de toutes nos langues. Je pense que c'est à quoi j'ai réussi.

Maintenant il semblerait qu'il ne reste plus qu'à proposer une manière de rectifier notre écriture, ou plutôt d'achever de l'améliorer. Cependant nous n'en sommes pas là encore, et nous devons auparavant examiner les sons vocaux sous un autre aspect. Nous venons de faire voir qu'ils sont tous également doués de certaines qualités, lesquelles doivent être toutes représentées pour que le son soit complètement figuré; il nous faut actuellement montrer les différentes modifications dont chacune de ces qualités est susceptible, ou du moins celles de ces modifications qui méritent d'être distinguées dans l'écriture. Alors nous aurons le tableau complet de ce que les signes permanents doivent exprimer, et par conséquent de ce qu'ils doivent être pour remplir parfaitement leur destination.

Des quatre qualités par lesquelles les sons de l'organe vocal affectent l'organe auditif, savoir, *la voix*, *l'articulation*, *le ton* et *la durée*, les deux dernières ne sont guère représentées dans nos écritures que par des petits signes placés hors lignes et comme accessoires. Cependant je parlerai d'elles d'abord, parce qu'il me paraît plus commode de commencer par ce qui est le moins compliqué et de finir par ce qui l'est davantage. Je suivrai en cela la marche des inventeurs des caractères, qui sans doute ont été conduits, à leur insu, par le même motif. C'est pour cela qu'ils ont noté le chant avant le discours.

Le ton. Cette qualité du son vocal, la première sans doute qu'on y ait remarquée, ne peut pas être représentée dans l'écriture de la parole avec la même précision que dans l'écriture du chant, parce que ses nuances y sont beaucoup plus fines et souvent inappréciables; au reste, cela n'est pas nécessaire. Il ne faut entreprendre ni de tout classer, ni de tout distinguer trop rigoureusement dans la nature, qui procède toujours par gradations insensibles; il faut nous borner, dans chaque genre, aux divisions qui nous sont utiles pour l'objet que nous nous proposons. Je crois donc, le clavier de la voix parlante étant beaucoup moins étendu que celui de la voix chantante, qu'il suffit de remarquer dans la première trois degrés de tons, les tons graves, les tons aigus, et ceux qui ne sont ni l'un ni l'autre; c'est-à-dire qui sont à l'unisson du ton ordinaire du discours.

J'observe seulement que les deux degrés extrêmes ne sont ici, comme dans le chant, fixés que d'une manière relative au ton fondamental de l'organe; car dans la voix la plus glapissante comme dans la plus basse, il y a des tons aigus et des tons graves également sensibles dans les deux cas.

La durée. La durée des sons, comme leur ton, ne doit être appréciée dans le discours et notée dans l'écriture que d'une manière comparative. Dans la prononciation la plus rapide, comme dans la plus lente, il y a également des longues et des brèves.

Nous avons dit, et nous avons prouvé, que le *schéva* est une vraie voix qui se trouve nécessairement après toute articulation qui n'est suivie d'aucune autre voix, comme l'aspiration faible est une vraie articulation qui se trouve inévitablement avant toute voix qui n'est précédée d'aucune autre articulation; qu'en un mot, ce *schéva* est un véritable *e* muet, seulement plus bref que les voyelles reconnues les plus brèves. Or, Beauzée et plusieurs autres qui ne comptent pourtant pas le *schéva* pour une voix (comme si ce pouvait être autre chose), nous disent qu'il n'y a point de langue où il n'y ait des brèves plus brèves et des longues plus longues que d'autres. Mais aucun grammairien, que je sache, n'établit sur ce point de distinctions plus rigoureuses.

D'après ces données, je pense que le *schéva* est tout à fait propre à être pris pour unité de durée, et que pour compter suffisamment les temps dans le discours, il suffit d'y remarquer des voix qui durent autant que deux, trois, quatre ou cinq *schéva*.

La voix. Nous n'avons que cinq voyelles; mais il est bien notoire que nous avons plus de cinq voix. En même temps, je pense qu'il en est de cette qualité du son comme des autres, qu'il faut renoncer à tenir compte des nuances qui deviennent trop fines pour être appréciables. En consultant avec soin mon oreille, encore plus que les autorités, je trouve que le milieu entre le trop et le trop peu est d'admettre seize ou dix-sept voix différentes; faisons-en l'énumération.

D'abord, je reconnais deux *a*, parce que, indépendamment du ton et de la durée, la voix me semble réellement différente dans *pâté* et dans *patin*. Certainement l'ouverture de la bouche n'est pas la même. D'après cette circonstance, j'appelle l'un ouvert et l'autre fermé, et non pas grave et aigu ou long et bref, parce que les voix ne doivent pas plus être distinguées par des différences de ton ou de durée que les tons ou les durées par des différences de voix.

J'admets de plus trois *e*, *tête*, *tète*, *té*, que par les mêmes raisons j'appelle ouvert, moyen et fermé.

Ensuite, je reconnais bien un autre *e*, un *e* muet dans *rose* et *tombe*, qui est plus marqué encore dans *je*, *me*, *te*, et autres mots semblables; mais, comme Beauzée, je pense que cette voix est plutôt un *eu* muet ou faible, qu'un *e*. Je trouve donc trois *eu* : un fort dans les mots *jeu*, *jeûne*, qui suivant moi ne diffèrent que par la durée, et non par la voix ; un moyen dans *beurre*, *jeune*, *peuple* ; et un faible ou muet dans *je*, *me*, *rose* et *tombe*[a].

Observez que, fidèle à mes principes, quoique je regarde le *schéva* comme une véritable voix qui mérite d'être écrite autant que toute autre, cependant je n'en fais pas une voix particulière, parce que je trouve qu'il ne diffère de l'*eu* faible que par la durée. Duclos a fait la même observation à la fin de ses remarques sur le chapitre des consonnes de la *Grammaire générale* de Port-Royal.

Je distingue encore deux *o*, qui diffèrent entre eux comme les deux *a*; tels sont ceux des mots *hotte* et *hôte*; mais je ne puis distinguer qu'un *i*, un *u* et un *ou*.

Enfin j'admets que les quatre nasales *an*, *ein*, *un*, *on*; ce qui fait en tout dix-sept voix, comme Duclos et Beauzée; mais avec cette différence que ce

a. Peut-être serait-il mieux de classer *je* et *me* avec *jeune* et *peuple* ; car je crois qu'ils ne diffèrent guère que par l'effet de l'influence du son qui suit.

n'est ni par le ton, ni par la durée que je les distingue, et que je pense que toutes sont, quoique plus ou moins facilement, susceptibles de toutes les nuances de ton et de durée. J'ajouterai que sans l'autorité de ces grands maîtres, je crois que je n'aurais admis que deux *eu*; car le moyen ne me paraît différer réellement du faible que pour la durée, puisque ce dernier devient toujours semblable à l'autre dès qu'il se prolonge, comme on ne s'en aperçoit que trop dans le chant français; mais je n'ose me fier absolument à mon oreille sur ce point délicat. Comptons donc dix-sept voix, *â*, *a*, *ê*, *è*, *é*, *i*, *o*, *ô*, *e*, *eu*, *eû*, *u*, *ou*, *an*, *ein*, *on*, *un*, et passons aux articulations.

L'articulation. Quand j'examine avec attention toutes nos articulations, je trouve que Beauzée les a parfaitement distinguées et classées; seulement il me paraît qu'il a eu tort de retrancher du nombre des articulations réelles, la mouillée nasale *gn*, dans *règne*, et la mouillée liquide *ill* dans *paille*, que MM. de Port-Royal avaient admises; et j'avoue que toutes les raisons qu'il donne à l'appui de son opinion ne me persuadent pas; comme aussi je trouve qu'il a raison de ne pas faire, comme Duclos, une articulation de l'*i* tréma du mot *païen*, et autres semblables, et de ne pas admettre différents *gue* et différents *ka*.

En outre, je pense, comme on l'a vu, que, pour conserver l'analogie et bien fixer les idées sur le mécanisme de la parole, nous devons absolument marquer une aspiration faible devant toutes les voyelles que nous écrivons sans aucune articulation; car, encore une fois, il ne peut pas plus y avoir de voix sans articulation que d'articulation sans voix.

C'est parce qu'on a méconnu cette vérité que l'on n'a écrit ni les *schéva* après les consonnes, ni les aspirations faibles avant les voyelles; et c'est cette double négligence qui a perpétué l'erreur, laquelle a jeté beaucoup de louche sur le mécanisme de l'écriture alphabétique. En conséquence, je reporterai l'articulation aspirée parmi les articulations variables; je figurerai l'articulation faible par un caractère quelconque, si l'on veut par une espèce de demi *h*, tel que ce signe (I-), et je présenterai ce tableau de Beauzée, comme on le voit ici, renfermant vingt articulations simples et distinctes, au lieu de dix-sept.

ARTICULATIONS							
					CONSTANTES ou ISOLÉES	**VARIABLES ou JUMELLES**	
						FAIBLES	**FORTES**
ORGANIQUES	**LABIALES**	Nasale			M. mort		
		Orales	Muettes			B. baquet	P. paquet
			Sifflantes			V. vendre	F. fendre
	LINGUALES	Nasale			N. nord		
		Nasale mouillée			Gn. règne		
		Orales	Muettes	Dentales		D. dôme	T. tome
				Gutturales		G. galle	K. calle
				Liquides (a)		L. loi	R. roi
				Liquide mouillée	*ill.* paille		
			Sifflantes	Dentales		Z. zélé	S. scellé
				Palatales		J. japon	Ch. chapon
Aspirées						I-. amour	H. héros

(a) Je me détermine, contre l'avis de Beauzée, à mettre les liquides parmi les variables, parce qu'elles ont presque autant d'analogie ensemble que toutes les autres.

Les nasales et les mouillées sont les seules articulations isolées, parce que des nasales, l'une est labiale et l'autre linguale ; et des mouillées, quoique toutes deux linguales, l'une est nasale et l'autre liquide, ce qui fait qu'on ne peut les réunir.

Telles sont, suivant moi, les véritables articulations qui existent dans notre langue.

Voilà donc que par une première analyse nous avons reconnu que chacun des sons de l'organe vocal a nécessairement quatre manières différentes d'affecter l'organe auditif, est doué de quatre qualités distinctes mais inséparables, qu'on ne doit ni confondre, ni supposer existantes l'une sans l'autre ; et par un second examen, nous avons trouvé que de ces quatre qualités, la première est susceptible, dans le discours, de trois variations sensibles, la seconde de cinq, la troisième de dix-sept, et la quatrième de vingt. Ainsi, le même son vocal peut varier de quarante-cinq manières différentes perceptibles à notre oreille ; ce qui, en les multipliant les unes par les autres, produit cinq mille cent combinaisons rigoureusement possibles, si l'on fait abstraction de l'affinité que certaines voix ont plutôt avec tel ton ou telle durée, qu'avec telle ou telle autre. Il y a donc jusqu'à cinq mille cent sons vocaux réellement différents pour notre oreille ; et par conséquent pour les représenter scrupuleusement chacun par un signe particulier, par un caractère vraiment syllabique, il ne faudrait rien moins que ce nombre effrayant de caractères, ce qui serait excessivement incommode. D'où l'on voit que si l'écriture purement syllabique a jamais été employée, ce n'est qu'en demeurant extrêmement incomplète qu'elle a pu éviter de devenir compliquée à un point insupportable.

Au contraire, en suivant la méthode à laquelle a dû conduire la notation du chant, mais à laquelle on n'a pas été assez strictement fidèle en prenant le parti de représenter séparément chacune des qualités du son et de ne laisser absolument rien à deviner, que faut-il ?

1°. Pour noter les articulations, vingt consonnes.

2°. Pour les voix, dix-sept voyelles.

3°. Pour les tons, deux accents qui marquent les deux tons extrêmes et laissent sans signe particulier les tons moyens, qui sont le ton fondamental du discours. Observez que, dans ce système de tout exprimer, on ne peut jamais avoir besoin de l'accent circonflexe, c'est-à-dire de celui qui marque que le ton s'abaisse et s'élève successivement dans le même son, parce que dès que le ton, comme toute autre qualité, change dans un son, il n'est plus le même ; c'en est un autre qui lui succède ; c'est une autre syllabe physique qui a aussi son articulation, sa voix et sa durée, lesquelles doivent être spécifiées.

4°. Enfin pour les durées, il faut employer les chiffres 1, 2, 3 er 4, qui marquent les temps que chaque son doit durer de plus que les sons les plus courts, car il est inutile de donner un signe de quantité aux sons les plus brefs qui sont regardés comme l'unité de durée.

Ainsi, avec quarante-trois signes on peut noter, jusqu'à la plus extrême précision, toutes les variations sensibles des sons vocaux, au moins de ceux dont notre langue nous fournit l'exemple; et certainement il y aurait bien peu de caractères à ajouter à ceux-ci pour rendre l'alphabet absolument complet et universel; car les divers langages des hommes varient beaucoup par la répétition plus ou moins fréquente de certains sons et par l'usage qu'on en fait; mais il y a un bien petit nombre de voix et d'articulations réellement distinctes qui appartiennent exclusivement à un idiome et ne se retrouvent jamais dans les autres.

Nos alphabets sont tous formés sur les principes de celui que je viens de décrire; mais ils ne sont ni si complets, ni si réguliers. La raison en est simple; ils n'ont point été composés d'après une analyse réfléchie de la parole, comme on s'est plu à l'imaginer. Leurs premiers éléments sont dus à des observations grossières et imparfaites. On y a ensuite ajouté d'autres, à mesure qu'on en a senti le besoin. Souvent même on en a emprunté à des alphabets différents, quand on adoptait les mots d'une langue étrangère; ou on a changé la valeur des caractères dont on se servait, pour imiter l'usage qu'en faisait un autre peuple. Par là, ces alphabets sont devenus un assemblage fortuit de pièces de rapport prises çà et là, et réunies sans plan, sans vues et sans système.

Tantôt un caractère manque, et on en réunit plusieurs pour exprimer une seule voix ou une seule articulation; tantôt le même caractère a successivement plusieurs valeurs. Quelquefois une voix ou une articulation n'ont point de signes; d'autres fois on peut les rendre de cinq ou six façons différentes. Souvent la voix est sous-entendue, et on met de suite plusieurs consonnes, en se persuadant qu'elles appartiennent à la même syllabe; souvent aussi, c'est l'articulation qu'on néglige, et deux ou trois voyelles qui se suivent forment ce qu'on appelle des diphtongues et des triphtongues qui ne sont autre chose que des syllabes ou des sons différents confondus ensemble. De là il arrive qu'on ne connaît point les syllabes réelles, et que celles qu'on distingue sont presque toutes arbitraires et conventionnelles. Presque toujours les modifications du ton sont confondues avec celles de la durée ou de la voix; et presque jamais elles ne sont marquées régulièrement, non plus que celles de la durée. En un mot, nos alphabets, vu leur défectuosité et le mauvais usage que nous en faisons, c'est-à-dire nos vicieuses orthographes, méritent encore à peine le nom d'écriture. Ce ne sont réellement que de maladroites tachygraphies[1] qui figurent tant bien que mal ce qu'il y a de plus frappant dans le discours, et en laissent la plus grande partie à deviner, quoique souvent elles multiplient les signes sans utilité comme sans motif.

Aussi l'abbé d'Olivet est-il obligé de convenir qu'*on ne saurait envoyer une phrase de conversation à Montpellier ou à Bordeaux et faire qu'elle y soit prononcée, syllabe pour syllabe, comme à la cour.* Ce sont ses propres termes[a]. Que serait-ce, s'il s'agissait d'envoyer cette même phrase dans un autre pays de l'Europe, ou même dans une autre partie du monde? Nous n'avons donc réellement pas une peinture fidèle de la parole; nous n'en possédons qu'un croquis informe, où il est difficile et même impossible de la reconnaître.

Si on en veut une preuve plus forte encore que l'aveu du savant académicien, on n'a qu'à ouvrir un de nos dictionnaire. On y verra que très souvent, après avoir écrit un mot, on nous dit, ce mot se prononce de telle manière; et, pour figurer la façon dont il doit être prononcé, on le récrit avec d'autres caractères, qui souvent le figurent encore fort mal, au moins pour un étranger. Assurément, c'est bien là imiter ce peintre malhabile qui, après avoir dessiné un animal, est obligé, pour qu'on le reconnaisse, de mettre en bas du tableau : *ceci est un cheval.* C'est même faire pis encore; car du moins, après sa naïve inscription, il n'y a plus lieu à aucune incertitude; au lieu qu'après l'explication du dictionnaire, on ne sait encore, dans beaucoup de cas, de quels sons il s'agit. Il est donc démontré que nos écritures actuelles, quoique les moins mauvaises de celles auxquelles on est arrivé jusqu'à présent d'améliorations en améliorations, sont encore très défectueuses et même très vicieuses.

Actuellement, oserais-je, après tant d'autres, proposer de corriger notre écriture? Ce ne serait pas le peu de succès de tous les réformateurs qui m'ont précédé qui me découragerait. Ceux même qui nous ont donné sur ce sujet les travaux les plus estimables, à la tête desquels je mettrai M. Domergue, me paraissent cependant s'y être mal pris, en ce qu'ils se sont trop pressés. Ils ont distingué avec sagacité et avec soin les différentes modifications de la voix et de l'articulation; mais ils ne sont pas remontés jusqu'à la première des deux analyses que nous avons faites ici, celle du son

a. Page 27 de la *Prosodie française.*

1. Une tachygraphie est un art d'écrire rapidement au moyen d'abréviations.

lui-même. Ils n'ont pas séparé scrupuleusement les unes des autres les différentes qualités des sons vocaux. D'où il est arrivé qu'ils n'ont pu reconnaître nettement les divers sons ou syllabes réelles; qu'ils les ont laissées mêlées et confondues dans des syllabes arbitraires, et que la vraie théorie de la représentation de la parole leur a encore échappé en partie : de sorte que leur manière de figurer le discours, quoique déjà très bonne, n'en est pas encore une peinture tellement exacte qu'elle force absolument à le reconnaître. Elle n'a donc pas ce degré de perfection qui subjugue l'assentiment quand on peut y parvenir.

Je ne serais pas arrêté non plus par les raisons de ceux qui prétendent qu'il faut conserver une mauvaise manière d'écrire par respect pour l'étymologie; je les renverrais aux raisonnements de Duclos, qui me paraissent sans réplique; et particulièrement à celui par lequel il leur prouve que l'écriture a toujours dû suivre et a réellement suivi tant qu'on a pu la prononciation, quoique souvent par des moyens très maladroits, et dans lequel il montre que beaucoup de vices de nos orthographes sont tout à fait contraires à l'étymologie, au lieu de la conserver. Mais surtout, je citerais comme péremptoire l'aveu de Beauzée qui, au moment même où il combat ce qu'il appelle les néographes, dit page 187 : *Si l'orthographe est moins sujette que la voix à subir des changements de forme, elle devient, par là même, dépositaire et témoin de l'ancienne prononciation des mots; et elle facilite la connaissance des étymologies, qui n'est pas sans mérite ni sans utilité*; et il ajoute, page 192, à propos du *ph*, auquel il voudrait qu'on substituât toujours l'*f: C'est aux étymologistes à puiser des principes dans l'histoire même de l'orthographe, et non à en entretenir les défauts : les Italiens, qui ont banni le* ph *de la leur, n'en sont pas moins bons étymologistes.* Ces deux passages précieux me paraissent décider la question sans retour. Car, d'une part, il est très clair que ce n'est pas telle ou telle mauvaise orthographe qui donne les lumières les plus sûres et les plus curieuses sur l'étymologie de certains mots, mais bien l'histoire des changements successifs que cette orthographe a éprouvés; et de l'autre, il est évident que plus l'écriture représentera fidèlement la prononciation, et de manière à ne pouvoir s'y tromper, et plus elle suivra de près ses moindres altérations, plus l'histoire de l'orthographe sera instructive, non seulement sur l'origine des mots, mais sur la manière dont le génie de chaque langue tend à les modifier par l'usage.

Si je ne propose pas de changer notre manière d'écrire, ce n'est donc aucune des raisons dont je viens de parler qui m'en empêche, mais bien la conviction intime que tout projet de ce genre est d'une inutilité absolue, surtout venant d'un homme isolé : en effet, une réforme partielle détruisant une ou deux défectuosités pour en laisser subsister mille autres, n'a aucun avantage; et une réforme complète est presque impossible, parce que trop d'habitudes y résistent. Pour changer totalement un usage qui tient par tant de points à toutes les institutions sociales, il faudrait un consentement unanime qui ne peut pas même se supposer, et ce serait un véritable bouleversement dans la société. Il ne faut donc pas y songer; mais je crois qu'en laissant subsister cet usage, puisqu'on ne peut le détruire, ce serait une chose très utile que de bien signaler ses vices, leurs causes et leurs conséquences, et de placer à côté de notre écriture telle qu'elle est un modèle parfait de ce qu'elle devrait être. Peut-être même est-ce là en général la seule manière de combattre avec succès les erreurs trop répandues.

Or, tout le monde convient que le but et le devoir de l'écriture est de représenter les sons du discours le plus fidèlement et le plus exactement possible. C'est ce qui la distingue éminemment des peintures hiéroglyphiques et symboliques, et ce qui constitue sa prodigieuse utilité. Tous les grammairiens répètent, depuis Quintilien, que *la fonction des lettres est de conserver la parole et de la rendre au lecteur comme un dépôt confié*[a]. Il est reconnu aussi que pour bien rendre ce dépôt tel qu'il a été reçu, pour représenter ces sons avec exactitude et de manière à ce qu'on ne puisse s'y méprendre, il faut figurer scrupuleusement chacune de leurs qualités, comme pour bien décrire un corps il faut faire l'énumération précise de toutes ses propriétés; car les êtres quelconques ne sont pour nous que la réunion de leurs effets sur nous, puisque l'existence que nous leur connaissons n'est autre chose que ces effets eux-mêmes, et que celle que nous ne leur connaissons pas n'est rien à notre égard.

Je voudrais donc qu'un corps savant, composé d'hommes éclairés et accrédités[1], refît le travail que nous venons de tenter; qu'il examinât de nouveau, avec scrupule, toutes les qualités des sons de notre langue; qu'il déterminât, après mûre délibération, le nombre des articulations, des voix, des tons et des durées que l'on peut y distinguer et que l'on doit représenter; que, sans avoir égard à l'écriture vulgaire, il destinât à chaque articulation et à chaque voix un caractère dont il réglerait la forme de la manière jugée la plus avantageuse, sous tous les rapports relatifs à la lecture, à l'écriture et à

a. *Hic enim usus est litterarum, ut custodiant voces, et velut depositum reddant legentibus*. Quint. *Instit. orat.* I. 4.

1. Destutt de Tracy fait ici allusion à la nouvelle seconde classe de l'Institut (langue et littérature françaises) qu'il a déjà évoquée dans l'*Avertissement* et sur laquelle il revient à la fin du chapitre.

l'impression, et qu'il fixât de même les moyens par lesquels on marquerait les tons et les durées de chaque son.

Je voudrais ensuite qu'il fît imprimer plusieurs beaux morceaux de nos meilleurs auteurs, tant en prose qu'en vers, avec cet alphabet qui ne laisserait rien de sous-entendu; et comme cela ne pourrait se faire qu'après avoir déterminé avec le plus grand scrupule la valeur précise de chaque son, je voudrais que dans ces modèles d'écritures il y eût des marques qui indiquassent la manière dont les syllabes physiques écrites correspondent aux syllabes conventionnelles. Par ce moyen, la saine prononciation et la véritable prosodie se trouveraient fixées en même temps avec toute la précision possible.

Enfin, je voudrais que les mêmes hommes fissent imprimer, par les mêmes procédés et avec le même soin, différents morceaux des langues étrangères les plus disparates entre elles, en créant quelques caractères de plus s'il en était besoin, et en consultant des nationaux instruits, si cela était nécessaire pour être bien sûr de la prononciation et de la prosodie.

Par ce moyen on aurait un alphabet vraiment complet, une orthographe réellement digne de ce nom, qui signifie manière d'écrire vraie et correcte, et un monument encyclopédique de l'état actuel de la parole et de sa représentation fidèle. Alors on pourrait, sans inconvénient, continuer à laisser chaque écriture particulière sous le joug de la routine et de l'usage, puisqu'on ne peut pas les y soustraire. Cette écriture universelle, dont bientôt tout homme un peu instruit s'empresserait d'acquérir l'intelligence comme on acquiert celle des caractères algébriques ou chimiques, ou des alphabets étrangers, serait un type commun et immuable, dont on rapprocherait toutes les autres écritures; et elle aurait des avantages inappréciables qui iraient toujours en augmentant.

Voudrait-on avoir une connaissance exacte de la prononciation et de la prosodie d'une langue étrangère ou de la sienne propre? Elle vous en offrirait le tableau fidèle.

Voudrait-on s'assurer des changements arrivés par le laps du temps dans cette prononciation ou cette prosodie? Elle vous en fournirait des monuments irrécusables, puisqu'elle les aurait toujours suivis exactement; et c'est bien alors que la manière d'écrire servirait à l'étymologie.

Voudrait-on, comme nous le disions ci-dessus à propos des écritures orientales, fournir à un peuple un moyen de représenter sa langue moins incommode que celui dont il est en possession? Au lieu de donner notre alphabet, ce qui n'est guère au fait que remplacer un mauvais instrument par un autre un peu moins mauvais, on lui offrirait cette représentation fidèle de la parole; on lui apprendrait à décomposer rigoureusement ses sons et à les noter scrupuleusement. Cette méthode étant fondée dans la nature, il en acquerrait bientôt l'usage, et bientôt même il s'en servirait utilement pour apprendre nos langues.

Bientôt nous-mêmes nous y aurions recours pour nous rendre compte de toutes les bizarreries de nos orthographes, pour nous accoutumer plus facilement à nous y soumettre, et pour apprendre à lire plus promptement et plus correctement; car Duclos a eu bien raison de dire que quiconque sait lire sait le plus difficile de tous les arts. Il est même à remarquer que tous les autres arts s'apprennent plus ou moins bien à tout âge, au lieu que quand on n'a pas appris à lire avant que la raison soit développée, ce n'est qu'avec une peine extrême qu'on y parvient quand le jugement est formé. La raison en est simple. La mémoire seule peut servir à cette étude; aucun raisonnement ne peut y aider. Au contraire, il faut à tout moment faire le sacrifice de son bon sens, renoncer à toute analogie, à toute déduction, pour suivre aveuglement l'usage établi qui vous surprend continuellement par son inconséquence si, malheureusement pour vous, vous avez la puissance et l'habitude de réfléchir.

Or, j'en appelle à tous ceux qui ont un peu médité sur nos facultés intellectuelles : y a-t-il rien au monde de plus funeste qu'un ordre de choses qui fait que la première et la plus longue étude de l'enfance est incompatible avec l'exercice du jugement ? Et peut-on calculer le nombre prodigieux d'esprits faux que peut produire une si pernicieuse habitude, qui devance toutes les autres ? C'est cette dernière considération, plus encore que l'utilité dont elle serait pour la poésie, pour l'éloquence et pour l'étude des langues et de leur prosodie, qui me fait désirer que cette écriture, qu'on peut appeler philosophique, soit créée. Je suis convaincu que les services mêmes qu'elle rendrait la feraient promptement devenir très usuelle; et que, sans même que l'on s'en occupât, les écritures vulgaires tendraient très rapidement à s'en rapprocher; car l'homme a une pente naturelle à suivre la raison, dès qu'il en a l'exemple sous les yeux.

Néanmoins, je ne présenterai point ici d'essai du travail dont je viens de tracer le programme; d'abord parce que je ne l'exécuterais pas bien, et ensuite parce qu'il ne serait pas soutenu par une autorité assez imposante pour entraîner l'assentiment général. Mais je regarde comme une époque très heureuse pour voir réaliser ce projet, le moment où le perfectionnement de la grammaire et de la littérature française est devenu l'objet spécial des travaux d'une classe de l'Institut. Je désire vivement qu'elle goûte les idées que j'ai exposées et qu'elle leur fasse l'honneur de s'en occuper, parce que je crois que ce serait le moyen de répandre et de fixer la saine prononciation et la vraie prosodie de notre langue, chose aussi précieuse pour la poésie et l'éloquence que pour le progrès des lumières et les intérêts de la société politique; car toute l'histoire de l'homme est dans celle des signes de ses idées, et surtout des signes permanents auxquels il confie le dépôt de ses pensées. C'est par ce vœu que je terminerai ce chapitre déjà trop long. Je ne parlerai ni des tachygraphies, ni des okygraphies[1], ni des différents chiffres conventionnels[a] : ce sont là des méthodes pratiques fort utiles, soit pour abréger l'opération d'écrire, soit pour cacher la signification de ce qu'on a écrit; mais elles ne jettent aucun jour sur la théorie des signes permanents. Je suis content si l'on trouve que j'ai bien rendu compte de cette théorie et que j'ai bien expliqué ses rapports avec celle des signes fugitifs, dont les signes permanents sont une émanation, et dont ils sont en même temps la représentation.

Il ne nous reste plus qu'à voir quelles conséquences on peut tirer de tout ce qui précède pour l'amélioration de nos langues vulgaires ou même pour la composition d'une langue parfaite qui mérite le titre de philosophique, et qui puisse devoir à sa perfection même le privilège de devenir universelle.

a. Je ne fais pas mention ici des pasigraphies, parce que ce ne sont pas des écritures proprement dites; elles représentent directement les idées et non pas les sons. Il faut leur appliquer tout ce que nous avons dit des écritures hiéroglyphiques ou symboliques.

1. Une okygraphie est une méthode d'écriture rapide.

CHAPITRE VI

DE LA CRÉATION D'UNE LANGUE PARFAITE, ET DE L'AMÉLIORATION DE NOS LANGUES VULGAIRES

L'homme aspire toujours à la perfection, quoiqu'il n'y parvienne jamais. Il est impossible de s'occuper un moment de la grammaire générale sans être frappé des vices de tous nos langages et des inconvénients de leur multiplicité, et sans concevoir le désir de voir naître une langue parfaite qui devienne universelle. Ces idées de perfection et d'universalité se confondent même dans la pensée, quoique ce soit deux choses distinctes; et c'est encore là un hommage rendu à la raison, même dans le moment où on se repaît d'illusions; car on sent si bien qu'il n'y a que ce qui est raisonnable qui puisse réunir tous les suffrages, que l'on fait de la perfection la condition et le moyen d'un assentiment unanime. Je n'ai pas été plus à l'abri qu'un autre du prestige de ces brillantes chimères; mais le lecteur a pu déjà s'apercevoir que j'en suis bien désabusé, au moins en ce qui concerne l'universalité; et il a dû juger qu'un homme qui n'espère pas le consentement général pour un alphabet et une orthographe raisonnables et appropriés également à toutes les langues usitées, se flatte encore moins que l'on abandonne jamais toutes ces langues pour en adopter une seule, quelque parfaite qu'elle soit. Effectivement, je crois fermement ce que j'ai dit ailleurs, *qu'une langue universelle est aussi impossible que le mouvement perpétuel*[1]. Je vois même une raison péremptoire à cette

1. Le mémoire intitulé *Réflexions sur les projets de pasigraphie*, lu par Destutt de Tracy le 27 floréal an 8 (15 mai 1800) devant la seconde classe de l'Institut et publié dans les *Mémoires de l'Institut national, Sciences morales et politiques*, t. III, prairial an 9 (mai-juin 1801) se conclut ainsi : « Je crois une langue universelle dans le même cas que le mouvement perpétuel ».

impossibilité ; c'est que, quand tous les hommes de la terre s'accorderaient aujourd'hui pour parler la même langue, bientôt, par le seul fait de l'usage, elle s'altérerait et se modifierait de mille manières différentes dans les divers pays, et donnerait naissance à autant d'idiomes distincts qui iraient toujours s'éloignant les uns des autres. Ainsi il n'y aurait plus une langue unique, et un langage quelconque ne pourrait pas continuer longtemps à être universel, quand même il aurait pu l'être un moment, comme l'a nécessairement été quelque temps le premier qu'on a inventé, si on n'en a pas inventé plusieurs à la fois.

Je sais bien que l'on se retranche à dire que la langue universelle que l'on désire est une langue commune et convenue entre tous les savants des différentes nations, bien qu'elle ne soit vulgaire nulle part. Mais une langue quelconque peut-elle devenir langue savante universelle sans être ou avoir été usuelle dans aucun pays ? Serait-il utile qu'il y eût une langue savante universelle ? Et à quelles conditions cela serait-il utile ? Ce sont là autant de questions secondaires, dont nous allons trouver la solution en entrant plus avant dans le sujet. Je m'y engage d'autant plus volontiers que ce n'est point une discussion oiseuse, que l'examen de ce beau rêve d'une langue universelle, soit savante, soit vulgaire. Il va nous fournir l'occasion de rapprocher ce que nous avons dit, dans la première partie de cet ouvrage, sur les propriétés générales des signes, de ce que nous avons vu dans celle-ci des effets particuliers des signes fugitifs et des signes permanents, et de tirer de tout cela quelques conséquences qui me paraissent terminer convenablement une grammaire générale.

Relativement à la première question, je trouve d'abord qu'en ne considérant que la difficulté d'un consentement unanime, il est tout aussi impossible de l'obtenir des seuls savants que du reste des hommes. Une langue, soit savante, soit vulgaire, ne s'établira jamais de partie faite et de dessein prémédité. Un homme en eût-il composé, à lui tout seul, une qui fût admirable, qui ne ressemblât à aucune autre, et qui fût supérieure à toutes les autres (et cette supposition est absurde par mille raisons que nous verrons bientôt), il n'obtiendrait pas plus d'un grand nombre d'écrivains de divers pays de l'apprendre et de s'en servir uniquement, qu'il n'obtiendrait de tous les hommes d'une nation de la substituer à celle qu'ils parlent, parce que les habitudes des uns et des autres y résistent également, que l'homme est tout entier dans ses habitudes et dans celles de ses semblables, et qu'il deviendrait incapable de tout s'il renonçait aux avantages qu'il tire de l'habitude pour la combinaison et la communication de ses idées.

Une langue se forme et se compose petit à petit par l'usage, et sans projet. Elle s'étend avec le peuple qui s'en sert; elle se répand (toujours en tant que langue vulgaire) par les conquêtes, par la religion, par le commerce, et surtout par les colonies; ensuite elle devient langue savante par les bons ouvrages qu'elle possède, qui obligent les savants étrangers à l'apprendre; et si ces ouvrages sont tels et si nombreux que nul homme ne puisse se dispenser de les connaître sans être privé d'une grande partie des lumières de son siècle, cette langue devient langue savante universelle : car non seulement tous les hommes éclairés la savent, mais il n'y a d'hommes vraiment éclairés que ceux qui la savent; et bientôt ils s'en servent tous de préférence dans leurs écrits, comme du moyen le plus prompt et le plus sûr pour être entendus par tout ce qui compte dans le monde savant et pour être jugés par leurs pairs.

L'égalité des lumières entre plusieurs nations qui ont des langues vulgaires différentes, et la perfection de chacune de ces langues vulgaires, résistent à cette suprématie, d'abord par le grand nombre de bons ouvrages que possèdent chacune de ces langues, et ensuite par la facilité des traductions qui l'enrichissent de tous ceux qu'elle ne possède pas. Aussi le latin a-t-il joui pendant bien des siècles de cette domination exclusive dans l'Occident, par l'excellence de ses productions, et parce que toutes les autres langues n'étaient que des patois informes. Il n'a pas même partagé son empire avec la langue grecque et la langue arabe, vraisemblablement parce qu'il était presque partout, sinon la langue vulgaire, du moins celle de la religion et du gouvernement; et il l'a perdu en grande partie dès que les lumières se sont répandues et que les langues vulgaires se sont perfectionnées. Le français, au contraire, n'est pas venu dans des temps si favorables à son ambition. Sans entreprendre de discuter le mérite de tel ou tel auteur, on peut dire en général que la langue française est plus riche en ouvrages précieux de tous genres que ne l'a jamais été la langue latine; ou du moins, pour nous réduire à une assertion incontestable, il y a plus de vraies connaissances consignées dans les livres français qu'il n'y en a jamais eu dans les livres latins. Cependant la langue française n'est pas aussi dominante que l'a été la langue latine, malgré qu'elle le soit, ce me semble à peu près autant qu'une langue peut l'être, dans un temps où elle a des rivales dignes d'elle.

Quoi qu'il en soit, et le latin et le français sont devenus universels, ou presque universels, comme langues savantes, par les moyens que nous avons indiqués; et je me crois en droit d'affirmer qu'il n'y en a pas d'autres par lesquels une langue puisse parvenir à ce succès. Ainsi voilà, suivant moi, la première question résolue par la négative. Passons à la seconde.

Serait-il utile qu'il y eût une langue savante universelle? Il est clair que l'universalité d'une langue savante est utile, en ménageant le temps des hommes studieux et en leur épargnant la peine et les dangers des traductions; mais il ne l'est pas moins que, partout où cette langue savante n'est pas en même temps la langue vulgaire, cet avantage est compensé par un accroissement de difficultés dans la diffusion des lumières. Les savants, dans cette position, communiquent plus facilement avec les savants étrangers, mais moins bien avec la foule de leurs compatriotes. Ceux-ci s'éclairent donc bien plus lentement que si l'on se mettait plus à leur portée. Or, la masse du public réagit si puissamment sur ceux même qui l'instruisent, soit en les jugeant, soit en leur fournissant des sujets d'observations, soit en leur suggérant des vues, soit en leur montrant tous les procédés des arts, et toutes les institutions sociales dans un état plus perfectionné; en un mot, il est si difficile d'être à un haut degré au-dessus de ceux avec qui l'on vit, et l'on est si fortement influencé par l'état des lumières de sa patrie, que les hommes même qui sont faits pour surpasser leurs compatriotes, ont beaucoup à perdre à tout ce qui retient ceux-ci dans un état inférieur à celui auquel ils auraient pu parvenir; leur nombre même, et celui de leurs successeurs, doit en être fort diminué; car avec quelle peine ne doit-il pas s'élever des hommes supérieurs dans une nation qui n'a aucune communication directe avec ceux qui sont déjà formés? En outre, la théorie de la formation des idées et de l'influence des habitudes nous apprend que même les hommes supérieurs ont un très grand désavantage en étudiant et en écrivant dans une langue qui enfin n'est pas leur langue naturelle, qui ne se lie pas intimement et complètement avec leurs habitudes les plus profondes; et cette dernière considération, quoique peu aperçue, est si importante qu'il doit en résulter une supériorité incontestable en faveur de ceux dont la langue savante est en même temps la langue usuelle.

Pour toutes ses raisons, je crois que l'utilité d'une langue universelle purement savante est plus que compensée par ses inconvénients, partout où elle n'est pas la langue usuelle, et que son effet inévitable, en supposant qu'elle ne ralentisse pas le progrès des lumières, est de les concentrer et de les réduire à un foyer unique, ce qui est une autre manière de leur nuire extrêmement.

Je répondrai donc à la seconde question, et en même temps à la troisième, qu'il n'est pas à désirer qu'une langue quelconque devienne universelle en tant que savante et non usuelle, à moins qu'elle ne fournisse aux hommes éclairés des moyens de combiner et d'exprimer leurs idées plus sûrs et plus exacts que ceux que leur offriraient tous les autres idiomes usités, ce qui serait sans doute d'un avantage inappréciable; mais alors ce ne serait pas à raison de son universalité qu'elle serait utile, mais à raison de sa perfection; et cela nous ramène à examiner seulement en quoi consiste la perfection d'une langue, jusqu'à quel point elle est possible, et quels sont les moyens d'en approcher.

Ce sujet est vraiment beau; mais pour ne pas s'égarer en le traitant, il faut se hâter de le circonscrire. Sans doute, pour qu'une langue méritât d'être regardée comme parfaite, il faudrait qu'elle fût sonore, harmonieuse, pittoresque, favorable à la poésie, à la musique, à l'éloquence, et qu'elle se prêtât à tous les besoins de l'homme, et encore à tous ses plaisirs; mais en envisageant de cette manière l'idée de perfection, il ne pourrait être question que des langues orales, car il n'y a qu'elles qui soient susceptibles de ces avantages, au lieu que nous, qui ne considérons dans les signes de nos idées que le moyen d'accroître et d'épurer nos connaissances, d'arriver à la vérité et d'éviter l'erreur, nous regarderions comme parfait un langage de quelque nature qu'il fût, pourvu qu'il atteignît ce but. Ainsi, nous considérons notre sujet sous un point de vue à la fois plus général et plus restreint. Pour nous, une langue serait parfaite, de quelques signes qu'elle fût composée, si elle représentait nos idées d'une manière commode, précise, exacte, et de façon qu'il fût tellement impossible de s'y méprendre, qu'elle portât dans la déduction des idées de tout genre la même certitude qui existe dans celle des idées de quantité. Voilà ce qu'est pour nous la perfection en fait de langues; voilà celle qui serait pour nous d'un prix inestimable.

Cette manière de la définir suffit seule pour montrer qu'elle est impossible à atteindre; car nous avons vu, chapitre XVII de l'*Idéologie* [*proprement dite*], que l'incertitude de la valeur des signes de nos idées est inhérente, non pas à la nature des signes, mais à celle de nos facultés intellectuelles, et qu'il est impossible que le même signe ait exactement la même valeur pour tous ceux qui l'emploient, et même pour chacun d'eux dans les différents moments où il l'emploie.

Cette triste vérité est ce qui constitue essentiellement le vice radical de l'esprit de l'homme; ce qui le condamne à ne jamais arriver complètement à l'exactitude, excepté dans quelques cas fort simples, ou considérés sous un rapport particulier, et ce qui fait que presque tous ses raisonnements sont nécessairement fondés sur des données incertaines et variables jusqu'à un certain point.

Il sent; il se fait des signes de ce qu'il sent; il ne peut penser qu'avec ces signes; et il ne peut éviter de mettre sous chacun de ces signes, tantôt plus d'idées, tantôt moins, sans s'en apercevoir. Il est donc impossible qu'aucun de ces signes ait une signification complètement déterminée et fixe, et qu'aucune collection de signes, aucun langage, nous conduise, avec pleine assurance dans tous nos raisonnements. Dans ce genre, et par suite dans tous les autres, nous devons donc renoncer à la perfection : tout ce que nous pouvons est de voir les causes qui nous en écartent invinciblement; et cela même est utile, en nous apprenant à surmonter tous les obstacles qui ne sont pas insurmontables.

Après avoir prouvé, 1°. qu'une langue, fût-elle parfaite, ne saurait devenir universelle, comme langue savante, qu'après avoir été la langue usuelle d'un peuple qui ait eu de grands succès, et que par conséquent aucune langue composée exprès à ce dessein ne peut atteindre ce but; 2°. qu'il n'est pas à désirer, pour le progrès des lumières, qu'il existe une langue universelle purement savante; 3°. qu'une langue, fût-elle parfaite, ne saurait devenir universelle comme langue usuelle, et que quand, par impossible, elle serait devenue telle, elle cesserait bientôt de l'être, parce qu'elle ne pourrait éviter de s'altérer de différentes manières par l'usage, comme cela est arrivé au premier des langages qui a été inventé; 4°. que ce qui serait vraiment d'un prix inestimable, une langue parfaite, ne fût-elle pas universelle, est une chose absolument impossible, parce que la difficulté ne tient pas aux signes, mais à la nature de notre esprit; après, dis-je, après avoir éclairci ces quatre points, il semble qu'il ne reste plus rien à dire sur cette idée d'une langue universelle parfaite et qu'il n'est pas bien nécessaire d'examiner en détail les conditions d'un problème qui ne présente que des solutions impossibles ou inutiles. Cependant, comme ce projet a exercé de grands esprits et de beaux génies, et que de temps en temps on le reproduit, ou du moins quelque chose d'approchant, tantôt sous une forme, tantôt sous une autre, souvent sans bien connaître le véritable état de la question, je ne crois pas hors de propos de dire quelles seraient les qualités que je voudrais trouver dans une langue et qui me feraient souhaiter de la voir remplacer toutes les autres. Si l'on pense que ce sont effectivement celles-là qui sont désirables, on n'essaiera pas de composer des langages qui en soient dépourvus; et du moins l'on ne verra plus proposer des projets de langues, telles que, si elles pouvaient être adoptées, elles nous feraient promptement regretter celles qu'elles auraient remplacées. Peut-être même, au lieu de songer à créer de nouvelles langues, on cherchera tout simplement à donner à celles qui existent les propriétés que l'on voudrait trouver dans celle que l'on tenterait en vain de leur substituer;

et cela aura des résultats bien plus avantageux. Voyons donc ce que devrait être une langue, si l'on s'avisait de la créer tout d'un coup, exprès, et de dessein prémédité.

D'abord, il est évident que ce ne devrait pas être une de ces langues secondaires dont nous avons parlé, qui sont composées de signes absolument de convention, dont la signification ne nous est connue que par celle des gestes ou des sons, en un mot des actions que nous employons pour la manifester. On ne peut pas penser immédiatement avec ces langues. Elles ne peuvent pas devenir assez profondément habituelles pour se lier intimement à nos idées; elles nous exposent, chaque fois que nous nous en servons, au danger d'une double traduction. Elles sont donc bien loin de parvenir à une représentation plus parfaite de nos idées que les langues vulgaires. Elles augmentent les difficultés au lieu de les diminuer. Ces considérations écartent d'abord tous ces systèmes de figures tracées, que l'on regarde alternativement comme des écritures et comme des langues, et que l'on prend tantôt pour une écriture universelle, tantôt pour une langue correspondant à toutes les autres et destinée à les remplacer dans les sciences. Ce ne sont là, en dernière analyse, que des espèces d'hiéroglyphes ou de symboles, dont nous avons vu les inconvénients monstrueux.

Si l'on voulait créer une langue, il faudrait donc qu'elle pût devenir usuelle; qu'elle fût composée de signes dérivant directement des signes naturels du langage d'action; que ce fût une langue d'attouchements, de gestes ou de sons. Or, les sons sont préférables, par toutes les raisons que nous avons dites, et par une autre sur laquelle nous n'avons pas assez insisté, quoique très importante, mais que M. Maine-Biran a le premier très bien saisie et supérieurement expliquée dans son excellent mémoire sur les effets de l'habitude. C'est l'étroite correspondance qui existe entre l'organe auditif qui reçoit les sons et l'organe vocal qui les produit[1]; correspondance qui, rendant les sons plus profondément habituels

1. Dans son ouvrage *Influence de l'habitude sur la faculté de penser*, Paris, Henrichs, an 11 (décembre 1802), Maine de Biran met en évidence cette correspondance dans les p. 38 à 43 (p. 143 à 145 du volume II des *Œuvres* de Maine de Biran éditées sous la direction de François Azouvi, *Mémoires sur l'influence de l'habitude*, éd. par Gilbert Romeyer-Dherbey, Paris, Vrin, 1987). Il écrit notamment : « Nous n'entendons bien qu'autant que nous parlons; les deux organes agissent et réagissent sans cesse l'un sur l'autre. La nature même semble avoir pré-ordonné les modes de leur action mutuelle dans les diverses espèces [...], en proportionnant presque toujours la finesse et la délicatesse de l'un à la force et à la flexibilité de l'autre ».

qu'aucune autre espèce de signes, les lie bien plus intimement aux idées qu'ils représentent et secourt merveilleusement la mémoire. Si l'on voulait composer une nouvelle langue, je voudrais donc qu'elle fût orale.

Ensuite, comme le plus grand avantage exclusivement propre aux sons est de pouvoir devenir des signes permanents, sans la moindre altération, sans obliger à aucune traduction, à aucune translation de l'idée sur un autre signe, je demanderais, pour jouir de cet avantage dans toute sa plénitude, qu'elle fût écrite avec un alphabet régulier et une orthographe correcte, suivant les principes que nous avons exposés dans le chapitre de l'Écriture. Elle deviendrait par là très facile à lire et à écrire, et très constante dans sa prosodie et dans sa prononciation.

Il faudrait en outre que les mots de cette langue fussent composés de manière à être analogues aux idées qu'ils représenteraient et à rappeler leur filiation et leur dérivation le plus possible. J'imagine qu'on y parviendrait en n'y faisant entrer aucun mot tiré d'une langue étrangère, mais en choisissant avec intelligence un certain nombre de monosyllabes, pour en faire des radicaux de différentes familles de mots, adaptées convenablement à autant de classes d'idées; et en adoptant ensuite une certaine quantité de particules monosyllabiques aussi, au moyen desquelles on formerait tous les mots composés et dérivés suivant des lois constantes, de manière que la même particule employée, soit comme initiale, soit comme finale, réveillât toujours la même idée accessoire. Les langues les plus incorrectes nous donnent fréquemment cet exemple : voyez ce que nous en avons dit au chapitre des Prépositions. Quand on les examine avec soin, on y trouve souvent cette règle observée comme par instinct. Il serait aisé de la suivre constamment; et une langue orale ainsi formée n'aurait rien à envier, pour la régularité de la méthode, à ces projets de langues composées de figures tracées, que l'on nous fait tant admirer pour l'uniformité de leurs dérivations et qui d'ailleurs n'ont aucune des précieuses qualités des sons.

La grande difficulté serait de bien établir l'enchaînement de ces dérivations; mais cette difficulté consiste tout entière à bien déterminer la série des idées. Elle est la même dans toute espèce de signes; et elle est telle que, pour qu'une langue fût parfaite sous ce rapport, il faudrait que nos connaissances fussent complètes dans tous les genres. C'est ce qui constitue la vérité de cette grande maxime, que bien faire la langue d'une science, c'est créer cette science; et que créer une science n'est autre chose qu'en bien faire la langue. C'est là, je crois, la partie la plus impossible du projet impossible dont nous nous amusons actuellement à tracer le plan.

Cependant ce n'est pas tout. Il ne suffirait pas d'avoir composé parfaitement tous les éléments de notre langue; il faudrait encore déterminer les lois de leur assemblage, de manière à ce qu'elle fût la plus claire, la plus exacte, et la plus facile à apprendre qu'il serait possible. Or, c'est là l'objet des trois parties de la syntaxe.

Quant à la construction, je voudrais qu'elle suivît toujours la construction pleine et directe dans toutes ses phrases et parties de phrases, et qu'on n'y admît d'ellipses que celles qui sont faciles à suppléer, et de transpositions ou d'incises que celles réellement utiles pour faire sentir la relation d'une proposition avec celle qui précède ou qui suit, ou pour mieux marquer les rapports des différentes parties d'une période avec l'idée principale de son sujet ou de son attribut.

Quant aux variations des mots, qui constituent les déclinaisons et les conjugaisons, je voudrais que les noms ne fussent d'aucun genre et que leurs nombres fussent marqués par des espèces d'articles, des adjectifs déterminatifs très courts, et leurs cas par des prépositions.

Que les adjectifs fussent absolument invariables.

Et pour les verbes, qu'ils n'y en eût point d'autre que le verbe *être*, auquel on adjoindrait tous les adjectifs possibles; que ce verbe *être* n'eût que les trois modes, adjectifs, substantif et attributif, et point de subjonctif; qu'il eût au mode adjectif les huit temps que nous avons reconnus nécessaires, ou tout au plus les douze que nous avons vu pouvoir être utiles; et qu'il n'eût au mode substantif et au mode attributif que le temps présent, lequel temps présent aurait au mode attributif six terminaisons différentes, pour marquer les trois personnes des deux nombres, singulier et pluriel.

Enfin, à l'égard du troisième moyen de syntaxe, les signes uniquement destinés à marquer la liaison des autres signes entre eux, on voit, par ce que je viens de dire des déclinaisons, que j'admets l'usage des prépositions. J'admets aussi les conjonctions comme mots elliptiques fort utiles; mais je voudrais que toutes eussent, pour syllabe radicale, la conjonction *que*, afin de bien marquer qu'elle est la conjonction unique, et que c'est d'elle seule que toutes les autres tiennent leur vertu conjonctive. Par la même raison, et pour ne pas déranger la construction directe des phrases incidentes où l'adjectif conjonctif est le régime du verbe, je voudrais que dans les adjectifs conjonctifs cette conjonction *que* ne fût point unie à l'adjectif déterminatif; c'est-à-dire qu'il n'y eût pas proprement d'adjectif conjonctif, et qu'au lieu de dire, *l'homme qui vous aime*, *l'homme que vous aimez*, on dît, *l'homme que il aime vous*, *l'homme que vous aimez le*. Je n'ai pas besoin d'ajouter que je conserverais les repos dans le discours et les signes de ponctuation dans l'écriture.

Tels sont les moyens de syntaxe que je désirerais dans notre langue imaginaire.

A toutes ces précautions prises en faveur de sa clarté, de son exactitude, et de la facilité de l'apprendre et de ne point manquer à ses règles, j'ajouterais encore que l'on ne s'y permettrait jamais plusieurs locutions différentes pour présenter la même idée, ni aucun de ces tours irréguliers qu'on appelle dans nos langues vulgaires des idiotismes; qu'on en bannirait avec scrupule les hyperboles, les allusions, les demi-réticences, les fausses délicatesses, les tropes, les divers emplois d'un même mot; que toujours un signe avertirait quand ce mot est pris au sens propre ou au sens figuré; enfin que l'on apporterait dans le style le même esprit d'exactitude qui aurait présidé à la composition des mots et aux lois de la syntaxe. Voilà comme je conçois qu'une langue pourrait approcher de la perfection, dans l'expression et la déduction de nos idées.

Encore une fois, je n'ai pas l'espérance que ce rêve puisse jamais se réaliser. Je ne l'ai décrit avec détail que pour dégoûter des tentatives mal conçues, que je crois plus propres à écarter du but qu'à en approcher; pour avoir une occasion de signaler toutes les causes qui contribuent à l'inexactitude de nos langues, et aussi dans l'espérance d'inspirer le désir de les laisser petit à petit se rapprocher de ce modèle[a].

On ne manquera pas de dire que la langue que je propose serait traînante, monotone, sans grâce et peu propre aux mouvements de l'éloquence. Comment, quand on ne se propose que clarté et vérité, ne pas paraître bien stérile à certaines personnes? Cependant je crois ces objections plus apparentes que réelles.

D'abord, une langue n'est point traînante quand on y permet toutes les ellipses que l'esprit peut suppléer sans crainte de se tromper. En second lieu, elle n'est point monotone, par cela seul qu'elle s'assujettit à la construction directe. D'ailleurs, celle-ci étant composée méthodiquement peut être très pittoresque et très imitative par l'heureux choix des syllabes

a. Une orthographe et une langue parfaites feraient, pour toutes nos orthographes et nos langues, le même effet que le système métrique décimal produit sur toutes les mesures usitées dans les différents pays; il ne les détruit ni ne les change; mais il leur donne un moyen facile d'évaluation commune, et il leur offre un type excellent, dont elles peuvent toujours tâcher de se rapprocher. [*Note de l'édition de 1825*]

composantes, et très harmonieuse par l'habile distribution de ces syllabes; comme, par la perfection de son écriture, elle pourrait facilement être très accentuée et très cadencée. Elle ne serait donc pas dénuée de toutes grâces. Quant à celles, et il en est, qui tiennent à un certain abus des mots qui les éloigne de leur signification naturelle, il faudrait sans doute y renoncer; mais j'observe que ce sont des prestiges qu'un goût sévère réprouve.

A l'égard des moyens de l'éloquence, tous ceux qui ne consistent pas dans la clarté et la justesse de l'expression, et dans la beauté et la richesse des idées accessoires que cette expression réveille en énonçant l'idée principale, ne me paraissent être que des moyens de déception peu regrettables. Or, ce ne serait certainement pas la langue dont il s'agit qui manquerait de clarté et de justesse; et étant toute composée de mots dont la dérivation rappellerait toutes les idées analogues, il me paraît qu'elle serait supérieure à toute autre par l'abondance et la beauté des images. Je crois même que la précaution d'indiquer, par la composition du mot, le sens propre et le sens figuré, donnerait à toutes ces images un degré de vivacité et d'énergie difficile à prévoir, en avertissant incessamment de la liaison intime des deux idées analogues, et en empêchant qu'une expression figurée ne nous paraisse simple, comme il n'arrive que trop souvent dans nos langues, parce que rien ne rappelle en quoi consiste la métaphore, ni quelle est son origine.

Au reste, cette discussion m'entraîne à parler des langues sous le rapport de la rhétorique; et je ne m'étais engagé qu'à les considérer sous le point de vue logique. Ce n'est effectivement que pour arriver à la meilleure déduction possible des idées que j'ai composé ce traité de leur expression. Je n'y ajouterai donc plus rien. Je ne le terminerai même pas, suivant mon usage, par une conclusion, parce que ce chapitre, consacré à la création d'une langue parfaite, et bien plus encore à l'amélioration de celles existantes, n'est vraiment autre chose que le tableau des conséquences qui résultent des principes précédemment établis. Je ne ferai même pas une récapitulation expresse de ces principes. L'extrait raisonné de tout l'ouvrage, que je joins ici et qui lui sert de table analytique, en tiendra lieu. Je n'ai donc plus rien à dire sur l'expression de nos idées; il me reste à parler de leur déduction. Ce sera l'objet de la troisième partie qui, j'espère, suivra de près celle-ci; et en prouvant que je ne me suis trompé ni sur le mode de la formation de nos idées, ni sur celui de leur expression, montrera en quoi consiste la certitude de leur déduction, et quelle est la meilleure manière de conduire son esprit dans la recherche de la vérité.

Si je n'échoue pas tout à fait dans cette entreprise, j'aurais bien du plaisir à faire ensuite quelques applications de ces vérités et des procédés qui en émanent, aux objets les plus intéressants pour le bonheur des hommes, et à montrer qu'ils sont susceptibles d'enseignements didactiques, comme les sciences les plus positives; mais il faut pour cela du temps, de la force et de la santé, et surtout plus de talents peut-être que la nature ne m'en a départi. Cependant, je prendrai pour devise cette phrase que j'ai dite quelque part : *Où ne peut-on pas arriver avec le temps, quand on est dans la route qui mène au but et qu'on ne s'en écarte jamais?*[1]. Je suis bien sûr d'être entré dans la bonne voie; je souhaite que l'on ne trouve pas que je l'aie quittée sans m'en apercevoir.

1. Cette phrase reprend, quelque peu transformée, une phrase de l'introduction (p. 44) : « *Cependant, où ne peut-on pas arriver quand on part d'un point bien connu et que l'on suit une bonne route ?* ».

EXTRAIT RAISONNÉ DE LA GRAMMAIRE SERVANT DE TABLE ANALYTIQUE

INTRODUCTION

La grammaire n'est pas seulement la science des signes; elle est la continuation de la science des idées.

Le goût pour l'analyse et l'examen rigoureux de ses ouvrages et de ses facultés n'est point dans l'homme un signe de décadence. C'est un nouveau progrès de son intelligence.

Cependant, quand même les anciens ne seraient pas tombés sous le joug des nations barbares, ils n'auraient tiré de cet esprit analytique aucune utilité réelle pour la connaissance de leur faculté de penser, parce qu'ils s'étaient fait des systèmes philosophiques et métaphysiques avant d'avoir des connaissances préalables suffisantes.

Les modernes, quoique commençant mieux, auraient aussi été continuellement arrêtés s'ils n'avaient secoué le joug des théologiens, qui avaient fait de la métaphysique leur domaine exclusif. Messieurs de Port-Royal, Dumarsais et Condillac en sont la preuve.

Pour faire de vrais progrès dans la connaissance de l'homme, il fallait à l'indépendance des anciens joindre la science et la réserve des modernes.

C'est le caractère de l'époque où nous sommes, qui doit être appelée l'*ère française*.

Le mérite de cette *Grammaire* est de commencer par le commencement, d'être la suite d'un traité d'idéologie.

Elle n'est point un art de parler; c'est un traité de la science des signes, continuation de celle des idées, introduction à celle du raisonnement.

Je n'ai recherché la formation des idées que pour bien connaître la théorie de leur expression. Je n'examinerai leur expression que pour découvrir les lois de leur déduction.

CHAPITRE PREMIER

Décomposition du discours dans quelque langage que ce soit

Tout système de signes est un *langage*; toute émission de signes est un *discours*.

Juger n'est pas précisément sentir des rapports entre nos idées; c'est sentir qu'une idée en renferme une autre.

C'est donc toujours sentir le même rapport.

Aussi, ne faut-il toujours que le même signe pour exprimer l'acte de juger.

Pour représenter toutes nos autres idées, il suffit de les nommer.

Pour représenter un jugement, il faut énoncer les deux idées comparées et l'acte d'affirmation. C'est ce qui constitue la proposition.

Nous verrons, dans la suite, que dans les langues parlées le signe de l'affirmation n'est pas le verbe, mais la forme du verbe.

Si nous ne pouvions porter aucun jugement, nous ne saurions jamais rien, nous n'aurions pas même d'idées composées.

Juger est si bien tout pour nous que, quand le discours n'exprime aucun jugement, nous disons qu'il ne signifie rien.

Tout langage commence par exprimer d'un seul signe un jugement tout entier, une proposition complète.

Ce n'est qu'en décomposant ces signes qu'on forme ceux qui expriment des idées détachées.

Les éléments du discours, ce sont donc les propositions.

Cherchons actuellement les éléments de la proposition.

CHAPITRE II

Décomposition de la proposition dans tous les langages, principalement dans le langage articulé, et spécialement dans la langue française

Dans nos langages articulés, certains mots expriment une proposition tout entière, c'est-à-dire deux idées et l'acte de juger.

D'autres ne représentent qu'une idée unique, mais complète.

D'autres, seulement des fragments d'idées.

Tous changent fréquemment de fonctions ; plusieurs sont souvent sous-entendus.

Il en résulte que l'expression de la pensée est souvent déguisée par la forme dont elle est revêtue. Commençons donc par montrer que pourtant toutes nos propositions ne sont que des énoncés de jugement.

Il n'y a point de proposition sans verbe. Examinons les effets du verbe à ses différents modes.

Toutes les fois que le verbe est à un mode défini, il y a un énoncé de jugement.

Toutes les fois qu'il est à un mode indéfini, il n'y a que l'expression d'une idée isolée.

Tout discours n'exprime donc jamais que l'une de ces deux choses, *sentir* ou *juger*.

Maintenant revenons. L'état primitif de la proposition est d'être représentée par un seul signe.

Ce signe unique en renferme nécessairement deux autres, l'un représentant une idée existante par elle-même, ayant une *existence absolue*, au moins dans notre esprit ; l'autre représentant une autre idée comme existant dans la première, ayant une *existence relative*.

Les *noms* sont les signes qui remplissent la première fonction ; aussi n'y a-t-il que les noms, ou les signes qui les remplacent, qui puissent être les *sujets* de nos propositions.

Les *adjectifs* ne sont pas, comme il le semble d'abord, les signes qui remplissent la seconde fonction ; ils expriment une idée comme devant appartenir à une autre, comme ne pouvant exister que dans cette autre, mais non pas comme lui appartenant, comme y existant.

Par une singulière abstraction, ils sont privés de la faculté d'exprimer l'existence; ils ne renferment pas cette idée. Ils ne sont donc pas des *attributs* complets.

L'adjectif *étant*, *existant*, est le seul excepté, parce que c'est sa signification *propre*. Si on l'en dépouillait, il serait anéanti.

Il n'y a donc d'adjectifs qui soient des attributs complets que ceux qui renferment l'adjectif *étant*.

Ces adjectifs sont ce que nous appelons des *verbes adjectifs*.

C'est parce qu'ils renferment l'adjectif *étant*, c'est parce qu'ils comprennent l'idée d'*existence*, qu'ils sont susceptibles de *modes* et de *temps*.

Un adjectif à qui on donnerait des *modes* et des *temps* serait par là même un *verbe*. Il serait censé renfermer l'idée d'existence, puisque le mode et le temps de cette existence seraient exprimés.

Aussi n'y a-t-il proposition, énoncé de jugement, que quand le verbe est à un mode *défini*. Tant qu'il est à un mode *indéfini*, participe ou infinitif, il n'est qu'un adjectif ou un substantif.

L'*infinitif* n'est pas proprement un mode du verbe, c'est son nom, c'est un substantif.

Donc, l'interjection ou le geste expriment d'abord la proposition tout entière; et dès qu'on en sépare le sujet pour l'exprimer par un nom, ils deviennent un verbe à un mode défini.

C'est le mode défini du verbe qui est le signe de l'acte de juger, du sentiment qu'une idée existe dans une autre.

Donc les seuls éléments de la proposition absolument nécessaires sont un sujet et un attribut, un nom et un verbe. Tous deux renferment l'idée d'existence; l'un d'une existence absolue, l'autre d'une existence relative.

Si le premier n'a ni modes ni temps marqués, c'est qu'il est toujours au mode indicatif et au temps présent. Il n'y a que ce mode et ce temps qui conviennent à une idée douée d'une existence absolue au moment où on l'énonce.

CHAPITRE III

Des éléments de la proposition dans les langues parlées, et spécialement dans la langue française

Maintenant, voyons quels sont les mots dont on se sert dans nos langues perfectionnées. Ne nous arrêtons ni aux dénominations qu'on leur a données, ni aux classifications qu'on en a faites. Cherchons quelles sont leurs fonctions et partons de l'état primitif de la proposition dans une langue naissante.

PARAGRAPHE PREMIER

Des interjections

Sans entreprendre de critiquer ni de changer cette dénomination, on doit la donner à tout mot qui exprime une proposition tout entière.

Par cela même, ces mots sont isolés dans le discours; ils n'ont de relation avec aucun autre; ils ne donnent lieu à aucune règle de construction ou de syntaxe.

Ils renferment implicitement un sujet et un attribut, un nom et un verbe. Par conséquent, ils ne peuvent avoir ni conjugaisons ni déclinaisons.

Ils dérivent des cris primitifs et naturels. On s'en sert quand la vivacité du sentiment ne permet pas de développer son idée. Ils ne décomposent pas la pensée.

Passons à l'analyse de leurs parties.

PARAGRAPHE II

Des noms et des pronoms

Dès qu'on décompose l'interjection, le premier genre de signes que l'on invente ce sont les noms.

Ils représentent les sujets des propositions.

Ils sont susceptibles de variations pour exprimer les genres, les nombres, etc., etc.

Ce sont les seuls mots variables par des causes qui leur soient propres.

Les autres mots variables ne le sont que pour exprimer leurs rapports avec les noms, parce que le mot qui exprime la chose dont on parle est le principal mot du discours, est celui auquel se rapportent tous les autres.

Parmi les noms, il y en a trois d'une espèce particulière; ce sont les noms de la personne qui parle, de la personne à qui on parle, et de celle dont on parle.

Ils ne sont le nom de rien en particulier; ils ne désignent les choses que par leur rapport avec l'acte de la parole.

Ce sont *quasi* des noms ou des *pronoms*.

On peut les appeler des adjectifs ou des modificatifs personnels; car, joints à un nom, ils ne le modifient que sous le rapport de la personne; et employés seuls, ils n'ont d'autre signification que celle du nom qu'ils représentent en y ajoutant l'idée de personne.

PARAGRAPHE III

Des verbes et des participes

Après l'invention du nom, l'interjection n'exprime plus que l'attribut de la proposition, ne fait plus que fonction de verbe. Voilà le verbe trouvé.

Le verbe n'exprime pas une idée existante par elle-même, comme le nom.

Il n'exprime pas une idée seulement comme pouvant exister dans une autre, ainsi que le fait l'adjectif.

Il exprime l'idée qu'il représente comme existante réellement et effectivement dans une autre; il est un attribut complet; il renferme l'idée d'une existence relative, à la vérité, mais réelle et effective.

Il suit de là qu'il est susceptible de modes et de temps; qu'il n'a aucun sens sans un sujet et qu'il doit se conformer à ce sujet sous le rapport du nombre et de la personne, et si l'on veut, sous celui du genre.

Tous les verbes sont des verbes d'*état*; car ils signifient tous qu'un sujet *est* de telle manière.

Ils tiennent tous leur qualité de verbe du verbe *être*; c'est le seul verbe.

Tous les autres sont composés de celui-là et d'un adjectif, soit qu'ils soient formés de deux mots ou d'un seul.

C'est donc une grande erreur de regarder *j'aime* et *je suis aimé* comme le même verbe. Ils sont composés de deux adjectifs différents ; l'un est *je suis aimant* ; l'autre *je suis aimé*.

Cette erreur tient à une autre, c'est de confondre le prétendu participe passif avec le véritable participe actif, de prendre *aimé* pour le même mot dans ces deux phrases, *je suis aimé*, et *j'ai aimé*.

Dans l'une, il signifie *aimé*, et dans l'autre *été aimant*.

Dans ce dernier cas, sa terminaison en *é* sert à exprimer qu'il renferme le participe passé *été*. Voilà pourquoi il est souvent indéclinable. Il devrait l'être toujours.

L'adjectif *étant* étant le seul adjectif qui soit par lui-même participe (c'est-à-dire verbe au mode indéfini), il est le seul adjectif simple qui ait deux formes, *étant* pour le présent et *été* pour le passé.

Il n'y a de vrais participes que ceux qui le renferment sous cette dernière forme, ceux que nous appelons *participes actifs passés*. Tous les autres sont de purs adjectifs. Ils devraient être toujours déclinables. Cela se verra mieux dans la syntaxe, à l'article des conjugaisons.

Quoi qu'il en soit, les *noms* sont les seuls mots qui expriment un *sujet*, et les *verbes* sont les seuls mots qui expriment un *attribut*. Ce sont donc les seuls mots nécessaires à l'expression de la pensée quand on décompose l'interjection.

Tous les autres éléments de la proposition ne représentent que des fragments de sujets ou d'attributs. Ils ne servent jamais qu'à exprimer des compléments de l'un ou de l'autre.

Le verbe, comme verbe, n'a jamais de régime. Quand il en a un, c'est en vertu de la signification de l'adjectif qu'il renferme.

PARAGRAPHE IV

Des adjectifs et des articles

Après les signes nécessaires, viennent les signes seulement utiles.

Parmi ceux-ci, les adjectifs ou modificatifs tiennent le premier rang.

En modifiant les noms, ils augmentent le nombre des sujets ; en modifiant le verbe *être*, ils augmentent le nombre des attributs.

Ils sont formés des noms, en substituant la forme attributive à la forme subjective, ou des verbes qui les renferment, en en retranchant l'idée d'existence.

D'autres noms et d'autres verbes peuvent ensuite se former de certains adjectifs.

Les adjectifs ou modificatifs sont de deux espèces.

Ils modifient une idée dans sa *compréhension* ou dans son *extension*, c'est-à-dire en augmentant ou diminuant le nombre des idées qui la composent, ou en déterminant le nombre des objets auxquels on l'applique et la manière dont on les considère.

Les noms sont seuls susceptibles d'être modifiés dans leur extension.

Pour que le discours soit exact, pour qu'il peigne avec précision la pensée, il faut toujours déterminer l'extension des noms avant de modifier leur compréhension et avant de les faire sujets de propositions.

Cette précaution n'est pas nécessaire quand ils sont employés adverbialement, ni pour les noms propres.

Les Latins avaient des adjectifs déterminatifs; mais quelquefois ils négligeaient de s'en servir quoique cela fût nécessaire, et souvent nous les employons dans des cas où ils sont inutiles.

Les adjectifs déterminatifs ont dû être les derniers inventés, et leur dérivation n'est pas aisée à retrouver.

On donne bien des noms différents à des mots qui tous remplissent cette même fonction à l'égard de noms exprimés ou sous-entendus.

Tous doivent suivre les variations des noms auxquels ils se rapportent. Ils sont *déclinables*, s'ils ne sont pas toujours *déclinés*.

PARAGRAPHE V

Des prépositions

La préposition est un mot très remarquable. Non seulement elle joue un rôle très important qui lui est propre; mais elle entre comme élément dans tous les autres mots, dont elle devient partie intégrante.

Beaucoup de noms, d'adjectifs, de verbes adjectifs et d'adverbes ont besoin, pour former une idée complète, qu'on leur adjoigne le nom d'une autre idée.

Ce sont les prépositions qui les lient avec cette idée complémentaire.

Il y a des langues où cette fonction est remplie, en tout ou en partie, par des syllabes désinentielles appelées *cas*, semblables à celles qui marquent les genres, les nombres, les modes, les temps et les personnes.

Mais toutes ces syllabes elles-mêmes, ainsi que toutes celles qui forment les composés et les dérivés des mots primitifs et radicaux, je les regarde comme des prépositions, soit qu'elles s'incorporent avec les mots qu'elles modifient, soit qu'elles en demeurent séparées. Cependant, elles ne sont un élément particulier de la proposition que quand elles demeurent distinctes et séparées.

Quoiqu'on ne puisse pas toujours retrouver l'étymologie des prépositions, il est certain qu'elles dérivent toutes de noms ou d'adjectifs, et elles en dérivent ordinairement par abréviations, parce qu'elles sont nécessairement indéclinables, n'ayant pas plus de rapport avec leur antécédent qu'avec leur conséquent.

Un adjectif qui a un sens relatif et qui ne se décline pas est par là même une préposition.

C'est ici que commence la classe des mots invariables.

Paragraphe VI

Des adverbes

Les adverbes sont encore des mots nécessairement invariables.

Ils dérivent aussi de noms ou d'adjectifs.

Ils sont en outre des noms elliptiques, car leur destination caractéristique est d'exprimer, d'une manière abrégée, une idée qu'on ne pourrait représenter qu'au moyen d'une préposition et de son régime.

Ils sont donc utiles, mais non pas nécessaires. Aussi beaucoup de langues manquent des adverbes qui se trouvent dans d'autres.

Ils modifient les verbes, les adjectifs et même d'autres adverbes, mais jamais les noms.

PARAGRAPHE VII

Des conjonctions ou interjections conjonctives

Les conjonctions, comme les interjections, sont des éléments du discours, mais non pas des éléments de la proposition, car, comme les interjections, elles expriment toujours une proposition tout entière.

La proposition qu'exprime la conjonction n'a jamais un sens absolu.

Elle suppose toujours un antécédent et un conséquent.

Cet antécédent et ce conséquent sont toujours deux autres propositions complètes, même lorsqu'ils ne paraissent que de simples éléments d'une proposition.

Aussi, toute conjonction renferme toujours deux fois implicitement la conjonction *que*.

Quand elles sont employées de manière à ne pas la renfermer, elles sont de simples adverbes.

Que est aussi un adverbe; mais c'est à cet adverbe que tous ceux qui deviennent *conjonction* doivent leur propriété *conjonctive*, comme c'est à l'adjectif *étant* que les autres adjectifs doivent leur qualité de *verbe*.

La raison en est que la signification propre de l'adverbe *que* est d'exprimer que le verbe auquel il est joint est *lié* à un autre verbe à un mode défini, à une autre proposition entière, comme la signification propre de l'adjectif *étant* est d'exprimer l'existence.

Il est vraisemblable que c'est l'invention des prépositions qui a conduit à l'invention de l'adverbe *que*. Après avoir dit le livre *de* Pierre, ou je vais *à* Paris, on s'est avisé de dire je vois *que* vous êtes là, je veux *que* vous fassiez cela.

En effet, le mot *que* est encore plus exactement une *préposition* qu'un *adverbe*. C'est une *préposition* dont l'antécédent et le complément sont deux propositions entières, au lieu qu'un *adverbe* est une préposition qui renferme un complément déterminé, toujours le même.

Quoi qu'il en soit, les conjonctions sont des mots *elliptiques* et, de plus, nécessairement *invariables*, puisqu'ils ne se rapportent pas directement à un nom.

PARAGRAPHE VIII

Des conjonctifs ou adjectifs conjonctifs

Les adjectifs conjonctifs (qu'on nomme ordinairement *pronoms relatifs*) me paraissent un élément particulier du discours.

Qui, *que* (relatif), *dont*, *lequel*, etc., sont composés de la conjonction *que* et de l'adjectif déterminatif *le* ou *il*. Ils en cumulent les fonctions.

Cet élément du discours diffère des conjonctions, en ce que son antécédent est toujours un nom, ce qui le rend déclinable, et fait que son conséquent est toujours une proposition incidente, et jamais une proposition subordonnée.

Il diffère des adjectifs, 1°. en ce que pouvant être également sujet ou attribut de la proposition incidente qu'il lie à son antécédent, il se conforme à cet antécédent en genre et en nombre, mais non pas en cas ; 2°. en ce que ce n'est pas lui, mais la proposition qui le suit, qui modifie l'extension ou la compréhension de son antécédent.

Tels sont les caractères, les fonctions et la génération des conjonctifs. Tout cela dérive de l'observation que j'ai faite sur la conjonction *que*.

CONCLUSION DE CE CHAPITRE

La conclusion de ce chapitre en étant un résumé distinct, il est impossible de l'abréger : on ne pourrait que la copier. Il faut la lire dans l'ouvrage, car ce qu'on vient de lire n'en tient pas lieu.

Son résultat est que nous venons de voir tous les éléments du discours qui existent ou peuvent exister dans tous les langages possibles et qu'il ne saurait y en avoir aucun qui ne soit un de ceux-là, ou composé de ceux-là.

Voyons maintenant les moyens dont on se sert pour les lier entre eux, et les lois qui président à leur réunion. C'est l'objet de la syntaxe.

CHAPITRE IV

De la syntaxe

Nous n'avons pas un signe particulier pour chacune de nos pensées.

Souvent nous en réunissons plusieurs pour exprimer une seule idée.

Alors chacun de ces signes réunis a, dans le discours, outre sa signification propre, une nouvelle valeur qu'il tire ou de la place qu'il occupe, ou des altérations qu'il subit, ou de quelques signes uniquement destinés à lier les autres entre eux.

C'est là l'objet des trois parties de la syntaxe.

SECTION PREMIERE

De la construction

La construction est toujours *naturelle* quand elle est conforme à la manière dont est affecté celui qui parle.

Mais elle n'est *directe* que quand elle suit l'ordre des idées dans l'opération de juger; elle est *inverse* toutes les fois que cet ordre est interverti.

L'ordre direct est toujours d'exprimer d'abord l'objet de sa pensée, puis ce qu'on en pense, c'est-à-dire tout le *sujet*, et ensuite tout l'*attribut*; et dans ces deux membres de la proposition, de commencer par l'idée principale, c'est-à-dire le *nom* dans le sujet et le *verbe* dans l'attribut, et de placer ensuite les accessoires suivant le degré de leur importance.

C'est si bien là l'ordre que suivent les idées dans l'acte de la pensée, que quand on rétablit cet ordre dans une phrase qui est obscure, la clarté y renaît à l'instant.

SECTION II

Des déclinaisons

Les altérations qu'on fait subir à certains mots sont un second moyen de syntaxe. C'est ce qui constitue les déclinaisons.

Celles des noms ont toujours pour motifs des causes qui leur sont propres.

Celles des autres mots qui en sont susceptibles n'ont jamais pour objet que de marquer leurs relations avec les noms.

PARAGRAPHE PREMIER

Des déclinaisons des noms

Les noms se déclinent dans certaines langues pour marquer les genres et les nombres. Cela n'est pas bien utile.

Les rapports des mots entre eux se réduisent à deux, celui de concordance et celui de dépendance.

Les noms n'ont jamais besoin d'exprimer le rapport de concordance; ils ont souvent à marquer celui de dépendance. C'est ce qu'ils font par le moyen des cas.

PARAGRAPHE II

Des déclinaisons des adjectifs

Les adjectifs n'ont jamais à exprimer que le rapport de concordance avec le nom exprimé ou sous-entendu, auquel ils se rapportent toujours.

Pour cela, il faut qu'ils marquent les nombres, les cas et tous les genres.

PARAGRAPHE III

Des déclinaisons des verbes

Le propre du verbe est toujours d'exprimer l'existence, soit abstraite, comme le verbe simple, soit déterminée, comme les verbes adjectifs.

Mais, 1°. il joue successivement le rôle de nom, d'adjectif ou d'attribut, et il change de formes pour marquer ces différentes fonctions.

2°. Dans l'état de nom et dans celui d'adjectif, il est susceptible des mêmes causes de variations que les autres noms et les autres adjectifs.

Et dans l'état d'attribut, n'ayant à exprimer que le rapport de concordance avec son sujet, qui est toujours au nominatif, il est absolument superflu qu'il marque les cas; il est peu utile qu'il marque les genres; mais il faut qu'il marque les nombres et il est indispensable qu'il marque les personnes.

3°. Dans ses différents états, il faut toujours qu'il marque les temps, car c'est le propre de l'existence d'être susceptible de durée et d'époques.

Le verbe n'a que ces trois modes, le substantif, l'adjectif et l'attributif. Le conditionnel est une circonstance du mode qu'on appelle indicatif. Le subjonctif en est un cas oblique assez inutile. Tous les autres sont des locutions elliptiques.

Entrons dans plus de détails.

DES TEMPS DES VERBES

Le présent, dans le discours, est toujours l'instant de l'acte de la parole.

Il n'est susceptible ni de plus ni de moins. Il ne peut y avoir qu'un temps présent à chaque mode du verbe.

Le passé et le futur, au contraire, sont susceptibles de différents degrés.

Cherchons combien on doit admettre de temps passés et de temps futurs.

Le verbe *être* est le verbe auxiliaire universel et nécessaire. C'est de lui seul que les autres tiennent la possibilité d'avoir des temps.

Voyons donc le tableau des temps du verbe *être*, en cinq langues.

La seule inspection de ce tableau nous montre,

Que le mode adjectif entre dans la composition de tous les autres et qu'aucun des autres n'entre dans la sienne.

Que tous les temps du verbe se réduisent, en les décomposant, à un temps présent et à un temps quelconque du mode adjectif. (Cela doit être ainsi, car le discours raconte des choses futures et des choses passées ; mais au fond il exprime toujours une impression actuelle).

Que, par conséquent, si le verbe avait, dans son mode adjectif, tous les temps réellement utiles, il n'aurait plus besoin que d'un présent du substantif et d'un présent de l'attributif pour exprimer tous les temps imaginables dans toutes les circonstances.

Qu'il a quelques temps distincts dans tous ses modes.

Qu'il pourrait avoir tous les temps possibles dans chacun d'eux.

Mais que c'est surtout au mode attributif qu'on les a multipliés.

Examen fait de tous les temps du mode appelé indicatif, en y joignant ceux du mode appelé conditionnel, on trouve qu'ils se réduisent à douze, savoir : un présent et cinq temps passés par rapport à lui, et un futur et cinq temps passés par rapport à lui.

Cela fait deux séries de six temps chacune; l'une pour l'existence considérée comme positive, l'autre pour l'existence considérée comme éventuelle.

Les trois premiers temps de chacune de ces deux séries sont absolus; c'est-à-dire n'indiquent que leur rapport avec le moment de l'acte de la parole.

Les trois derniers sont relatifs; c'est-à-dire indiquent, outre leur rapport avec le moment de l'acte de la parole, un rapport de simultanéité avec une autre existence, exprimée ou non.

À ce qu'on appelle le mode subjonctif, qui n'est qu'un cas oblique du mode attributif, l'existence étant considérée comme subordonnée à une autre, il n'y a pas lieu à la distinguer en positive et éventuelle. Aussi n'y a-t-il que six temps qui répondent également aux deux séries précédentes

C'est d'après ces observations qu'on a dressé le tableau méthodique de tous les vrais temps du verbe simple.

Pour appliquer cette théorie aux autres verbes, il faut se rendre compte de ce qu'on doit entendre par verbe auxiliaire.

Il n'y a pas d'autre vrai verbe auxiliaire que le verbe *être*.

Le verbe *avoir* est aussi auxiliaire, parce qu'il ne fait pas d'autre effet que celui que ferait à sa place le même temps du verbe *être*.

Tous les autres verbes qui portent dans les temps dans lesquels ils entrent une valeur tirée de leur signification propre ne sont donc point de vrais auxiliaires, et les temps qu'ils forment ne sont point de vrais temps composés mais des locutions dans lesquelles deux verbes juxtaposés se suivent sans se confondre.

Il suit de là :

Qu'il y a autant de verbes différents que d'adjectifs différents unis au verbe *être*.

Que *amo* et *amor* sont deux verbes qui n'ont rien de commun. L'un est je suis *aimant*, et l'autre est je suis *aimé*.

Que dans ce temps, *je suis aimé*, *aimé* est un simple adjectif; et que dans cet autre, *j'ai aimé*, *aimé* est un participe passé, c'est-à-dire un verbe à un temps passé du mode adjectif : il signifie *été aimant*.

Que tous les supins et gérondifs sont des cas des participes pris substantivement, c'est-à-dire sont également des cas du mode adjectif pris substantivement et du mode substantif, car c'est la même chose.

Et que dans les phrases où il y a ce qu'on appelle un *que* retranché, les cas obliques du mode substantif et du mode adjectif remplacent le cas oblique du mode attributif, qu'on appelle mal à propos un mode subjonctif.

En jugeant d'après ces principes tous les temps de tous les verbes adjectifs dans toutes les langues, on trouvera avec facilité et précision la véritable valeur de chacun d'eux, et on verra qu'aucun de ces verbes n'a d'autres temps (bien réels) que ceux que nous avons reconnus dans le verbe *être*.

En sortant de cette route, on continuera à ne rencontrer qu'obscurité et confusion dans les grammaires particulières.

Revenons à la syntaxe.

SECTION III

Des prépositions, des conjonctions et des repos

Les signes uniquement destinés à lier les autres entre eux sont les prépositions, les conjonctions et les repos.

Nous avons déjà suffisamment parlé des prépositions et des conjonctions.

Quant aux pauses plus ou moins marquées que nous ne manquons jamais de faire de temps en temps dans toute émission de signes, il est clair qu'en séparant chaque sens partiel elles le rendent plus distinct.

Il est seulement à remarquer qu'on s'est avisé très tard de les noter dans l'écriture.

Ici finit la grammaire absolument commune à tous les langages, de quelque nature que soient les signes qui les composent.

Passons à cette heure aux signes permanents.

CHAPITRE V

Des signes durables de nos idées, et spécialement de l'écriture proprement dite

Tout ce que nous avons dit jusqu'à présent est réellement commun à tous les langages possibles ; car tous étant la représentation de la pensée, il ne peut y en avoir aucun où il n'existe quelque chose d'analogue aux éléments de la proposition et aux moyens de syntaxe dont nous avons rendu compte.

Il n'en est pas de même de ce qui nous reste à dire, parce que tous les signes naturels de nos idées sont fugitifs et passagers ; mais tous ne sont pas également susceptibles d'être convertis en signes durables et permanents.

Nos actions sont les signes naturels et nécessaires de nos idées, et elles en deviennent les signes artificiels et volontaires.

Ce langage d'action est composé de gestes, d'attouchements et de sons.

Les hommes n'ont pu jouir longtemps de l'avantage de se communiquer leurs idées, sans désirer bientôt d'en conserver l'expression, au moins en masse, pour des temps et de distances éloignés.

Cela leur a fait d'abord imaginer des monuments, des cérémonies, des représentations de toute espèce.

Ensuite, pour perpétuer le souvenir de leurs idées et de leurs sentiments avec plus de détail, ils ont cherché à représenter leur langage lui-même.

Si leur langue usuelle avait été composée de gestes, ils n'auraient pu la convertir en signes permanents qu'en imaginant une série de figures tracées qui représentât les idées exprimées par ces gestes, en créant une langue peinte qui fût correspondante à la langue de gestes.

Cette seconde langue serait totalement artificielle.

Il en aurait été de même si la langue usuelle avait été composée d'attouchements.

Les langues composées de sons étaient susceptibles du même moyen ; c'est ce qui a fait naître les écritures hiéroglyphiques, symboliques, etc., etc.

Mais elles en offraient un autre, c'était de représenter non pas les idées, mais seulement les sons : c'est ce qui a donné lieu aux écritures syllabiques et alphabétiques.

Ces deux moyens diffèrent par la nature de l'opération, par la manière de l'exécuter, par les effets qui en résultent.

Avec l'écriture hiéroglyphique, l'opération est une traduction; avec l'écriture proprement dite, c'est une simple notation.

Pour exécuter la première, il faut posséder également deux langues également riches, pour opérer la seconde, il suffit de distinguer un petit nombre de sons et de connaître un petit nombre de caractères.

Enfin, par la première opération, on ne peut représenter que la langue parlée sur laquelle a été calquée la langue écrite; on n'est jamais sûr de l'avoir fait exactement, et on ne peut conserver nulle trace des changements que les distances des temps et des lieux introduisent nécessairement dans l'une et dans l'autre.

De là, il résulte abrutissement de la masse du peuple, peu de progrès parmi les lettrés, point de communication entre eux ni avec les étrangers, perte prompte des connaissances acquises ou reçues, respect superstitieux pour l'antiquité, etc., etc.

C'est ce que nous voyons chez les anciens Égyptiens et chez les Chinois.

C'est ce qui prouve qu'avec des caractères hiéroglyphiques, on n'est presque pas plus avancé que si on n'en avait aucuns, et que ces nations ont nécessairement été précédées par un peuple qui avait une meilleure manière d'écrire.

En effet, ces deux procédés sont totalement étrangers l'un à l'autre; jamais une nation n'a pu quitter l'un pour prendre l'autre.

Des hommes réunis en société se sont servis longtemps de signes fugitifs avant de les rendre permanents.

Dans cet intervalle, ils ont inventé plusieurs arts.

Le hasard seul a décidé s'ils ont dérivé leur écriture de la peinture ou de la musique. Ce hasard aura décidé pour toujours du sort de la nation.

Occupons-nous donc uniquement de l'écriture proprement dite.

On la divise ordinairement en syllabique et alphabétique; mais le vrai est que ces deux procédés sont presque toujours combinés.

Les écritures de la plupart des langues orientales sont bien plus syllabiques que les nôtres; mais les nôtres le sont encore bien plus que nous ne croyons.

Cependant, il serait très utile de rapprocher celles de l'Orient des nôtres. Ce que dit M. de Volney à ce sujet est excellent.

Notre écriture est la moins imparfaite que l'on ait encore employée.

Pour en bien juger, commençons par analyser la parole, dont elle est la représentation.

Cette analyse n'a jamais été bien faite, parce que les grammairiens ont pris les qualités des sons pour des espèces de sons.

Tout langage oral est composé de mots.

Ces mots sont composés de sons.

Chacun de ces sons forme une syllabe naturelle ou physique.

Si les syllabes conventionnelles ne sont pas les mêmes que les syllabes naturelles, c'est qu'on n'a pas toujours bien démêlé ces dernières.

Elles sont toujours et partout les mêmes, parce qu'elles sont dans la nature, tandis que les autres varient dans les divers idiomes, parce qu'elles sont arbitraires.

Il faut remarquer dans chaque son, dans chaque émission d'air, la *voix*, la *durée*, le *ton*, le *timbre* et l'*articulation*.

La *voix* est cette circonstance du son qui fait qu'il est un *a* ou un *i* plutôt qu'un *o* ou un *eu*.

Dans l'écriture alphabétique, elle se marque par des caractères appelés *voyelles*.

La *durée* est cette circonstance du son qui fait qu'il est *long* ou *bref*.

Elle est exprimée dans l'écriture par des signes appelés signes de quantité.

Elle est plus marquée dans l'origine des langues.

Elle l'est moins à mesure que l'organe s'assouplit.

L'usage des signes permanents doit y contribuer, parce que l'écriture ne saurait la noter avec précision.

L'habitude de parler en public doit, au contraire, contribuer à conserver à une langue une quantité plus marquée.

Le *ton* est ce qui fait qu'un son est ce que nous appelons *aigu* ou *grave*.

Il est exprimé dans l'écriture par des signes appelés *accents*, servant au chant.

Il ne faut pas confondre ces vrais accents avec les signes du même nom dont nous nous servons en français et dans beaucoup d'autres langues. Ceux-ci ont des fonctions toutes différentes; et s'ils indiquent quelquefois le ton, ce n'est qu'accidentellement.

Le ton est plus marqué dans les langues naissantes, parce qu'elles sont plus près des cris primitifs.

L'usage de l'écriture doit contribuer aussi à le rendre moins sensible, parce qu'elle ne saurait le noter avec précision; et l'habitude de parler en public doit, au contraire, perpétuer l'usage de le marquer avec scrupule.

Le *timbre* est cette circonstance du son qui fait qu'on reconnaît la voix d'un homme de celle d'un autre, comme on distingue un instrument d'un autre, quoiqu'ils paraissent tous deux rendre et prononcer le même son de la même manière.

Il est vraisemblable que le timbre n'est, ainsi que ce que l'on appelle l'accent *pathétique* et l'accent *national*, que le résultat d'une multitude de petites différences inaperçues dans les autres circonstances du son.

L'écriture ne représente ni le timbre, ni ces accents.

L'*articulation* est une circonstance du son dont on ne s'est jamais fait une idée complètement nette. De là vient que l'écriture n'a jamais été qu'une représentation plus ou moins imparfaite de la parole et que, dans toutes les langues, les syllabes conventionnelles sont différentes des syllabes naturelles.

Suivant moi, l'articulation est proprement la manière dont le son commence à nous affecter.

Bien loin qu'elle lie les sons entre eux, c'est elle qui sépare un son de celui qui le précède.

Il n'y a pas plus de sons sans *articulation* que sans *voix* ou sans *ton*.

L'aspiration est une articulation; elle est d'autant plus fréquente que les autres articulations sont plus rares, et d'autant plus véhémente que l'organe a plus de rigidité.

A mesure qu'il s'assouplit, les articulations deviennent plus variées, plus compliquées et moins rudes. L'usage de l'écriture y contribue aussi, parce qu'elle note avec plus de précision les variétés des autres articulations que les degrés de l'articulation aspirée et gutturale.

Voilà quelles sont les différentes qualités des sons. Elles ne peuvent pas plus être séparées du son et exister sans lui, que la figure, la grandeur, la pesanteur d'un corps ne peuvent exister sans ce corps; et réciproquement un son ne peut pas exister sans avoir toutes ces qualités.

Il n'y a donc aucun son qui doive être appelé plutôt une *articulation* ou une *voix*, qu'un *ton* ou une *durée*.

Quand nous écrivons un *a* tout seul et que nous le prononçons, nous suppléons l'articulation, le ton et la durée qui ne sont pas représentés.

Quand nous prononçons un *p* ou un *k* isolés, c'est la voix, le ton et la durée que nous suppléons.

Les grammairiens n'ont jamais bien compris l'origine du langage ni celle de l'écriture, faute d'être remontés ainsi jusqu'aux premiers faits.

Les hommes ont commencé par remarquer la qualité la plus frappante d'un son; ils l'ont figurée et le signe de cette qualité a été pour eux le signe du son lui-même.

Les tons dans le chant les ont frappés d'abord.

Les notes ne marquent que le ton et tout au plus la durée. On supplée la voix et l'articulation.

Après le chant, on a essayé de noter la parole.

Il est possible qu'on ait commencé par en distinguer les sons ou syllabes en masse, et qu'on les ait figurées à mesure par autant de caractères différents, qui alors auront été réellement syllabiques, représentant un son tout entier et non pas une de ses qualités.

Mais cela ne me paraît pas vraisemblable; et si cela a été fait dans quelques pays, on aura dû y avoir beaucoup de peine à revenir à une écriture alphabétique, c'est-à-dire notant séparément les différentes qualités des sons.

Je crois plutôt qu'on a suivi, dans la notation de la parole, le procédé usité dans la notation du chant.

L'articulation de certains sons est la qualité qui s'est fait le plus remarquer; on l'a représentée par un signe qui a été le signe du son lui-même.

Les consonnes sont encore cela bien souvent.

Ensuite, il en a été de même de la voix de certains sons; et toutes nos voyelles isolées sont encore des caractères syllabiques qui représentent un son tout entier, en n'en indiquant que la voix.

A ces consonnes et à ces voyelles syllabiques on a pu joindre des signes de durée et de ton.

Bientôt on a imaginé de réunir une de ces consonnes et une de ces voyelles pour déterminer un son plus complètement, et par là elles sont devenues tout à fait alphabétiques.

Elles devraient l'être toujours.

Souvent elles ne le sont pas, parce qu'on n'a pas senti nettement qu'il n'y a pas d'articulation sans voix, ni de voix sans articulation.

Avant d'entreprendre de réformer cet abus et les autres imperfections de nos alphabets et de nos orthographes, montrons de combien de modifications sensibles est susceptible chacune des quatre qualités des sons vocaux dans notre langue.

Le ton en a trois.

La durée, cinq.

La voix, dix-sept.

L'articulation, vingt.

Ces quarante-cinq modifications produisent cinq mille cent sons différents, qui exigeraient chacun un caractère syllabique.

Avec quarante-trois signes alphabétiques, on peut les représenter tous avec la plus grande exactitude; et un très petit nombre d'additions rendrait cet alphabet absolument complet et universel.

Ceux dont nous nous servons sont encore extrêmement imparfaits.

Si je n'en propose pas un meilleur pour les remplacer, ce n'est ni parce que d'autres ont échoué : ils s'y sont mal pris ; ni parce que cela serait inutile ou nuisible : le contraire est démontré ; mais parce qu'il serait impossible de surmonter la force de l'habitude au point de faire renoncer aux écritures usitées.

Il faut donc les laisser subsister.

Mais tout le monde convient, avec Quintilien, que la fonction de l'écriture est de conserver la parole et de la rendre comme un dépôt.

Je voudrais donc qu'un corps savant créât, d'après les vues que j'ai exposées, une écriture régulière et méthodique qui rendît fidèlement et complètement le dépôt de la parole, et qu'il fît imprimer avec cette écriture des morceaux choisis dans toutes les langues.

Cette écriture, réellement philosophique, servirait de type et de mesure commune à toutes les autres en toute circonstance.

Les services multipliés qu'elle rendrait feraient qu'elle serait bientôt répandue.

Petit à petit, toutes les autres s'en rapprocheraient et l'étude de l'art de lire contribuerait moins à fausser l'esprit.

Nous avons expliqué la théorie des signes fugitifs et celle des signes permanents. Voyons maintenant les conséquences que nous pouvons tirer de l'une et de l'autre pour l'amélioration de nos langues vulgaires et même pour la création d'une langue parfaite.

CHAPITRE VI

De la création d'une langue parfaite, et de l'amélioration de nos langues vulgaires

Une langue universelle usuelle est une chose impossible. Si une langue usuelle était devenue universelle, elle cesserait bientôt de l'être, comme cela est arrivé à la première qui a été inventée.

Une langue ne peut pas non plus devenir universelle comme langue savante par une convention expresse. Elle ne peut l'être que par les succès et les progrès du peuple dont elle est la langue usuelle.

Une langue savante universelle ne serait utile aux progrès des lumières qu'autant et parce qu'elle serait plus parfaite que les langues vulgaires.

J'appelle une langue parfaite celle qui serait tellement commode, précise et exacte, qu'elle représentât les idées de façon qu'il fût totalement impossible de s'y méprendre, et que par conséquent elle portât dans la déduction des idées de tout genre la même certitude qui existe dans celle des idées de quantité.

Cela est impossible, parce que l'incertitude de la valeur des signes de nos autres idées tient, non pas à la nature des signes, mais à celle de nos facultés intellectuelles. C'est ce qui constitue essentiellement le vice radical de l'esprit de l'homme et ce qui fait que presque tous nos raisonnements ne peuvent être fondés que sur des données incertaines et variables jusqu'à un certain point.

Voyons cependant ce que devrait être une langue pour atteindre à la perfection. Cela peut conduire à améliorer les langues existantes.

La langue nouvelle ne devrait pas être composée de signes purement arbitraires; mais de signes dérivant directement des signes naturels du langage d'action; et parmi ceux-là, les sons méritent la préférence.

Elle devrait être écrite avec un alphabet régulier et suivant une orthographe correcte.

Il faudrait surtout que tous ses mots fussent composés suivant la vraie série des idées. C'est là ce qui est complètement impossible. Il faudrait pour cela avoir la science universelle.

Il faudrait en outre que ses moyens de syntaxe fussent les plus simples possibles.

Que sa construction fût pleine et directe, et qu'on n'y admît que des ellipses faciles à suppléer.

Que ses substantifs ne fussent d'aucun genre; que leurs nombres fussent marqués par des adjectifs et leurs cas par des prépositions.

Que ses adjectifs fussent invariables.

Qu'elle n'eût qu'un verbe, le verbe *être*, qu'il n'eût que trois modes, qu'il eût douze temps au mode adjectif, un seul présent au mode substantif, et un présent au mode attributif, ayant six terminaisons, pour marquer les trois personnes et les deux nombres.

Enfin, que le radical de toutes les conjonctions fût la conjonction *que*, et que dans les adjectifs conjonctifs ce radical fût séparable de l'adjectif auquel il est joint.

Il faudrait, outre tout cela, que l'on apportât dans le style et dans l'emploi des mots le même esprit d'exactitude qui aurait présidé à la formation de la langue.

Cette langue ne serait ni traînante, ni monotone, ni dépourvue de grâce, ni incapable des mouvements de l'éloquence. Elle pourrait, au contraire, être imitative, harmonieuse, accentuée, cadencée, et aussi remarquable par l'abondance et la vivacité des images que par la clarté et la justesse de l'expression.

Mais je ne veux point parler des langues sous le rapport de la rhétorique; je n'ai dû les considérer que sous le point de vue logique, ou grammatical, qui est la même chose, et je n'ai plus rien à ajouter.

Ce chapitre servira de conclusion à cette seconde partie de mon ouvrage qui traite de l'expression de nos idées, et la table analytique tiendra lieu de récapitulation.

La troisième partie, qui paraîtra bientôt, traitera de la déduction de nos idées et de la meilleure manière de conduire son esprit dans la recherche de la vérité.

Si le temps et les forces ne me manquent pas, je ferai ensuite des applications de ces principes et de ces procédés à quelques-uns des sujets les plus intéressants pour le bonheur des hommes.

Tel est le précis de tout ce que renferme cette *Grammaire*; précis que l'on ne peut cependant bien comprendre qu'après avoir lu tout l'ouvrage. Je crois cet avertissement nécessaire pour les lecteurs superficiels, qui deviennent aisément des juges téméraires.

TABLE DES MATIÈRES

ÉLEMENTS D'IDÉOLOGIE

DEUXIÈME PARTIE
GRAMMAIRE

Imprimé sur les presses de Jouve - Mayenne
2087072E - dépôt légal : avril 2013 - date d'impression : Avril 2013